中国通信学会普及与教育工作委员会推荐教材

21世纪高职高专电子信息类规划教材——移动通信系列
21 Shiji Gaozhi Gaozhuan Dianzi Xinxilei Guihua Jiaocai

电信业务应用与客户服务

李丽 何亮 主编

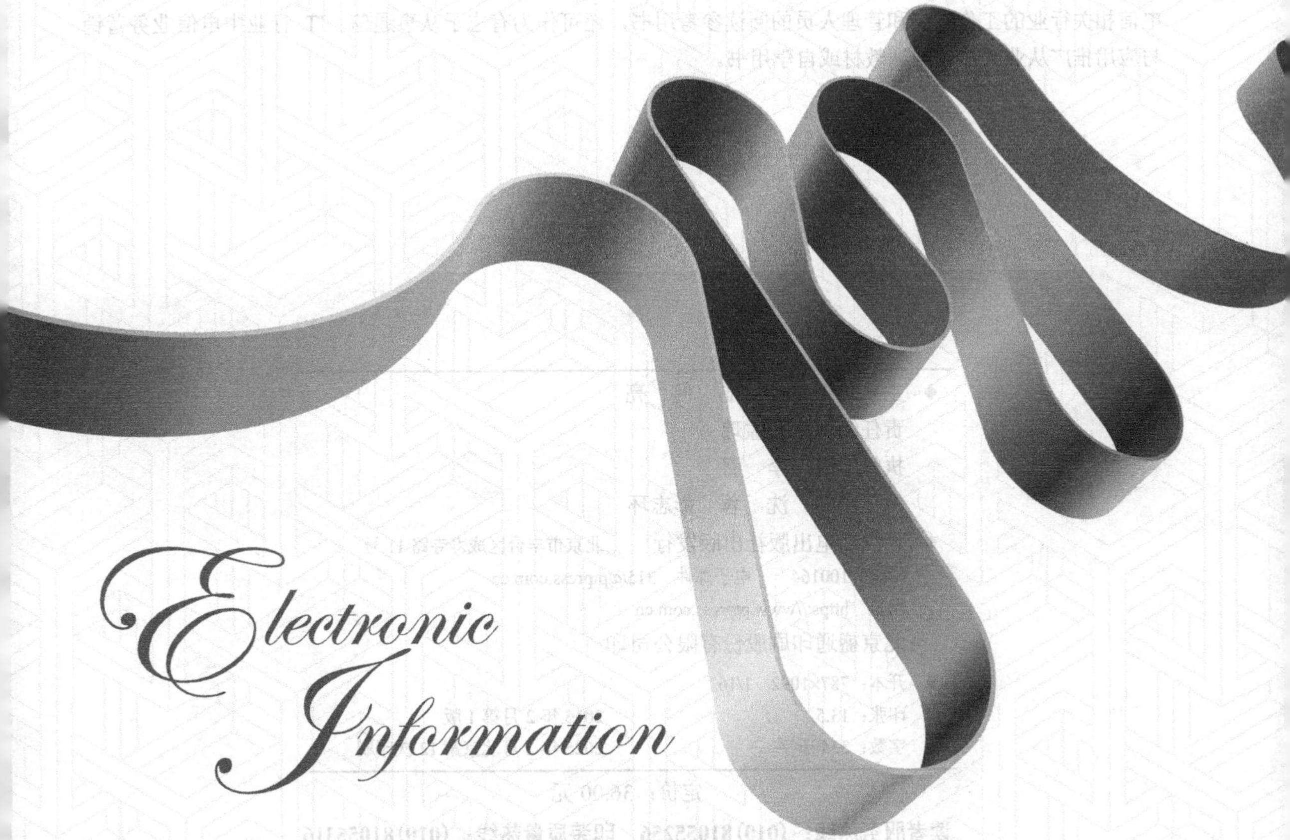

Electronic Information

人民邮电出版社
北京

图书在版编目（CIP）数据

电信业务应用与客户服务 / 李丽，何亮主编. — 北京 ：人民邮电出版社，2015.2
21世纪高职高专电子信息类规划教材
ISBN 978-7-115-38320-4

Ⅰ. ①电… Ⅱ. ①李… ②何… Ⅲ. ①电信－邮电业务－高等职业教育－教材②电信－商业服务－高等职业教育－教材 Ⅳ. ①F626

中国版本图书馆CIP数据核字(2015)第017635号

内 容 提 要

本书全面系统地介绍了有关电信业务应用与客户服务的相关知识，分为基础知识篇、电信业务篇及客户服务篇 3 个部分。基础知识篇包括电信与通信、电信行业认知及电信业务认知；电信业务篇包括固定通信典型业务、移动语音类业务、移动消息类业务、移动视频类业务、移动访问下载类业务、移动定位类业务、移动商务类业务 7 大类业务的认知及应用；客户服务篇包括客户服务及客户服务管理。

本书面向所有对电信业务感兴趣的人士，既可作为高职院校通信类专业学生的参考教材，也可作为从事电信相关行业的工作人员和管理人员的阅读参考用书，还可作为有志于从事通信、IT 行业中电信业务营销与应用推广从业人员的培训教材或自学用书。

◆ 主　　编　李　丽　何　亮
责任编辑　张孟玮
执行编辑　李　召
责任印制　沈　蓉　彭志环

◆ 人民邮电出版社出版发行　　北京市丰台区成寿寺路 11 号
邮编　100164　　电子邮件　315@ptpress.com.cn
网址　https://www.ptpress.com.cn
北京盛通印刷股份有限公司印刷

◆ 开本：787×1092　1/16
印张：13.5　　2015 年 2 月第 1 版
字数：334 千字　　2025 年 2 月北京第 12 次印刷

定价：36.00 元

读者服务热线：(010)81055256　印装质量热线：(010)81055316
反盗版热线：(010)81055315

前言

伴随着我国电信技术的不断更新和发展，以及电信业务的种类激增，电信业务已经渗入到人们学习、工作、生活的方方面面，人们对于电信业务的需求量也与日俱增。而虚拟运营商的出现及电信行业 4G 牌照的发放，使得电信行业的竞争呈现出白热化的局面，电信行业需要大量的高素质的业务营销、业务推广及客户服务人才，以及集 3 种技能于一体的复合型人才。

为了培养适应现代电信行业快速发展的高素质、高技能应用型专业人才，适应电信运营企业业务营销与推广、客户服务等工作岗位的能力要求，满足“零距离”上岗的需要，根据《电信业务员国家职业技能标准》《电信业务营业员国家职业技能标准》的要求，实现专业培养与电信行业职业技能鉴定相对接，我们针对电信运营企业人才需求，组织专业教师和专家编写了《电信业务应用与客户服务》一书。

本书在编写过程中，坚持“以就业为导向，以能力为本位”的基本思想，基于岗位知识技能，较好地体现了“理论简化够用，突出能力本位，面向应用性技能型人才培养”的职业教育培养特色。本书面向所有对电信业务感兴趣的人士，提供了不同层次的材料，既可作为高职院校通信类专业学生的参考教材，也适合从事电信相关行业的工作人员和管理人员阅读参考，还可作为有志于从事通信、IT 行业中电信业务营销与应用推广的从业人员培训教材或自学用书。

本书由湖南邮电职业技术学院的李丽、何亮主编。李丽负责全书的整体构思、大纲设计、统稿和全书审阅。全书写作安排如下：模块一、二、三、五、六、七、八、九、十由李丽负责编写，模块四由任莉负责编写，模块十一、十二由何亮负责编写。在本书的编写过程中，得到中国电信湖南分公司、中国移动湖南公司、中国联通湖南分公司的相关专家们的大力支持和帮助，在此表示由衷的感谢。本书的素材来自大量的参考文献和应用经验，特此向相关作者致谢。

由于编者水平有限，书中难免存在不妥或错误之处，敬请广大读者批评指正。

编　者

目　录

第一部分　基础知识篇

第二部分　电信业务篇

第三部分 客户服务篇

第三部分 客户服务篇

第一部分　基础知识篇

模块一　电信与通信

【内容简介】

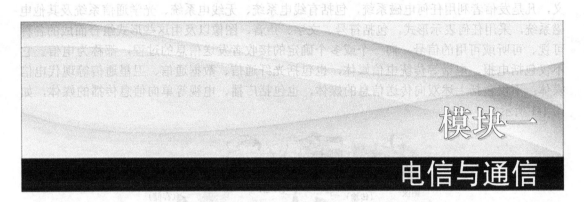

本模块介绍与“电信”有关的基本知识，如电信的基本概念、电信与通信的区别、电信系统的组成、电信网的拓扑结构、电信管理网及三网融合等。

【重点难点】

重点掌握电信与通信的区别、电信网的拓扑结构、电信管理网及三网融合。

【学习要求】

（1）识记：电信的基本概念、通信系统的组成、电信系统的组成、电信管理网的功能、三网融合的定义。

（2）领会：电信与通信的区别、电信网的拓扑结构、三网融合形态。

（3）应用：电信网拓扑结构的选择。

任务 1　电信与通信

【学习要求】

（1）识记：电信的基本概念、通信系统的组成。

（2）领会：电信与通信的区别。

电信是信息化社会的重要支柱。无论是在人类的社会、经济活动中，还是在人们日常生活的方方面面，都离不开电信这个高效、可靠的手段。

一、电信基本认知

1. 什么是电信

“电信”（telecommunication）是什么？《中华人民共和国电信条例》规定：本条例所称

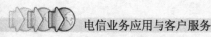

电信，是指利用有线、无线的电磁系统或者光电系统，传送、发射或者接收语音、文字、数据、图像以及其他任何形式信息的活动。

国际电联对“电信”的定义是：利用有线电、无线电、光或其他电磁系统对符号、信号、图像、声音以及别的任何性质信息的传输、发送或接收。按照国际电联对于电信的定义，凡是发信者利用任何电磁系统，包括有线电系统、无线电系统、光学通信系统及其他电磁系统，采用任何表示形式，包括符号、文字、声音、图像以及由这些形式组合而成的各种可视、可听或可用的信号，向一个或多个确定的接收者发送信息的过程，都称为电信。它不仅包括电报、电话等传统电信媒体，也包括光纤通信、数据通信、卫星通信等现代电信媒体；不仅包括上述双向传送信息的媒体，也包括广播、电视等单向信息传播的媒体，如图 1-1 所示。

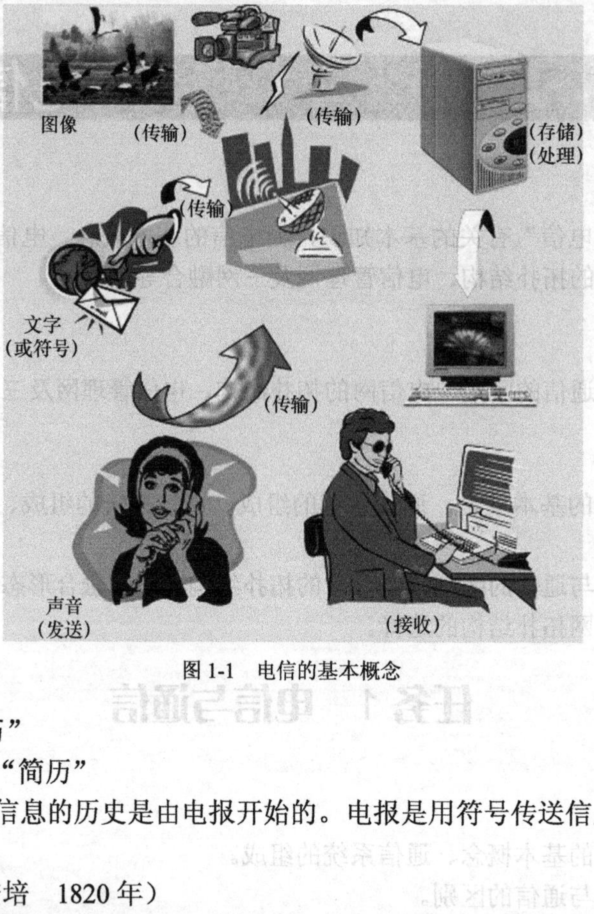

图 1-1　电信的基本概念

2．电信的“简历”

（1）电信的世界“简历”

人类用电来传送信息的历史是由电报开始的。电报是用符号传送信息的方式。它是一种数字通信方式。

- 电报通信（安培　1820 年）
- 有线电报（莫尔斯　1844 年）
- 有线电话（贝尔　1876 年）
- 无线电报（马可尼　1895 年）
- 无线广播（美国　1920 年）
- 无线寻呼（美国　1948 年）
- 移动电话（美国　1940 年）
- 计算机（数据通信　1946 年）

- 因特网（美国 1969年）
- 21世纪初期演进为以IP（网际协议）信息业务为主的新格局

信息技术（见图1-2）和通信技术（见图1-3）（Information and Communication Technologies，ICT）的快速发展极地提高了社会运行效率，降低了社会运行成本，为整个社会的高度信息化奠定了坚实基础。

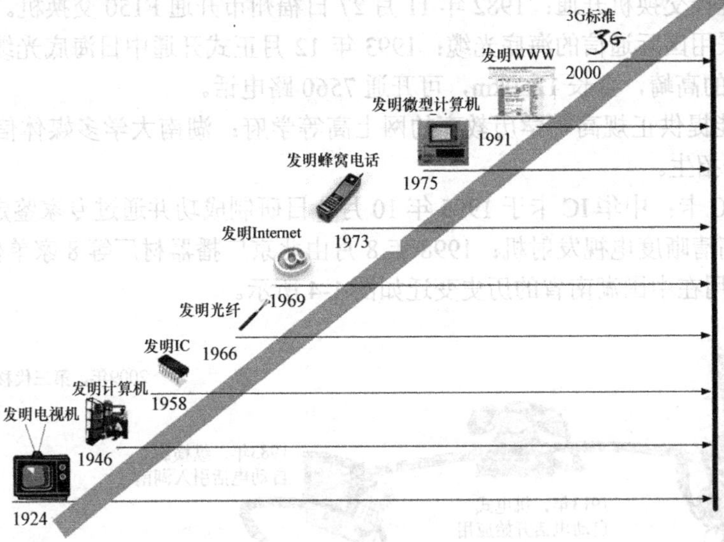

图1-2 信息技术的发展变迁

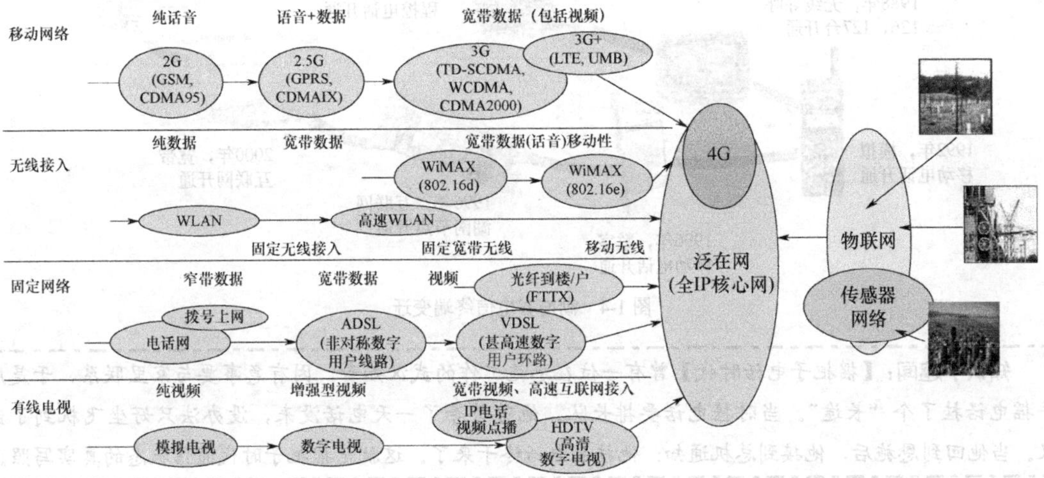

图1-3 通信技术的发展变迁

（2）电信的中国“简历”

- 最早的电话局：1882年2月21日，丹麦大北电报公司在上海外滩设立了电话交换所。
- 最早的电话：我国开始有电话，是在1881年。当时上海英商瑞记洋行在上海租界内开办华洋德律风公司，架设市内电话线路。1900年，上海南京电报局开办市内电话，当时只有16部电话。

- 第一套全自动长途电话设备：1969 年，北京长途电信局安装成功。
- 第一部车载电话：1979 年，上海一汽车上安置了我国第一部车载电话。
- 第一次在国内进行卫星通信和电视传播试验：1982 年我国第一次在国内进行卫星通信和电视传播试验获得成功，参加这次验试测试的共有 10 个卫星通信地面站。
- 第一批投币式公用电话：1982 年北京市电信管理局在东、西长安街等繁华街道设 22 个投币式公用电话亭。
- 第一套程控交换机开通：1982 年 11 月 27 日福州市开通 F150 交换机。
- 第一次采用国际通信的海底光缆：1993 年 12 月正式开通中日海底光缆，从上海的南汇通达日本九州的高崎，全长 1260km，可开通 7560 路电话。
- 第一所能提供正规高等学历教育的网上高等学府：湖南大学多媒体信息教育学院于 1998 年 3 月公开招生。
- 第一张 IC 卡：中华 IC 卡于 1995 年 10 月 4 日研制成功并通过专家鉴定。
- 第一部高清晰度电视发射机：1998 年 8 月由北京广播器材厂等 8 家单位合作生产。

电信终端应用在中国湖南省的历史变迁如图 1-4 所示。

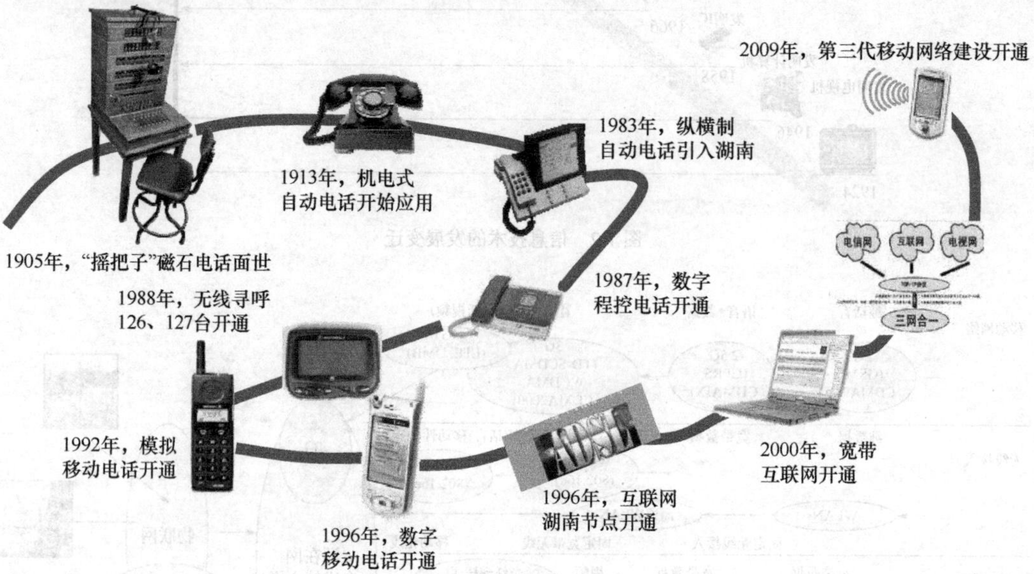

图 1-4　湖南省电信终端变迁

知识小趣闻：【摇把子电话时代】曾有一位在恩施工作的武汉知青，因有急事要与家里联系，于是用手摇电话挂了个“长途”。当时挂电话要排长队。他苦苦等了一天电话没来，没办法只好坐飞机到了武汉。当他回到恩施后，他接到总机通知：他挂的电话终于来了。这就是摇把子时代通信状态的真实写照。

二、通信与电信

1．通信认知

所谓通信，简单而言就是指消息的传递。因此，通信的基本任务是解决两地之间的消息传递或交换。消息的传递或交换就是现代所说的信息交流，显然，人类之间的沟通、交流离不开通信。实现消息传递所需的全部技术设备和传输介质的总和称为通信系统。其模型方框图如图 1-5 所示，由信源、发送设备、信道（包括噪声）、接收设备和信宿 5 部分组成。

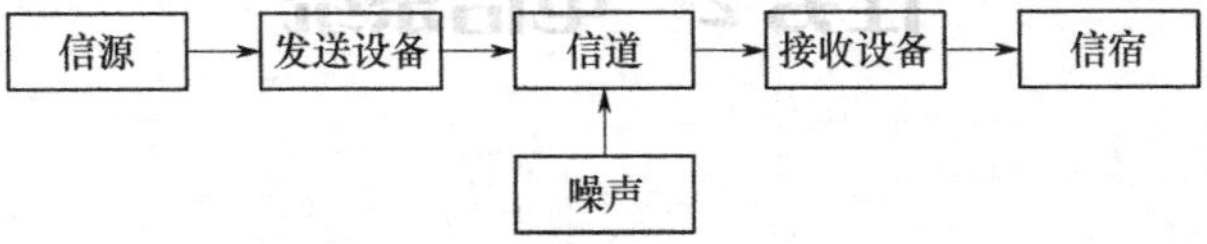

图 1-5　通信系统（或电信系统）模型

信源（信息源，也称为发送端）：把待传送的消息转换成原始电信号，如移动通信系统中的手机可以看成是信源。

发送设备：将信源和信道匹配起来，即将信源产生的原始电信号变换成适合在信道中传输的信号。

信道：信号传输的通道，可以是有线的，也可以是无线的，甚至还可以包含某些设备。

接收设备：接收设备的任务是从带有干扰的接收信号中恢复出相应的原始电信号来。

信宿：将恢复的原始电信号转换成相应的信息。

2．通信与电信

目前，通信方式主要有两类。

- 利用人力或机械的方式传递信息，如常规的邮政；
- 利用电（包括电流、无线电波或光波）传递信息，即电、光通信。

自古以来，人类就一直在用自己的智慧去解决远距离通信的问题。近 3000 年前，我国古代的周朝，就有利用火光来传递信息的设施——烽火台，用燃点烽火、狼烟来传递信息。用火光传递信息，不仅要耗费很多人力、财力，而且只能传递简单信息，传递的速度也十分有限。1820 年“电报通信”是人类通信历史的转折点，“电通信”就此开始。随着通信技术的飞速发展，现代的各种“通信”基本上都是借助于电信号（含光信号）实现的，因此现代通常所说的“通信”就是指电的通信即“电信”。人类通信从“烽火台到信息高速公路”的历史变迁如图 1-6 所示。

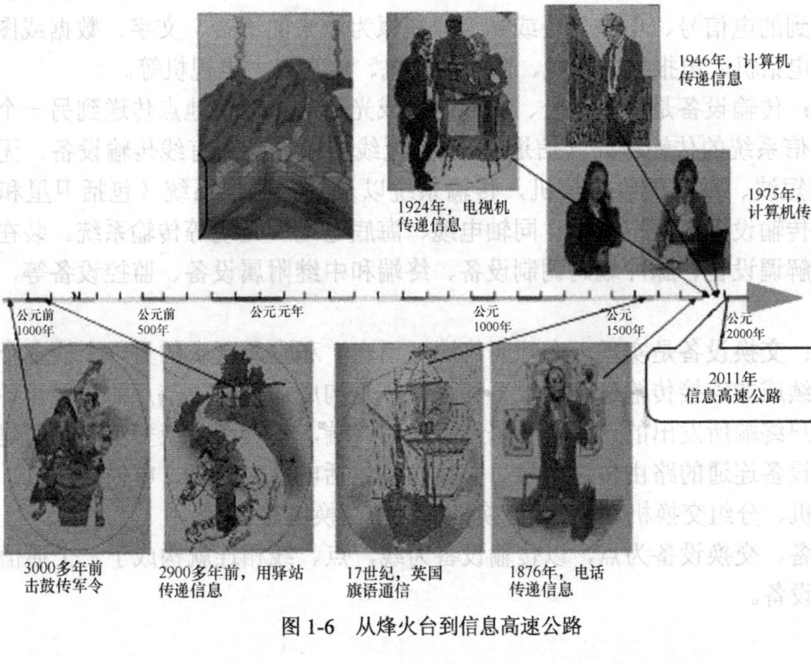

图 1-6　从烽火台到信息高速公路

任务 2 电信系统

【学习要求】

（1）识记：电信系统的组成、电信网络的拓扑结构、电信网的分层结构、三网融合定义。
（2）领会：电信网的拓扑结构、电信管理网的功能、三网融合形态。
（3）应用：电信网的拓扑结构的选择。

一、电信系统组成

电信系统是各种协调工作的电信装备集合的整体。电信系统是由硬件和软件组成，主要包括终端设备、传输设备和交换设备。电信系统的功能是把发信者的信息进行转换、处理、交换、传输，最后送给收信者，如图 1-7 所示。

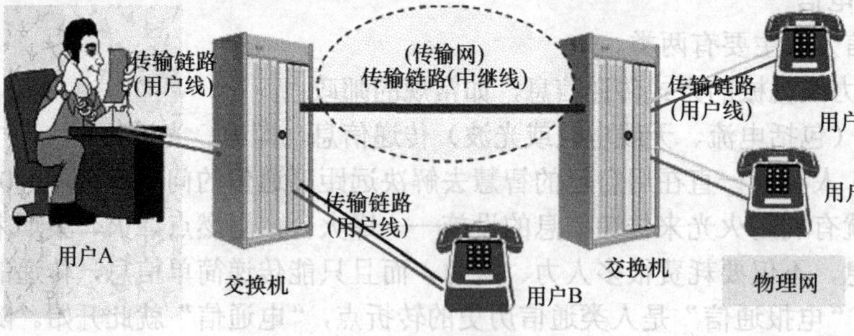

图 1-7 电信系统组成

终端设备：一般装在用户处，提供由用户实现接入协议所必需的功能的设备（电信端点）。它的作用是将语音、文字、数据和图像信息转变为电信号、电磁信号或光信号发送出去，并将接收到的电信号、电磁信号或光信号复原为原来的语音、文字、数据或图像。典型的终端设备有电话机、电报机、手机、微型计算机、传真机、电视机等。

传输设备：传输设备是将电信号、电磁信号或光信号从一个地点传送到另一个地点的设备。它构成电信系统的传输链路（信道），包括无线传输设备和有线传输设备。无线传输设备有短波、超短波、微波的收发信机，传输系统以及卫星通信系统（包括卫星和地球站设备）等；有线传输设备有架空明线、同轴电缆、海底电缆、光缆等传输系统。装在上述系统中的各种调制解调设备、脉冲编码调制设备、终端和中继附属设备、监控设备等，也属于传输设备。

交换设备：交换设备是实现一个呼叫终端（用户）和它所要求的另一个或多个终端（用户）之间的接续或非连接传输选路的设备和系统，是构成通信网中节点的主要设备。交换设备根据主叫用户终端所发出的选择信号来选择被叫终端，使这两个或多个终端间建立连接，然后经过交换设备连通的路由传递信号。交换设备包括电话交换机、电报交换机、数据交换机、移动交换机、分组交换机、ATM 交换机、宽带交换机等。

以终端设备、交换设备为点，以传输设备为线，点、线相连就构成了一个通信网，即电信系统的硬件设备。

知识小归纳：电信系统只有终端设备、传输设备和交换设备这些硬件设备也是不能很好地完成信息的传递和交换，还需有系统的软件，类似于人的神经系统的功能。

二、电信网拓扑结构

对电信网而言，不管实现何种业务，还是服务何种范围，其基本网络结构形式都是一致的。所谓拓扑即网络的形状，网络节点和传输线路的几何排列，反映电信设备物理上的连接性，拓扑结构直接决定网络的效能、可靠性和经济性。电信网拓扑结构是描述交换中心之间、交换中心与终端间邻接关系的连通图。目前，网络的拓扑结构主要有环状网、总线网、星状网、网状网、复合网等形式，如表 1-1 所示。

表 1-1　　　　　　　　　　电信网拓扑结构

网络拓扑结构	网络拓扑结构图	网络拓扑结构特点
环状网	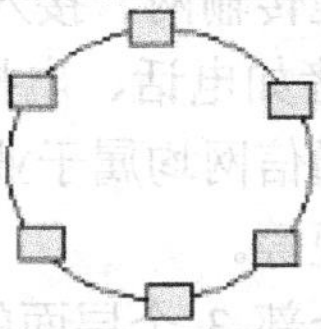	网络中的若干节点通过点到点的链路首尾相连形成一个闭合的环，信息从一个节点传输到另一个节点。组网简单，投资少；但维护困难，任意节点的故障会造成整个网络的瘫痪，且网络的扩展性较差。
总线网	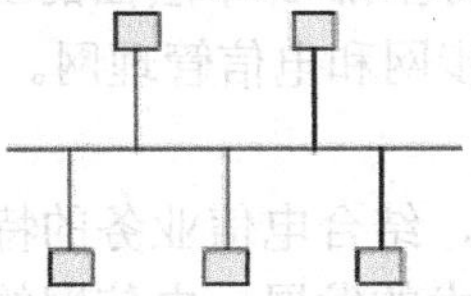	网络拓扑结构中所有节点都直接与总线相连，各节点地位平等，无中心控制节点。组网费用低，结构简单，组网容易，可扩充性好。维护难，难以排查分支节点故障。
星状网	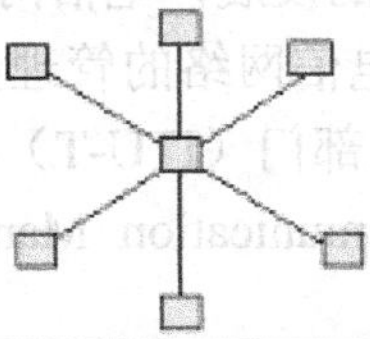	一个节点作为中心节点，其他节点直接与中心节点相连构成星状网络，由中心节点转发各个节点的数据。星状网控制简单，故障诊断和隔离较容易，但中心节点易成瓶颈，非中心节点数据处理能力较弱。
网状网	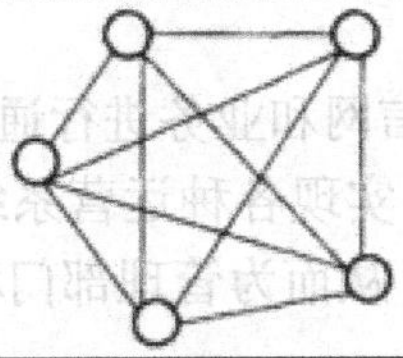	每个站点之间均有点到点的链路连接，当每个站点之间需要频繁发送信息时采用此种拓扑结构。连接不经济，安装也复杂，但系统可靠性高，容错能力强。有时也称为分布式结构。
复合网	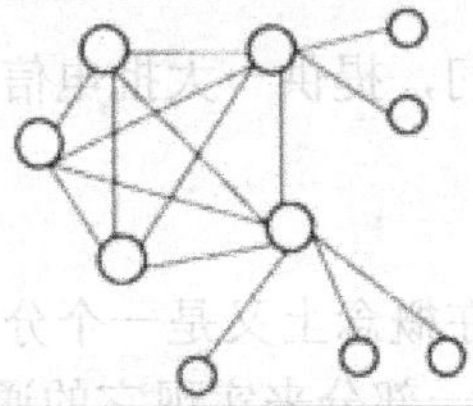	复合网又称为辐射汇接网，是以星状网为基础，在通信量较大的地区间构成网状网。复合网吸收了网状网和星状网二者的优点，比较经济合理且具有一定的可靠性，是目前通信网的基本结构形式。

三、电信网的分层结构

1. 电信网的分层结构

为了更清晰地描述现代电信网，人们引入网络的分层结构，如图 1-8 所示。从网络纵向分层的观点来看，可根据不同的功能将网络分解成多个功能层，上下层之间的关系为客户/服务者关系。从垂直方向上分为传送网、业务网、应用层和支撑网。

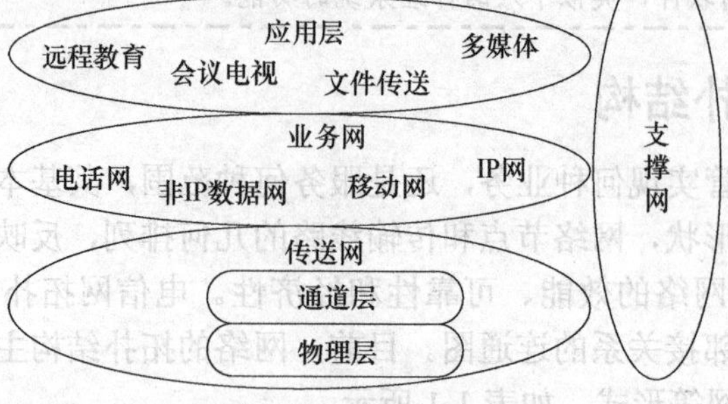

图 1-8 电信网的分层结构

传送网是支持业务网的传送手段和基础设施，由线路设施、传输设施等组成的为传送信息业务提供所需传送承载能力的通道。长途传输网、本地传输网、接入网均属于传送网。

业务网是传输各种信息的业务网，是指向用户提供诸如电话、电报、图像、数据等电信业务的网路。电话交换网、移动交换网、智能网、数据通信网均属于业务网。

应用层是表示各种信息应用，如远程教育、会议电视等。

支撑网是指能使电信业务网路正常运行，可以支持全部 3 个层面的工作，提供保证网络有效正常运行的各控制和管理能力，包括信令网、同步网和电信管理网。

2. 电信管理网

电信网从产生以来就是面向公众提供服务业务的，结合电信业务的特点，为了保证业务质量，电信网的管理一直是非常重要的。随着网络技术的发展，电信网的设备越来越多样化和复杂化，规模上也越来越大。这些因素决定了现代电信网络的管理必须是有效的、可靠的、安全的和经济的。为此，国际电信联盟电信标准化部门（ITU-T）提出具有标准协议、接口和体系结构的管理网络——电信管理网（Telecommunication Management Network，TMN），作为管理现代电信网的特点。

（1）电信管理网的作用

TMN 为电信网和业务提供管理功能并能提供与电信网和业务进行通信的能力。

TMN 的基本思想是提供一个有组织的体系结构，实现各种运营系统及电信设备之间的互连，利用标准接口所支持的体系结构交换管理信息，从而为管理部门和厂商在开发设备以及设计管理电信网络和业务的基础结构时提供参考。

TMN 的目标是在电信网的管理方面支持主管部门，提供一大批电信网的管理功能，并提供它本身与电信网之间的通信。

（2）电信管理网与电信网的关系

TMN 与它所管理的电信网是紧密耦合的，但它在概念上又是一个分离的网络，它在若干点与电信网连接，另外 TMN 有可能利用电信网的一部分来实现它的通信能力，如图 1-9 所示。

（3）电信管理网的管理功能

电信管理网根据其管理的目的可以分成性能管理、故障管理（或维护管理）、配置管理、记账管理和安全管理 5 个功能域。

性能管理：性能管理包括一系列管理功能，以网络性能为准则收集、分析和调整管理对象的状态。其目的是保证网络可以提供可靠的连续的通信能力，并使用最少的网络资源和具有最小的时延。

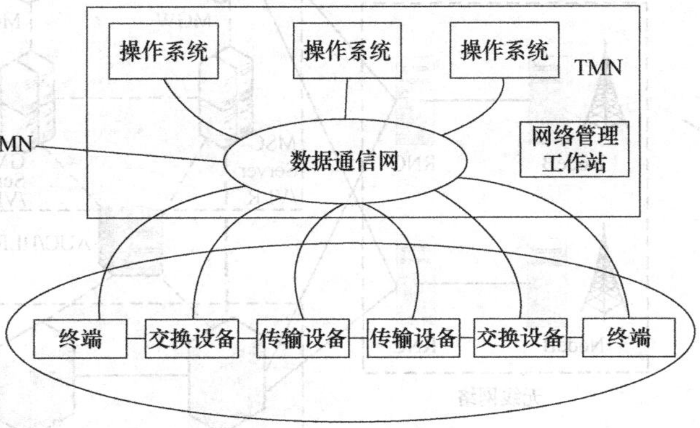

图 1-9　电信管理网与电信网的关系

故障管理：故障管理是网络管理功能中与监测设备故障、故障设备的诊断、故障设备的恢复或故障排除等措施有关的网络管理功能，其目的是保证网络能够提供连接可靠的服务。

配置管理：配置管理是对网络单元的配置，业务的投入，开/停以及网络的状态进行管理，它反映网络的状态。通信网及其环境是经常变化的，如最简单的和最明显的就是用户对网络服务的需求可能经常发生变化。通信系统本身也要随着设备的维修、网络规模的扩大、旧设备的淘汰等原因而经常调整网络的配置。

记账管理：记账管理提供对网络中资源占有情况的记录，测量网络中各种服务的使用情况和决定它们的使用费用，完成资源使用费的核算等。它包括账单管理、资费管理、收费与资金管理、财务审计管理。

安全管理：安全管理是保证现有运行网络安全的一系列功能，对无权操作的人员进行限制，保证只有经授权的操作人员才允许存取数据。

四、3G 移动网络

由于后续移动业务的介绍是基于 3G 移动网络的，下面就我国的 3G 移动网络做一个简要介绍。

1．WCDMA 移动通信网络

通用移动通信系统（Universal Mobile Telecommunications System，UMTS）是 IMT-2000 的一种，UMTS 是采用 WCDMA 空中接口技术的第三代移动通信系统，通常也把 UMTS 称为 WCDMA 通信系统。WCDMA 的标准由 3GPP 定义，3GPP 协议版本分为 R99/R4/R5/R6 等多个阶段，其中 R99 协议于 2000 年 3 月冻结功能，R4 协议于 2001 年 3 月冻结功能。

WCDM 移动通信网络结构由核心网（Core Network，CN）、UMTS 陆地无线接入网（UMTS Terrestrial Radio Access Network，UTRAN）和手机（User Equipment，UE）3 部分组成，3GPP R4 结构如图 1-10 所示。

（1）手机

用户终端设备（手机）包括射频处理单元、基带处理单元、协议栈模块和应用层软件模块，可以分为两个部分：移动设备（ME）和通用用户识别模块（USIM）。

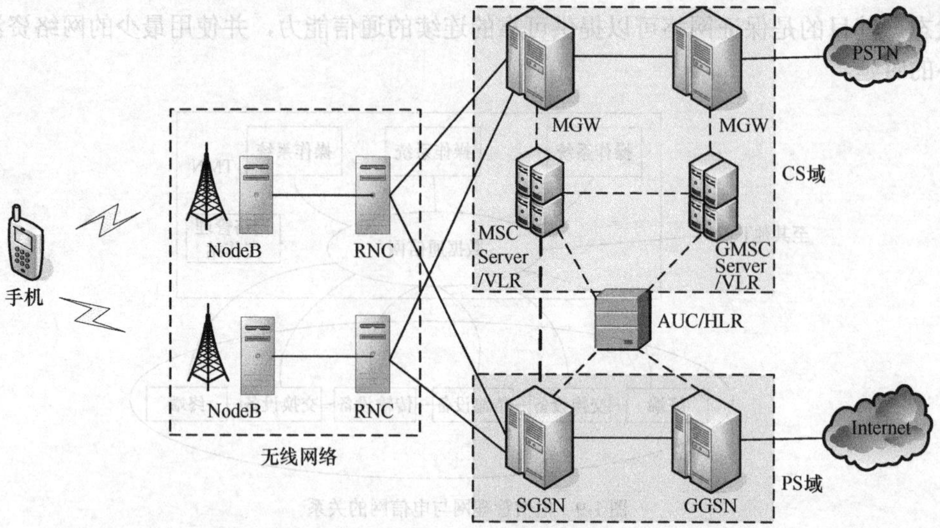

图 1-10 3GPP R4 系统基本结构

（2）UTRAN

通用陆地无线接入网络（UTRAN）由基站（NodeB）和无线网络控制器（RNC）组成。NodeB 完成扩频解扩、调制解调、信道编解码、基带信号和射频信号转换等功能；RNC 负责连接建立和断开、切换、宏分集合并、无线资源管理等功能的实现。

（3）CN

核心网（CN）处理所有语音呼叫和数据连接，完成对用户终端（UE）的通信和管理、与其他网络的连接等功能。核心网分为 CS 域和 PS 域。

R4 核心网功能实体的 CS 域有移动交换服务器 MSC Server/拜访位置寄存器 VLR、网关移动交换服务器 GMSC Server/VLR：完成移动性控制、呼叫控制功能，软交换设备的媒体网关接入控制、协议处理、路由、计费功能。MSC Server 通常与 VLR 实体合设。

R4 核心网功能实体的 PS 域有服务 GPRS 支持节点 SGSN、网关 GPRS 支持节点 GGSN 等。SGSN：完成分组型业务的交换功能和信令控制功能，包括位置更新流程、PDP Context 上下文激活、切换控制、短消息控制和采用 GTP 隧道模式的数据包转发功能；GGSN：移动分组网络与 Internet 间的网关设备，主要功能包括 GTP 隧道的管理与激活、GTP 隧道的封装与解封装。

2．TD-SCDMA 移动通信网络

TD-SCDMA 是世界上第一个采用时分双工（TDD）方式和智能天线技术的公众陆地移动通信系统，也是唯一采用同步 CDMA（SCDMA）技术和低码片速率（LCR）的第三代移动通信系统，同时采用了多用户检测、软件无线电、接力切换等一系列高新技术。TD-SCDMA 系统由 3GPP 组织制定、维护标准，与 WCDMA 具有一致的网络架构。

3．cdma2000 移动通信网络

cdma2000 是北美提出的标准，由 3GPP2 组织制订、维护标准。

（1）cdma2000 1X

cdma2000 1X 是在 IS-95 的基础上升级空中接口，可支持语音业务，也支持数据业务，其系统结构如图 1-11 所示。

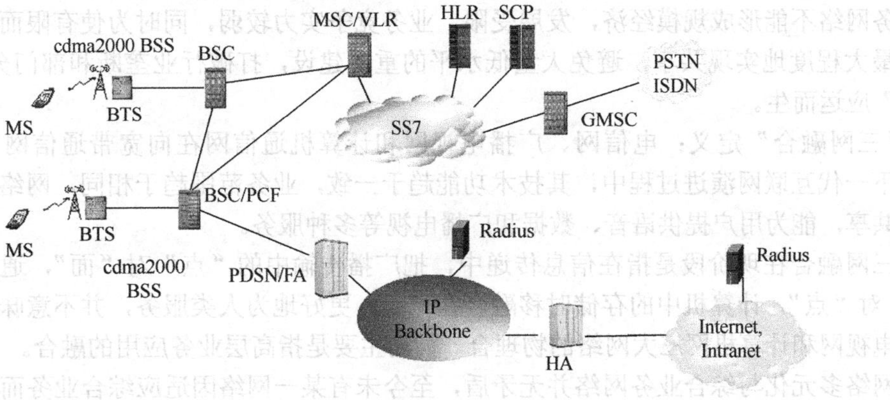

图 1-11　cdma2000 1X 系统基本结构

与 IS-95 系统相比，cdma2000 1X 系统的网络模型中新增的主要功能实体如下。

分组控制功能模块（PCF）：PCF 负责与基站控制器 BSC 配合，完成与分组数据有关的无线信道控制功能。PCF 与 BSC 间的接口为 A8/A9 接口，又称为 R-P 接口。

分组数据服务节点（PDSN）：PDSN 负责管理用户通信状态（点对点连接的管理），转发用户数据。当采用移动 IP 技术时，PDSN 中还应增加外部代理 FA 功能。FA 负责提供隧道出口，并将数据解封装后发往 MS。PDSN 与 PCF 间的接口为 A10/A11 接口。

鉴权、认证和计费模块（AAA）：AAA 负责管理用户，其中包括用户的权限、开通的业务、认证信息、计费数据等内容。目前，AAA 采用的主要协议为远程鉴权拨号用户业务 RADIUS 协议，所以 AAA 也可直接叫 RADIUS 服务器。这部分功能与固定网使用的 RADIUS 服务器基本相同，仅增加了与无线部分有关的计费信息。

本地代理（HA）：HA 负责将分组数据通过隧道技术发送给移动用户，并实现 PDSN 之间的移动管理。

（2）cdma2000 1X EV-DO

cdma2000 1X EV 是增强型的 1X，包括 cdma2000 1X EV-DO 和 cdma2000 1X EV-DV。2005 年高通公司暂停 EV-DV 芯片的研制后，大多数厂家停止了 EV-DV 的研发计划。cdma2000 1X EV-DO 是在 cdma2000 1X 基础上进一步提高速率的增强体制，与 cdma2000 网络结构相比，其核心网不包括电路域部分，其余部分基本一致。所以将 cdma2000 1X 网络中核心网的电路域部分去掉，就是 cdma2000 1X EV-DO 系统的网络结构。

五、三网融合

1. 什么是“三网”

“三网”分别指的是：以电话网（包括移动通信网）为代表的传统电信网、以有线电视为代表的广播电视网、以互联网为代表的计算机通信网。

电话网专为电话业务优化设计，是点对点、交互式的双向通信网络，时延要求严格。有线电视网专为广播电视业务优化设计， 是点对多点的单向通信网络，时延要求严格。计算机通信网专为数据业务优化设计，是双向通信网络，突发性强，速率不对称，时延要求不严格。

2. 什么是“三网融合”

由于“三网”是为特定业务量身定制，不能满足用户日益增长的多业务需求，考虑到单一业务网络不能形成规模经济，发展受限，业务竞争实力较弱，同时为使有限而宝贵的网络资源最大程度地实现共享，避免大量低水平的重复建设，打破行业垄断和部门分割，“三网融合”应运而生。

“三网融合”定义：电信网、广播电视网和计算机通信网在向宽带通信网、数字电视网、下一代互联网演进过程中，其技术功能趋于一致，业务范围趋于相同，网络互联互通，资源共享，能为用户提供语音、数据和广播电视等多种服务。

三网融合在现阶段是指在信息传递中，把广播传输中的“点”对“面”，通信传输中的“点”对“点”，计算机中的存储时移融合在一起，更好地为人类服务，并不意味着电信网、广播电视网和计算机网三大网络的物理合一，而主要是指高层业务应用的融合。

网络多元化与综合业务网络并无矛盾，至今未有某一网络因适应综合业务而取代另一网络，今后也不可能出现某一网络包打天下的局面。三网融合不是三网合一，不是网络的相互替代，而是每个网络都能开展多种业务，用户既可以通过有线电视网打电话、宽带上网，也可以通过电信网看电视，基础网络本身无论是历史原因还是竞争的需要都将长期共存，三网融合是一个渐进的过程。

3．“三网融合”表现形态

在数字信息时代，将当前的电信网、广播电视网及计算机通信网三者融合成一个有机的整体，并且融合的方向是实现传输、接收和处理的全部数字化。三网融合示意图如图 1-12 所示。

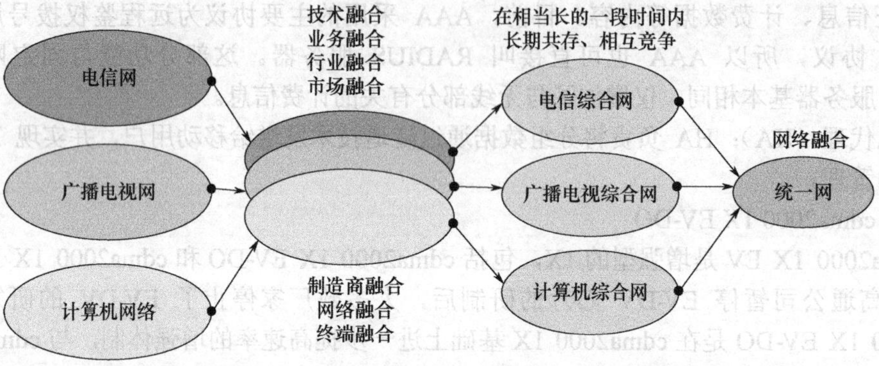

图 1-12　三网融合示意图

“三网融合”是多方面的趋同一致和统一。

（1）技术上趋向一致，网络层上可以实现互联互通，形成无缝覆盖，业务层上互相渗透和交叉，应用层上趋向使用统一的 IP。

（2）经营上互相竞争、互相合作，朝着向人类提供多样化、多媒体化、个性化服务的同一目标逐渐交汇在一起，行业管制和政策方面也逐渐趋向统一。

过关训练

一、填空题

1．《中华人民共和国电信条例》规定：本条例所称电信，是指利用有线、无线的________，传送、发射或者接收语音、文字、数据、图像以及其他任何形式信息的活动。

2．电信系统是各种协调工作的电信装备集合的整体。电信系统是由硬件和软件组成，主要包括终端设备、传输设备和________。

3．目前，网络的拓扑结构主要有环状网、总线网、星状网、____________、复合网等形式。

4．为了更清晰地描述现代电信网，人们引入网络的分层结构。从网络纵向分层的观点来看，可根据不同的功能将网络分解成多个功能层，上下层之间的关系为客户/服务者关系。从垂直方向上分为传送网、业务网、应用层和________。

5．根据电信管理网管理的目的可以分成性能管理、故障管理（或维护管理）、配置管理、记账管理和________ 5个功能域。

6．“三网”分别指的是：以电话网（包括移动通信网）为代表的________、以有线电视为代表的________、以互联网为代表的________。

二、简答题

1．简述电信与通信的区别与联系。

2．简述星状网的网络拓扑结构。

3．我国的3G网络有哪几种？请做一个简要介绍。

4．什么是“三网融合”？

模块二
电信行业认知

【内容简介】

本模块介绍与电信行业有关的基本知识，如电信行业发展、电信行业产业结构、电信行业监管、电信运营商与电信资源等。

【重点难点】

重点掌握电信行业产业结构、电信行业监管与电信资源。

【学习要求】

（1）识记：我国电信行业重组历史、电信行业产业结构、三大基础电信运营商及虚拟运营商的基本情况、电信行业监管机构与法规、电信资源的分配方式。

（2）领会：电信行业重组业务变化、三大基础电信运营商品牌内涵及虚拟运营商的经营模式。

任务1　电信行业发展历史

【学习要求】

（1）识记：中国电信行业3次重组。

（2）领会：电信行业重组与电信业务经营范围的变化。

在全球范围内，电信行业曾经长期是一个相对封闭和垄断的行业，直到20世纪80年代初，世界各国基本上都还实行政府垄断经营的模式，其共同的弊端是组织机构庞大、效率低下、业务单一，以及服务质量不高。从80年代中期开始，信息通信技术的快速发展和应用引发了电信业的空前变革，政府垄断经营被打破，很多国家和地区逐步或部分实行了电信民营化，开始开放电信市场。

与大多数国家一样，这时期中国的电信业也实行政企合一、垄断经营的体制。在改革开放的推动下，国家采取政策扶持措施，努力提高邮电通信能力，以满足迅速增长的社会通信需求。

一、电信行业重组

1. 电信竞赛序幕拉开

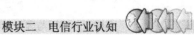

1949 年 11 月 1 日，原邮电部正式成立，从此，新中国有了统一管理全国邮政和电信事业的国家机构，中国电信行业的发展也进入了新的历史篇章。

1994 年，原邮电部成立移动通信局和数据通信局，同年 3 月，将邮政总局、电信总局分别改为单独核算的企业局（即“政企分开”）。由原电子工业部组建，由彩虹集团、电子信息产业集团等大型国有电子企业投资，成立了中国吉通通信有限责任公司；同年 7 月 19 日，由原电子部、电力部、铁道部 3 家投资，中国联合通信有限公司（联通）成立，标志着中国电信行业打破国企垄断的坚冰，进入一个新的阶段。

1997 年，北京电信长城移动通信有限责任公司（电信长城）成立，经营 800MHz 的 CDMA 数字移动通信网络。

1997~1998 年，邮政与电信分营。

1998 年 3 月，在原电子工业部和邮电部基础上组建信息产业部；同时，电信政企分开，信息产业部负责电信行业监管。4 月，国家邮政局成立，邮电正式分家；9 月，国信通信有限公司（国信）成立，运营电信寻呼业务。

2. 电信行业第一次重组

1999 年 2 月，国务院通过中国电信重组方案，中国电信总局的寻呼、卫星和移动业务被剥离出去。大唐电信科技产业集团和上海信天通信有限公司分别成立；同年 4 月，由中科院、原广电总局与铁道部、上海市政府 4 方出资，中国国际网络通信有限公司（小网通）成立；4 月，电信长城并入联通。5 月，国信并入联通。

2000 年 4 月 20 日，在原中国电信移动通信资产总体剥离的基础上组建中国移动集团公司；5 月 17 日，剥离无限寻呼、移动通信和卫星通信业务后成立中国电信集团公司；12 月，铁道通信信息有限责任公司成立（2004 年由原铁道部交给国资委，更名为“中国铁通集团有限公司”）。1 月 10 日，中国卫通与国信寻呼签订协议，联通开始进入寻呼市场。

2001 年 12 月，中国卫星通信集团公司（中国卫通）成立。

至此，中国国内电信市场形成了有中国电信、中国联通、中国网通、中国移动、中国吉通、中国铁通和中国卫通等 7 家运营商组成的分层竞争格局。电信行业称其为“七雄确立”（6+1）。

3. 电信行业第二次重组

2002 年 5 月 16 日，中国电信南北拆分（将北方 10 省电信公司从中国电信剥离出并与小网通公司、吉通公司成立新的中国网通公司），中国网通和中国电信两大集团正式成立。2003 年 6 月，依据国务院 36 号令，吉通通信有限责任公司并入网通。这次重组，产生了“北网通，南电信”，形成了 6 家基础电信运企业（中国联通、中国移动、中国卫通、中国铁通、中国网通、中国电信），如表 2-1 所示。

表 2-1　“4+2”电信运营商的电信业务经营范围

	本地电话	移动通信	长途电话	IP 电话	无线寻呼增值业务	卫星通信
中国电信	√		√	√	√	
中国网通	√		√	√	√	

续表

	本地电话	移动通信	长途电话	IP 电话	无线寻呼增值业务	卫星通信
中国联通	√	√	√	√	√	
中国移动		√		√	√	
中国铁通	√		√	√	√	
中国卫通						√

知识小点评：两次电信行业重组的出发点都是破除当时的垄断，优化当时的市场格局，但是人为地分离业务，没考虑到未来移动代替固定的趋势，间接导致仍需实行新的重组。

4．电信行业第三次重组

在政策、市场和技术的驱动下，2008 年 5 月 24 日，工业和信息化部、国家发改委及财政部联合发布《关于深化电信体制改革的通告》，标志着中国电信业新一轮改革的开始，改革结果如表 2-2 所示。

表 2-2　“5 进 3”中国电信业重组方案

电信运营商	重组方案及 3G 标准	业　务	用户规模
新移动	中国移动+中国铁通+TD-SCDMA	TD-SCDMA 网络+固网	移动：3.866 亿（GSM） 固话：原铁通 21（百万）用户 宽带：原铁通 4（百万）用户
新电信	中国电信+中国联通（CDMA 网络）+CDMA2000	CDMA 网络+固网	移动：4192.6 万（CDMA） 固话：2.26 亿 宽带：3817 万 小灵通：约 5400 万
新联通	中国联通（-CDMA 网）+中国网通+WCDMA	WCDMA 网络+固网	移动：1.20564 亿（GSM） 固话：1.1878 亿，其中无线市场 2686 万 宽带：2266 万 小灵通：约 2400 万

2008 年 5 月 24 日，原中国电信以 1100 亿收购了中国通联 CDMA 网（包括资产和用户），中国卫通的电信业务并入中国电信。

2009 年 1 月 7 日，原中国联通公司与原中国网通公司重组合并，新公司名称为中国联合网络通信集团有限公司，简称为中国联通。

2008 年 5 月 23 日，中国移动通信集团公司通报：中国铁通集团有限公司正式并入中国移动通信集团，成为其全资子企业。

至此，中国电信、中国移动、中国联通都成为了全业务牌照运营商，中国电信行业形成了“三足鼎立”的局面，如图 2-1 所示。

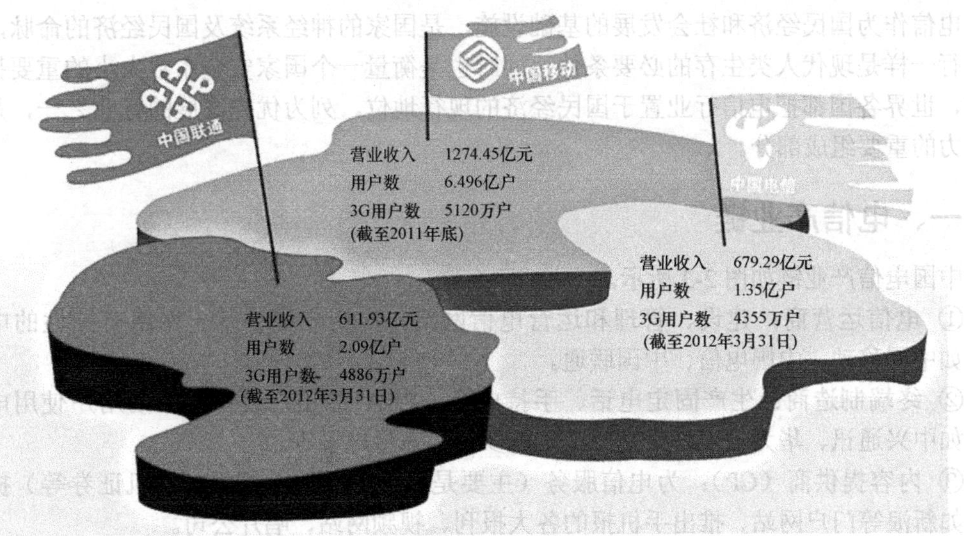

图 2-1　中国电信、中国移动、中国联通“三足鼎立”

二、电信行业总体演进

中国电信行业 1994～2008 年的改革发展总体演进如图 2-2 所示。

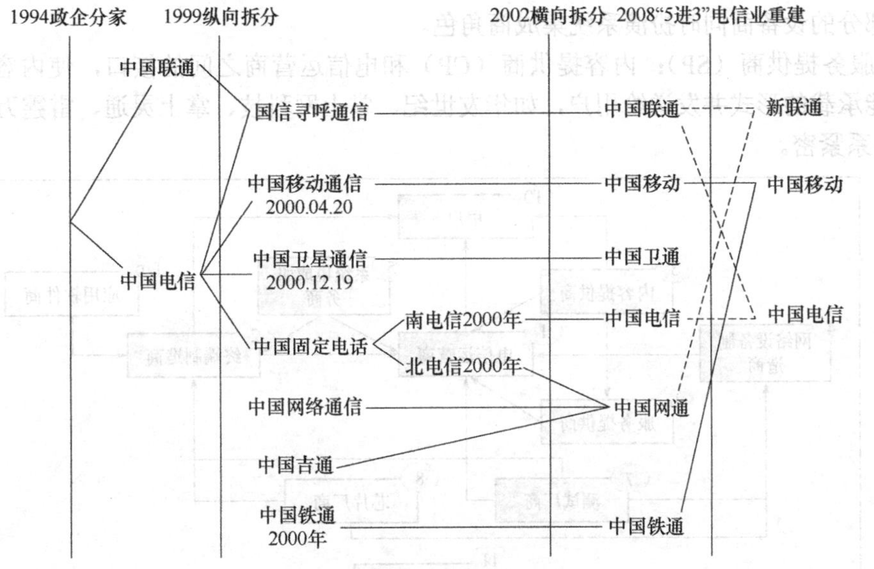

图 2-2　中国电信业改革演进图

任务 2　电信行业产业结构

【学习要求】

（1）识记：中国电信行业产业链的组成。

（2）领会：电信行业与电信产品的特点。

电信作为国民经济和社会发展的基础设施，是国家的神经系统及国民经济的命脉，同衣食住行一样是现代人类生存的必要条件，同时也是衡量一个国家安全系数大小的重要指标。目前，世界各国都把电信行业置于国民经济的现行地位，列为优先发展的行业之一，是社会生产力的重要组成部分。

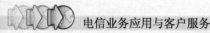

一、电信产业链

中国电信产业链如图 2-3 所示。

① 电信运营商：建设、管理和运营电信网络，向用户提供基于网络可控性的电信服务，如中国移动、中国电信、中国联通。

② 终端制造商：生产固定电话、手持电话、PDA 等用户设备，帮助用户使用电信服务，如中兴通讯、华为技术、诺基亚、摩托罗拉、三星电子等。

③ 内容提供商（CP）：为电信服务（主要是数据业务如手机报、手机证券等）提供内容，如新浪等门户网站、推出手机报的各大报刊、视频网站、唱片公司。

④ 设备制造商：生产路由器、交换机等网络设备以构建电信网络，如爱立信（Ericsson）、北电网络（Nortel）、诺基亚、西门子、华为技术、中兴通讯、大唐电信、烽火科技等。

⑤ 系统集成商：将分离的设备、功能和信息等集成到相互关联的、统一和协调的系统，帮助运营商对网络实现集中、高效的管理，如中国通信建设、中国通信服务、亚信科技等，大部分的设备商同时扮演系统集成商角色。

⑥ 服务提供商（SP）：内容提供商（CP）和电信运营商之间的接口，使内容转化为电信网络能承载的形式并发送给用户，如华友世纪、掌上网科技、掌上灵通、雷霆万钧等。SP 与 CP 关系紧密。

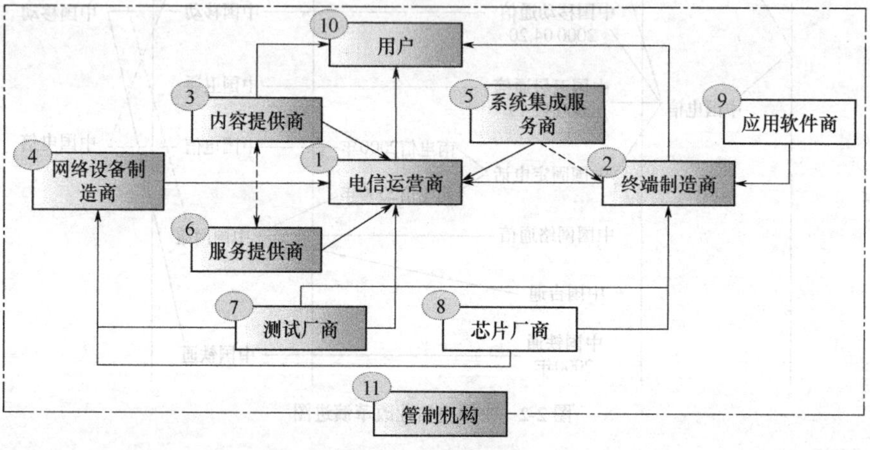

图 2-3 电信产业链

⑦ 测试厂商：检测网络设备和终端设备的性能，判断是否满足电信运营商建设网络和消费者使用网络的需要，如安捷伦、中创信测、大唐高鸿等。

⑧ 芯片产商：包括网络设备芯片厂商和手机芯片产商。手机芯片产商如高通、博通等。

⑨ 应用软件商：手机应用软件商。目前国内比较有名的手机软件商店有乐商店、机客手机、苹果软件、诺基亚软件、微软软件、谷歌软件、LG 软件、黑莓软件等。

知识小拓展：手机软件商店，又叫手机应用商店，是 2009 年由苹果公司提出的概念。应用商店诞生的初衷，是让智能手机用户在手机上完成更多的工作和娱乐。在 2009 年年底，手机软件商店的概念迅速风靡起来，各大手机厂商开始搭建自己的应用商店，来提升自身手机产品的卖点和吸引力。手机软件商店里的内容涵盖了手机软件、手机游戏、手机图片、手机主题、手机铃声、手机视频等几类。

从总体上看，电信产业链是以电信运营商为中心的网络，各个环节之间展开激烈的竞合，具体表现如图 2-4 所示。

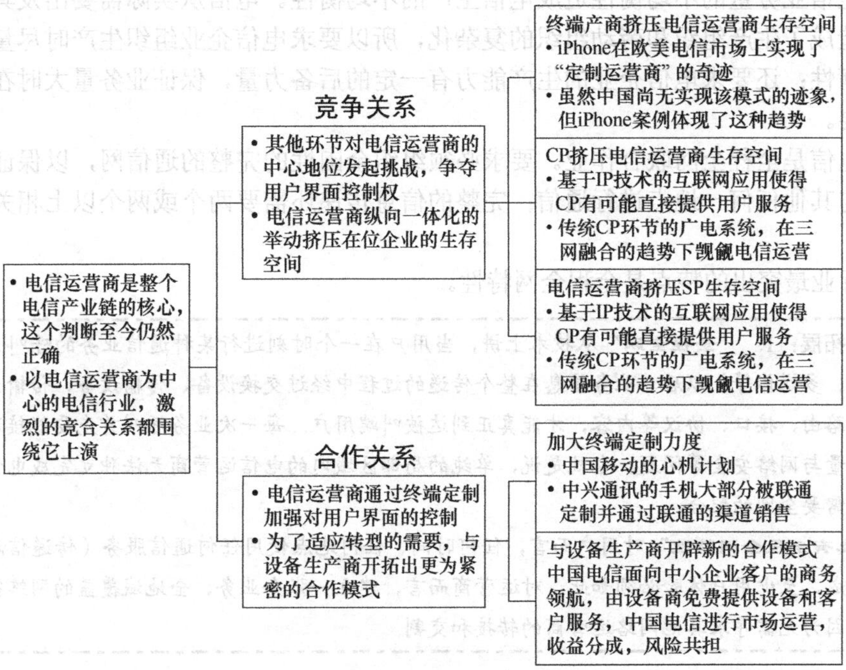

图 2-4　电信产业链的竞争与合作

近年来随着移动互联网的迅猛发展，电信产业链也发生了演变——以运营商为核心的价值关系向以运营商为主体的合作共赢的价值关系转型，如图 2-5 所示。

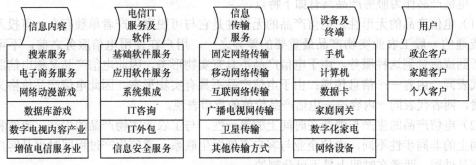

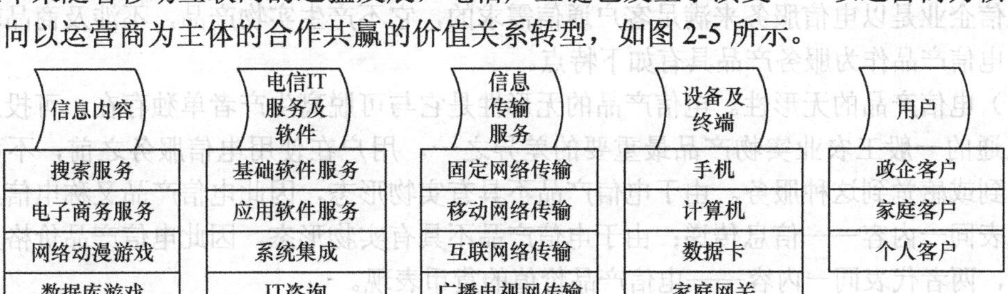

图 2-5　电信产业链的演变

二、电信行业特点

电信行业是为全社会传递信息的生产组织。它具有一般物质生产部门不同的特点，主要表现在以下 4 个方面。

（1）电信产品不具实物形态，只是提供一种服务，称之为有益效用，这是最基本的特点。这种特点决定了电信企业不仅有生产的职能，而且有服务的职能；必须制定科学合理的时限限制，提高劳动生产率，加快传递速度；必须准确、安全。

（2）电信的生产过程也是消费过程。生产与消费不可分割的特性，决定了电信产品的质量具有特殊的重要性，要把质量放在第一位；电信企业没有制造产品的原材料库和半成品库的仓储设施，仅有辅助材料库。

（3）电信业务量的不均衡性造成电信生产的不均衡性。电信从实际需要出发具有一定的随机性，造成了生产组织和劳动组织的复杂化，所以要求电信企业组织生产时尽量适应业务量的不均衡性；还要求电信企业的生产能力有一定的后备力量，保证业务量大时在规定时限内满足需要。

（4）电信是全程全网联合作业。要求必须组织全国性的完整的通信网，以保证国内每一地点都能与其他任何一地点进行通信；完整的信息传递还需要两个或两个以上相关企业共同完成。

电信行业最突出的特点是全程全网特性。

知识小拓展：1. **“全程全网”**从技术上讲，当用户在一个时刻进行某种通信业务的呼叫（如电话、数据、视讯、多媒体等）以后，业务信息在整个传递的过程中经过交换设备、传输设备、传输介质，还要涉及到有关路由、接口、协议等内容，才能真正到达被叫端用户。每一次业务呼叫首先要能接通，然后再考虑通信质量与网络安全等问题。也就是说，单纯的局部区域内的电信运营商无法独立完成电信网上信息传递，因而需要全网的配合。

2. **“具有全程全网特性”**对用户而言，任何时间、任何地点使用任何通信服务（传递信息）都是在一张网内完成，至少用户体验必须如此。对运营商而言，建立一张全业务、全地域覆盖的网络往往最具有运营效率，因为无需寻求其他网络运营商的转接和交割。

三、电信产品特点

电信企业是以电信服务来满足客户通信需求的，它不产生实物产品，不涉及商品转移。因此，电信产品作为服务产品具有如下特点。

（1）电信产品的无形性。电信产品的无形性是它与可脱离生产者单独存在、可投入现实商品流通的一般工农业实物产品最重要的差异之一。用户在使用电信服务之前，不可能看到、听到或感觉到这种服务。由于电信产品不具有实物形态，因此电信产品又称电信服务，两者代表同一内容——信息传递；由于电信产品不具有实物形态，因此电信产品价格又称电信资费，两者代表同一内容——电信产品价值的货币表现。

（2）电信产品的生产与消费在时间上的等一性。与工农业实物产品的生产、流通和消费在时间上的非同步性不同，电信企业与客户直接发生联系，通信生产过程同时也是客户使用电信产品过程，两者在时间上是不可分割的。

（3）电信产品的不可储存性。电信产品不可能像工农业实物产品那样储存待售。虽然构成电信能力的电信网、机线设备、局所网点准备在通信需求之前存在，但提供的电信能力如果不及时被客户消费使用，就会造成损失。这种损失表现为机会的损失和折旧的损失。

（4）电信产品的复杂性。电信产品是以“效用”形态提供的产品，由于客户所需通信“效用”复杂多样，因此电信产品必然是功能各异、复杂多样。

（5）电信产品的相互替代性。电信产品具有很强的替代性。客户为达到同一传递信息的目的，可进行如下产品替代。第一：电信企业内各类电信产品替代，如为传递“火车接站”的信息，可使用短信发送、固定电话、移动电话。第二：电信企业外各类电信产品替代，如为传递“火车接站”信息，可使用中国移动或中国联通的电信产品等。

任务 3　电信行业监管机制

【学习要求】

（1）识记：中国电信行业监管机构组成及电信监管法规。

（2）领会：中国电信行业监管机构职能。

改革开放以来，我国电信市场通过不断推进市场化改革和加强监管，取得了巨大发展成就。电信市场实现了从垄断到竞争，从卖方市场到买方市场，从计划经济到市场经济的变革，电信运营企业的总体竞争实力显著增强。电信监管机制建设取得重大突破，实现政企分离、政资分离改革，建立两层级的监管机构，各项监管措施不断得到完善。

一、电信行业监管机构

1994～1978 年，我国电信运营企业主要以政企合一和行业垄断方式经营，由政企合一性质的原邮电部直接垄断经营公用电信行业，电信经营和电信资费等都实行严格的计划经济，服务主要是面向党、政、军等机构。20 世纪 80 年代，随着我国电信市场和技术步入快速发展轨道，电信市场改革逐步深化，建立起了政企分开、政资分开与政监合一的监管体制。

政企分开：政企分开最早源于 1995 年 4 月，原电信总局以“中国邮电电信总局”的名义进行企业法人登记，其原有的政府职能转移至原邮电部内其他司法局，逐步实现内部政企职责分开。

政资分开：2000 年改革后，原国务院国有资产管理委员会作为国家出资代表人，对基础电信运营商的资产经营进行监管，电信监管机构不再负有资产经营监管的职责，从而实现了“政资分开”的改革。

政监合一：电信监管机构作为政府的下属部门纳入政府行政管理体系，办公经费来源于政府财政算，电信服务市场监管职能与相关产业调控管理职能相互交织、未分离，电信监管政策与相关产业政策制定关系密切。

1．电信监管职责

根据国家赋予的管理职责，我国电信监管机构主要负责协调电信市场不同参与者间的利益关系，包括电信用户与电信运营企业、电信运营企业与电信运营企业、电信运营企业与国家、电信运营企业与相关产业之间的利益关系协调（见图 2-6）。其中，电信运营企业是电信市场的主体，协调市场利益关系也是主要围绕电信运营企业，电信用户是电信市场的核心，协调利益关系归根到底是为了保护电信用户的利益。

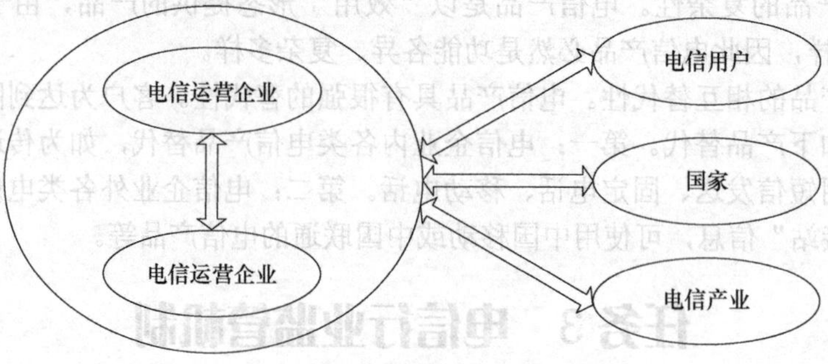

图 2-6　电信监管协调关系

2．电信监管机构

1998 年 3 月，国家在原邮电部和电子部的基础上组建信息产业部，同时推行政企分离改革，电信监管职能与电信运营职能分开，信息产业部成为我国电信行业实现政企分离后第一个承担电信监管职能的部门。

2000 年 9 月，国务院批准原信息产业部关于地方电信管理机构组建方案，年底全国 31 个省区市通信管理局全部组建完毕，建立了中央（信息产业部）与地方（通信管理局）两级垂直管理机构体系。

2008 年，中央政府实行部委机构改革，将原信息产业部、国务院信息化工作办公室以及国家发改委的工业管理有关职责、国防科工委处核电管理以外的职责加以整合，成立了工业和信息化部。原信息产业部的电信监管职责转由工业与信息化部承担，原邮政通信管理职责转由交通部承担，原各省、市、自治区负责电信市场管理的通信管理局也纳入工业和信息化部垂直管理。至此，建立了新的中央（工业和信息化部）与地方（通信管理局）两级垂直管理机构体系。

新成立的工业和信息化部的主要职责包括：

（1）提出新型工业化发展战略和政策，协调解决新型工业化进程中的重大问题，拟订并组织实施工业、通信业、信息化的发展规划，推进产业结构战略性调整和优化升级，推进信息化和工业化融合，推进军民结合、寓军于民的武器装备科研生产体系建设。

（2）制定并组织实施工业、通信业的行业规划、计划和产业政策，提出优化产业布局、结构的政策建议，起草相关法律法规草案，制定规章，拟订行业技术规范和标准并组织实施，指导行业质量管理工作。

（3）监测分析工业、通信业运行态势，统计并发布相关信息，进行预测预警和信息引导，协调解决行业运行发展中的有关问题并提出政策建议，负责工业、通信业应急管理、产业安全和国防动员有关工作。

（4）负责提出工业、通信业和信息化固定资产投资规模和方向（含利用外资和境外投资）、中央财政性建设资金安排的意见，按国务院规定权限审批、核准国家规划内和年度计划规模内固定资产投资项目。

（5）拟订高技术产业中涉及生物医药、新材料、航空航天、信息产业等的规划、政策和标准并组织实施，指导行业技术创新和技术进步，以先进适用技术改造提升传统产业，组织实施有关国家科技重大专项，推进相关科研成果产业化，推动软件业、信息服务业和新兴产业发展。

（6）承担振兴装备制造业组织协调的责任，组织拟订重大技术装备发展和自主创新规划、政策，依托国家重点工程建设协调有关重大专项的实施，推进重大技术装备国产化，指导引进重大技术装备的消化创新。

（7）拟订并组织实施工业、通信业的能源节约和资源综合利用、清洁生产促进政策，参与拟订能源节约和资源综合利用、清洁生产促进规划，组织协调相关重大示范工程和新产品、新技术、新设备、新材料的推广应用。

（8）推进工业、通信业体制改革和管理创新，提高行业综合素质和核心竞争力，指导相关行业加强安全生产管理。

（9）负责中小企业发展的宏观指导，会同有关部门拟订促进中小企业发展和非国有经济发展的相关政策和措施，协调解决有关重大问题。

（10）统筹推进国家信息化工作，组织制定相关政策并协调信息化建设中的重大问题，促进电信、广播电视和计算机网络融合，指导协调电子政务发展，推动跨行业、跨部门的互联互通和重要信息资源的开发利用、共享。

（11）统筹规划公用通信网、互联网、专用通信网，依法监督管理电信与信息服务市场，会同有关部门制定电信业务资费政策和标准并监督实施，负责通信资源的分配管理及国际协调，推进电信普遍服务，保障重要通信。

（12）统一配置和管理无线电频谱资源，依法监督管理无线电台（站），负责卫星轨道位置的协调和管理，协调处理军地间无线电管理相关事宜，负责无线电监测、检测、干扰查处，协调处理电磁干扰事宜，维护空中电波秩序，依法组织实施无线电管制。

（13）承担通信网络安全及相关信息安全管理的责任，负责协调维护国家信息安全和国家信息安全保障体系建设，指导监督政府部门、重点行业的重要信息系统与基础信息网络的安全保障工作，协调处理网络与信息安全的重大事件。

（14）开展工业、通信业和信息化的对外合作与交流，代表国家参加相关国际组织。

（15）承办国务院交办的其他事项。

二、电信监管法规

《中华人民共和国电信条例》（简称《电信条例》）是国家电信管制部门依法从事电信市场监管工作的主要法律依据。《电信条例》规定了电信监管机构的职能，主要包括电信业务许可管理、电信资源管理、电信网间互联管理、电信资费管理、电信服务管理、电信设施建设管理、电信设备进网管理和电信安全管理 8 个方面。

电信监管 8 个方面的监管职能可以基于电信业务许可与电信服务监管分为两大类职能，如图 2-7 所示。第一类以电信业务许可为核心，包括电信业务许可管理、电信资源管理、电信网间互联管理和电信设施建设管理 4 个方面；这些管理职能规定了电信运营企业进入电信市场参与市场竞争的基础条件。电信运营企业在获得电信业务许可后需要配置必备的电信资源，建立必要的网络互联和建设基础电信设施等。这些管理职责也可以视作电信市场许可准入的配套规范，明确了电信运营商准入相关的基本权利和义务，使电信运营企业能够根据这些规范快速进入市场。第二大类以电信服务管理为核心，包括电信服务管理、电信设备入网管理、电信资费管理和电信安全管理；这些管理措施归根到底是为了保证电信用户服务质量和服务水平。这些职能包括协调电信企业与电信消费者、电信企业与电信产业、电信企业与电信企业以及电信企业与国家之间的关系，但总体上都是着眼于保障和提升电信用户的利益。

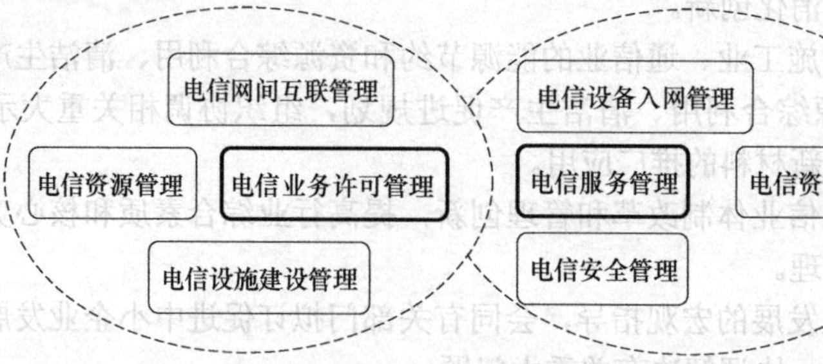

图 2-7　电信监管职责

（1）电信业务许可管理：电信条例规定电信业务实行经营许可管理制度，包括基础电信业务经营许可、跨地区增值电信业务经营许可和增值电信业务经营许可 3 种业务许可证。同时，为了规范电信业务经营许可管理，国家电信监管机构发布了《电信业务经营许可管理办法》对电信业务经营许可的申请、发放、使用、废止等条件和程序做了更加详细的规定，并建立了相应的决策和管理机制。

（2）电信网间互联管理：电信网间互联管理主要包括制定电信网间互联规则和技术标准，确立网间互联的结算标准，以及协调处理电信运营商间的互联争议等。国家电信监管机构先后发布了《公用电信网间互联管理规定》、《电信网间通话结算办法》、《电信网间争议处理办法》、《公用网网间互联结算以及中继费用分摊办法》等一系列行政规定，对电信经营者的互联义务、互联点设置和互联后的网络管理等做了更为详细的规定。

（3）电信资费管理：电信资费主要包括确定不同电信业务的资费定价方式和管理方式，实施电信资费的审批和监督等。电信条例规定我国电信资费分为市场调节价、政府指导价和政府定价 3 种。2014 年 5 月 9 日，工业和信息化部、国家发展改革委联合发布了《关于电信业务资费实行市场调节价的通告》（简称《通告》），放开所有电信业务资费，对所有电信业务资费均实行市场调节价，电信企业可以自主制定具体资费结构、资费标准和计费方式。同时，为切实保护用户权益，文件对电信企业资费方案设计、宣传推广、协议签订和准确计费等方面提出了多项要求。此外，《通告》还废止了涉及电信资费审批的相关文件。

图 2-8　电信资费管理

（4）电信资源管理：电信条例规定电信资源是指无线电资源、卫星轨道位置、电信网码号等用于实现电信功能且有限的资源。电信资源管理是指电信监管机构负责对上述资源进行规划和分配。电信条例规定电信监管机构分配电信资源的方式包括指配和拍卖，并明确电信资源实行有偿使用制度，电信业务经营者占用、使用电信资源应当缴纳电信资源费。

（5）电信服务管理：电信服务管理是电信监管机构为了保护电信用户的利益和提升电信服务水平，对电信服务实施全过程的监督管理。为了规范电信服务管理，国家电信监管机构出台了《电信服务质量监督管理暂行办法》。

（6）电信设施建设管理：电信设施建设管理重点涉及协调和规范电信运营企业在从事电信设施建设活动中与建筑开发商、其他电信运营企业之间的利益关系。国家电信监管机构出台了《电信建设管理办法》等规章制度，并建立了相应的质量监督机制。

（7）电信设备进网管理：依据电信管理条例，国家对电信终端设备、无线电通信设备和涉及网间互联的设备实行进网许可制度，接入公用电信网的电信终端设备、无线电通信设备和涉及网间互联的设备，必须符合国家规定的标准并取得进网许可证。为此，国家电信监管机构发布了《电信设备进网管理办法》和《电信设备进网检测机构授权管理办法》等，对终端进网许可程序、许可标志使用及进网监督管理等做了具体规定。

（8）电信安全管理：电信条例对电信业务经营者承担的电信安全义务做出了原则性的规定，明确“电信业务经营者在电信网络的设计、建设和运行中，应当要做到与国家安全和电信网络的需求同步规划，同步建设，同步运行”。

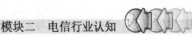

任务 4 电信运营商

【学习要求】

（1）识记：中国三大基础电信运营商、虚拟运营商的基本情况。

（2）领会：中国三大基础电信运营商的品牌内涵、虚拟运营商的经营模式。

电信运营商是指提供固定电话、移动电话和互联网接入的通信服务公司。2008 年电信行业重组完成后，中国三大电信运营商分别是中国电信、中国移动、中国联通。

一、中国电信

中国电信集团公司（简称“中国电信”）成立于 2000 年 5 月 17 日，是中国三大主导电信运营商之一，连续多年入选《财富》杂志“世界 500 强企业”。作为综合信息服务提供商，中国电信为客户提供包括宽带互联网接入、移动通信、信息化应用及固定电话等产品在内的综合化信息解决方案。2011 年 3 月 31 日，中国电信天翼移动用户破亿成为全球最大 CDMA 网络运营商。

1．基本情况

中国电信的基本情况如表 2-3 所示。

表 2-3

<table>
<tr><td>企业名称</td><td colspan="3">中国电信集团公司（China Telecom）</td></tr>
<tr><td>业务经营范围</td><td colspan="3">IS-95CDMA（2G）+CDMA2000（3G）+LTE（4G）+固网</td></tr>
<tr><td>移动网号段</td><td colspan="3">133，153，177，180，181，189</td></tr>
<tr><td rowspan="6">组织架构</td><td rowspan="4">控股公司</td><td rowspan="2">中国电信股份有限公司</td><td>全资子公司和分公司：（1）各省、自治区、直辖市电信分公司（31个）（2）中国电信国际有限公司（3）中国电信集团系统集成有限责任公司（4）天翼电信终端有限公司（5）号百信息服务有限公司（6）天翼电子商务有限公司（7）云计算分公司（8）中国电信（美洲）有限公司</td></tr>
<tr><td>分支机构：（1）中国电信学院（2）中国电信北京研究所（3）中国电信上海研究所（4）中国电信广州研究所（5）中国电信上海信息园运营部（6）中国电信云计算内蒙古信息园开发建设部</td></tr>
<tr><td>中国通信服务股份有限公司</td><td>全资子公司：（1）南方各省、自治区、直辖市通信服务有限公司（20个）（2）中国通信建设集团有限公司（3）中国通信服务（香港）国际有限公司</td></tr>
<tr><td colspan="2">号百控股股份有限公司</td></tr>
<tr><td colspan="3">全资子公司和分公司：
（1）中国电信集团卫星通信有限公司（2）信元公众信息发展有限公司（3）天翼科技创业投资有限公司（4）炫彩互动网络科技有限公司（5）天翼阅读文化传播有限公司（6）中国电信（欧洲）有限公司（7）北方九省电信分公司和西藏电信分公司</td></tr>
<tr><td colspan="3">分支机构：（1）中国电信博物馆（2）北京信息科技运营部</td></tr>
</table>

其中：中国电信股份有限公司于 2002 年在香港和纽约上市，中国通信服务股份有限公司于 2006 年在香港上市。

2．品牌架构

自 2011 年以来，中国电信在成功打造“天翼”3G 品牌的基础上，陆续推出了天翼飞 Young、天翼领航、天翼 e 家等客户品牌，不断推进公司品牌体系向多元化、立体化的现代新型品牌架构演进。中国电信的品牌架构体系如图 2-9 所示。

图 2-9　中国电信品牌架构体系

（1）企业品牌——“中国电信”

企业品牌 “中国电信”是中国具有百年历史的品牌。企业愿景为现代综合信息服务提供商，品牌主张为“世界触手可及”。

（2）商业主品牌——“天翼”

承接中国电信“现代综合信息服务提供商”的愿景，并依托于科技进步进行升华，引领信息时代，让客户畅享科技为信息新生活所带来的无限可能。不同的消费类群，将享有不同的客户品牌，感受并体验“天翼”带来的实际利益与体验。品牌主张为“分享无限”。

（3）客户品牌——“天翼领航”“天翼 e 家”“天翼飞 Young”“天翼 3G”

“天翼领航”客户品牌覆盖除党政军和行业客户外的商业企业客户。品牌定位为真正了解企业需求的通信合作伙伴。依托“云、管、端”，打造数字企业，增强竞争力，凝聚企业价值，构筑智慧城市。品牌主张为“分享无限价值”。

“天翼 e 家”客户品牌覆盖所有家庭客户。品牌定位为家庭融合通信的倡导者，为家庭用户的亲情沟通提供综合性通信服务。品牌主张为“分享无限亲情”。

“天翼飞 Young”客户品牌覆盖年轻个人客户群体。品牌定位为针对年轻时尚人群，提供差异化的移动互联网通信服务，与客户分享愉悦体验与生活精彩。品牌主张为“分享无线自由”。

“天翼 3G”客户品牌覆盖除年轻群体以外的个人客户。品牌定位为个人客户提供丰富的 3G 终端、应用及服务，以及自由畅快、精彩纷呈的用户体验。品牌主张为“3G 互联网手机”。

此外，2014 年 2 月 14 日，中国电信正式推出其 4G 业务品牌“天翼 4G”，开启天翼 4G 全面商用时代。“天翼 4G”寓意中国电信用户在 4G 时代可以更畅快地体验移动信息服务，享受更高品质、更自由的信息新生活。

知识小拓展：（1）中国电信 CHINA TELECOM：中国电信的标志是以中国的“中”字及中国传统图案“回纹”作为基础，经发展变化而形成的三维立体空间图案，寓意为四通八达的通信网络，象征“中国电信”四时畅通，无处不达，形象地表达了中国电信的特点：科技、现代、传递、速度、发展。

（2）天翼：创意来自古典祥云，点出天的元素；云头处理形似 e 字，与翼字谐音，同时点出互联网元素，充分体现移动互联网定位。

二、中国移动

中国移动通信集团公司（简称“中国移动”）于 2000 年 4 月 20 日成立，是全球网络规模、客户规模最大的移动通信运营商。中国移动主要经营移动语音、数据、IP 电话和多媒体业务，并具有计算机互联网国际联网单位经营权和国际出入口局业务经营权。2013 年，中国移动位居《财富》杂志“世界 500 强”排名第 71 位。

1. 基本情况

中国移动的基本情况如表 2-4 所示。

表 2-4

企业名称	中国移动通信集团公司（China Mobile）
业务经营范围	GSM（2G）+TD-SCDMA（3G）+LTE（4G）+固网
移动网号段	1340～1348，135～139，147，150～152，157～159，178，182～184，187，188
组织架构	总部（包括综合部、发展战略部等共计 19 个部门）

续表

<table>
<tr><th>企 业 名 称</th><th colspan="2">中国移动通信集团公司（China Mobile）</th></tr>
<tr><td rowspan="10">组织架构</td><td rowspan="5">中国移动（香港）集团有限公司</td><td>中国移动通信有限公司：（1）各省、自治区、直辖市公司（31 个）（2）中国移动通信集团设计院有限公司（3）中国移动通信集团终端有限公司（4）中国移动通信有限公司政企客户分公司（5）中国移动通信集团财务有限公司（6）中国移动通信研究院（7）中国移动通信管理学院（8）中国移动国际信息港建设中心（9）中国移动通信信息安全管理与运行中心</td></tr>
<tr><td>中国移动香港有限公司</td></tr>
<tr><td>中国移动国际有限公司</td></tr>
<tr><td>中国移动（深圳）有限公司</td></tr>
<tr><td>ASPIRE 控股有限公司</td></tr>
<tr><td colspan="2">中国铁通集团有限公司</td></tr>
<tr><td colspan="2">各省、自治区、直辖市通信服务公司（29 个）</td></tr>
<tr><td colspan="2">辛姆巴科公司</td></tr>
<tr><td colspan="2">中国移动通信集团公司政企客户分公司</td></tr>
<tr><td colspan="2">各省、自治区、直辖市分公司（31 个）</td></tr>
</table>

2．品牌架构

中国移动自 2003 年起全面实施品牌战略，在“中国移动”企业品牌下，实施以“全球通”“动感地带”“神州行”三大用户品牌为主导的品牌架构体系，并根据市场用户需求逐步推出“动力 100”集团用户产品。2009 年 1 月 7 日，工业和信息化部（简称工信部）正式发布 3G 牌照，中国移动同步发布中国移动 3G 网络标识——“G3”。2013 年 12 月 8 日，中国移动又推出了其全新的 4G 全业务品牌“and 和”。中国移动通信集团公司的品牌架构体系如图 2-10 所示。

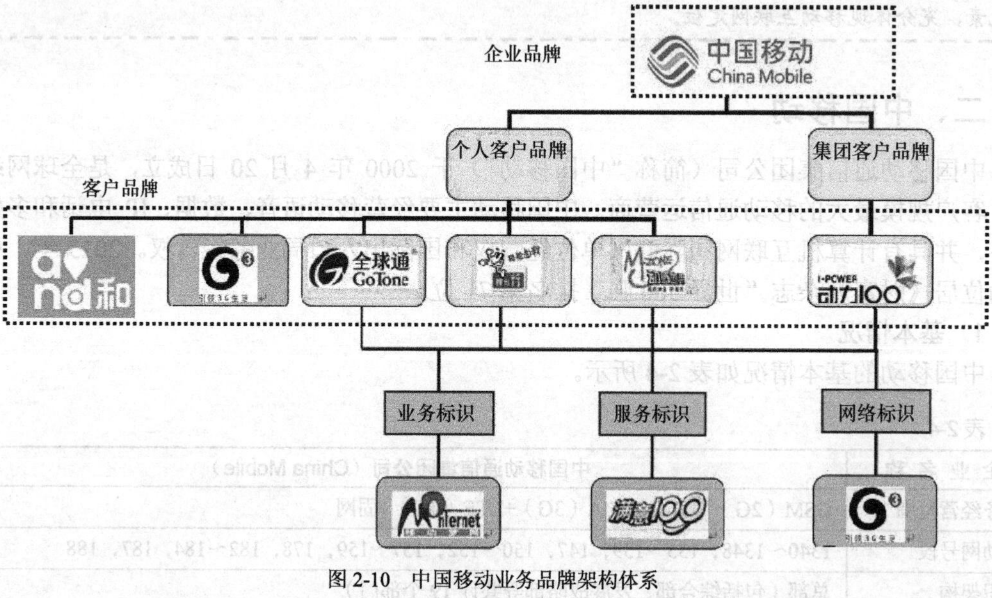

图 2-10　中国移动业务品牌架构体系

（1）个人客户品牌

全球通（GoTone）：是中国移动的旗舰品牌，知名度高，品牌形象稳健，拥有众多的高端客户，是国内网络覆盖最广泛、国际漫游国家和地区最多、功能最为完善的移动信息服务品牌。

动感地带（M-zone）：是中国移动为年轻时尚人群量身定制的移动通信客户品牌。“动感地带”不仅资费灵活，同时还提供多种创新性个性化服务，给用户带来前所未有的移动通信生活。

神州行（Easyown）：是中国移动旗下客户规模最大、覆盖面积最广的品牌，也是我国移动通信市场上客户数量最大的品牌。它以“快捷和实惠”为原则，带着“轻松由我”的主张服务于大众。

G3：“G3”标识造型取义中国太极，以中间一点逐渐向外旋展，寓意 3G 生活不断变化和精彩无限的外延；其核心视觉元素源自中国传统文化中最具代表性的水墨丹青和朱红印章，以现代手法加以简约化设计，该标识还有丰富的彩色运用和延展。G3 标识属于承载网标识，将不作为单独的客户品牌存在，而是充分融入中国移动的三大品牌进行推广。

and 和：“and”，连接、沟通，表达关系的达成，陈述价值的同时，表达距离的拉近，寓意中国移动就在你身边。“and”，世界的一切皆与你有关，连接你与世界，让生活更加丰富，回归“梦想的实现”。“and”，是 a new dream 的首字母，寓意在你身边，帮助你实现梦想。

（2）集团客户品牌

动力 100 是中国移动通信根据集团客户在管理、技术和服务等方面的需求，推出移动信息化整体解决方案，以移动管理全面提升电子政务与电子商务的层次，实现以客户为中心的移动信息化。

知识小拓展：从 中国移动通信 CHINA MOBILE 到 中国移动 China Mobile 的改变

（1）中文名称调整：将“中国移动通信”改为“中国移动”，去掉“通信”二字，打破“中国移动是做电话通信”的局限认知，淡化中国移动“通信”的行业属性。

（2）英文名称调整：将“CHINA　MOBILE”改为“China　Mobile”，大写字母改为小写字母，不仅提高了可读性，也为中国移动品牌形象带入活泼、亲切感。

（3）标志整体效果：新的纽带相握的造型，不仅很好地延续了中国移动的品牌形象资产，又使整个形象更加简洁动感、互通顺畅，也打开了互联网特征的延伸性。时尚、亲和、智慧的浅蓝色代替了过去强势、冰冷的色彩感受，一抹生机的绿色为企业注入创新活力与社会责任的品牌联想。

（4）优化后的标志秉承“责任、卓越”的核心价值，体现出“移动改变生活”的战略愿景，强化了中国移动作为企业公民对国家、对社会的价值承诺，并且弱化了与消费者在功能利益和使用体验上的沟通。

三、中国联通

中国联合网络通信集团有限公司（简称“中国联通”）于 2009 年 1 月 6 日在原中国网通和原中国联通的基础上合并组建而成，是中国唯一一家在纽约、香港、上海三地同时上市的电信运营企业，连续多年入选“世界 500 强企业”；主要经营固定通信业务，移动通信业务，国内、国际通信设施服务业务，卫星国际专线业务、数据通信业务、网络接入业务和各类电信增值业务，与通信信息业务相关的系统集成业务等。

1．基本情况

中国联通的基本情况如表 2-5 所示。

表 2-5

企业名称	中国联合网络通信集团公司（China Unicom）	
业务经营范围	GSM（2G）+WCDMA（3G）+LTE（4G）+固网	
移动网号段	130~132，145，155，156，176，185，186	
组织架构	总部	包括市场部、销售部、集团客户事业部等 24 个部门。
	直属单位与子公司	（1）联通学院（2）联通研究所/国家工程实验室有限公司（3）联通宽带在线有限公司（4）联通信息导航有限公司（5）中国电话号簿公司（6）中融信息服务有限公司（7）联通系统集成有限公司（8）中讯邮电咨询设计院有限公司（9）联通兴业通信技术有限公司（10）联通华盛通信有限公司（11）联通时科通信有限公司（12）中国联通进出口有限公司（13）联通新时空公司（14）北京京都信苑饭店有限公司（15）中国联通（欧洲）运营有限公司（16）中国联通（日本）运营股份有限公司（17）中国联通（新加坡）运营有限公司（18）中国联通（香港）运营有限公司（19）中国联通（美洲）运营有限公司
	省级分公司（31 个）	
	网络公司	（1）网络建设部（2）运行维护部（3）财务部（4）综合部

2．品牌架构

中国联通于 2009 年 4 月 28 日推出全新的全业务品牌“沃”，承载了联通始终如一坚持创新的服务理念，为个人客户、家庭客户、集团客户提供全面支持。中国联通的品牌架构体系如图 2-11 所示。

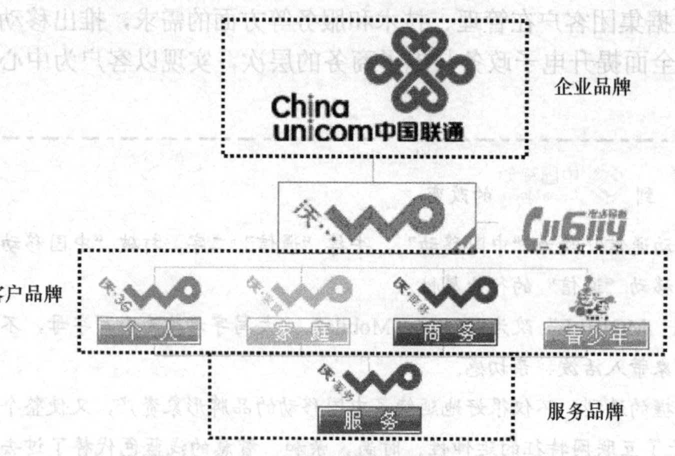

图 2-11　中国联通品牌架构体系

（1）个人客户品牌

“沃 · 3G”是“沃”品牌面向个人客户的业务板块，通过个人业务的营销推广，使个人客户感受到高速 3G 的精彩体验，丰富并完善沃品牌“精彩在沃”的内涵。

产品包含：手机上网、手机电视、手机音乐、沃阅读、沃商店、手机邮箱、可视电话、无线上网卡、炫铃、乐媒、沃友、视频分享等。

（2）家庭客户品牌

“沃 · 家庭”是“沃”品牌面向家庭客户的业务板块，通过家庭业务的营销推广，使家庭客户感受到 3G、宽带等家庭信息化融合业务的精彩体验，丰富并完善沃品牌“精彩在沃”的内涵。高速宽带和联通 3G 业务优势。集固定电话、手机、宽带、增值应用及家庭服务于一体的融合产品提供了更加丰富和时尚的增值应用，同时提高了通信服务标准。

沃家庭分为 A 计划和 B 计划，以及无线上网卡套餐。

沃家庭 A 计划：宽带+固定电话+2G 手机。

沃家庭 B 计划：宽带+固定电话+2G 手机+3G 手机。

产品包含：电脑保姆、高清视频、家庭安防、通信管家、IPTV、可视电话等。

（3）集团客户品牌

“沃·商务”是“沃”品牌面向集团客户的业务板块，通过集团业务的营销推广，使集团客户感受到信息解决方案的精彩体验，丰富并完善“沃”品牌“精彩在沃”的内涵。基于联通 WCDMA 3G 高速网络和 PKI/CA 数字认证技术，通过手机、上网本、笔记本电脑、台式机等多种办公设备，用户可以在任何时间、任何地点，高速、稳定、安全地访问 OA、CRM、ERP 等办公系统或生产系统，随时随地处理公文、收发邮件、查询信息，为用户提供了“三屏一体”的全面解决方案，使工作变得更加轻松、便捷。

（4）青少年客户品牌

“沃派”是“沃”品牌下面向青少年客户的业务板块，融合了青少年群体需要的各类通信和移动互联网产品，最大化满足他们在网络、应用、终端、服务方面的移动互联网需求，让青少年群体随时随地生活在网络群体中，丰富并完善“沃品”牌“精彩在沃”的内涵。

产品包含：沃友（校园版）、视频分享、沃阅读校园专区、手机音乐校园专区等。

（5）服务品牌

“沃·服务”是“沃”品牌面向客户服务的业务板块，使个人、家庭、集团、青少年客户感受到“沃”品牌以客为尊的精彩服务，丰富并完善“沃”品牌 “精彩在沃”的内涵。用“服务”作为业务板块区分的名称，表现了对消费者的重视与关怀，体现以客为尊的服务理念。通过“精彩在沃”口号丰富“沃”品牌核心价值。

（6）116114

116114 为客户提供基于 114/116114 语音查询、手机 WAP、互联网及黄页等多媒体渠道的综合信息服务。向老百姓提供“医、食、住、行、游、购、娱”全方位的生活服务信息内容。通过信息查询、预订机票、酒店、美食、土特产、医疗挂号、法律咨询、教育导航等业务实现“一号订天下”。

此外，2014 年 3 月 18 日，中国联通正式推出 4G 业务品牌“沃 4G”，凭借丰富的终端、成熟的技术、畅快的网速、广泛的漫游、实惠的价格，为广大的用户展开一幅绚烂多彩的移动互联生活画卷。

知识小拓展：沃知多少？

2009 年 4 月 28 日，“沃”作为中国联通旗下所有业务的单一主品牌正式发布，标志着中国联通全业务经营战略的启动，这是我国通信运营商首次使用单一主品牌策略。

“沃”源于“惊喜”的口语“wow”，表现了想象力被释放带来的无限惊喜、对未来科技时代的一种惊叹。新品牌口号“精彩在沃”，代表着中国联通将以全新的服务理念和创新的品牌精神，在 3G 时代，为客户提供精彩的信息化服务。

四、虚拟运营商

专业来说虚拟运营商（Virtual Network Operator，VNO），是指拥有某种或者某几种能力（如技术能力、设备供应能力、市场能力等），与电信运营商在某项业务或者某几项业务上形成合作关系的合作伙伴，电信运营商按照一定的利益分成比例，把业务交给虚拟运营商去发展，其自身则腾出力量去做最重要的工作，同时电信运营商自己也在直接发展用户。

简单而言，虚拟运营商通过合约，租用传统电信运营商的网络线路及其他硬件资源，根据市场与用户需求，对电信服务进行深度加工，以自己的品牌提供多元化、个性化的电信服务。

从商业的运作上看，虚拟运营商并不具有网络，但是通过网络的租赁和使用为客户提供服务，将更多的精力投入到对于新业务的开发、运营、推广、销售等领域，这样就可以为用户提供更为专业的服务。

1．运营模式

目前，我国的虚拟运营商正处于起步阶段，运营模式可借鉴国外成熟的虚拟运营商的经验。

传统的移动运营商对移动业务的经营采用的都是从网络到客户的垂直整合模式。由于移动虚拟运营不需要自建网络，根据产业链覆盖范围不同，目前全球主流的移动虚拟运营模式主要有3种，如图2-12所示。

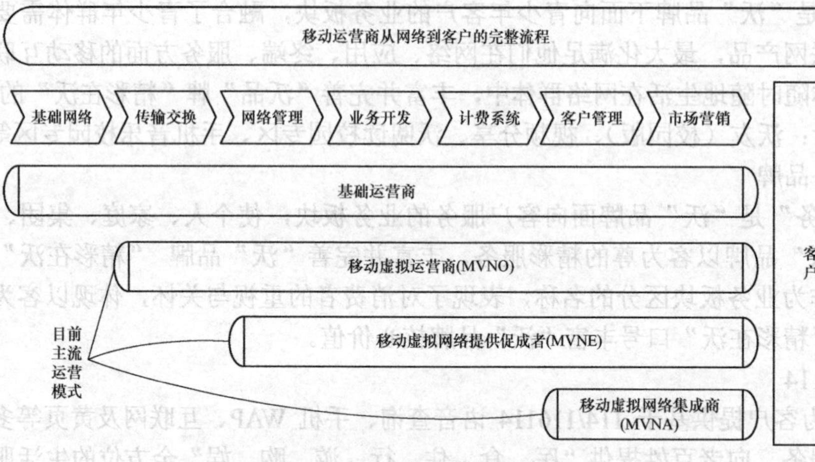

图2-12　虚拟运营商的运营模式

（1）完整的MVNO模式：这种模式借鉴了基础运营商的实体网络，其他运营需要的包括交换设备、网络管理系统、计费系统、客户管理系统等均为自建。早期的虚拟运营商多采用这种模式，如VirginMobile。通过和单个的支撑管理系统提供商、移动数据平台提供商合作，自己建设和管理所有室内的非网络元素。这种模式的风险、技术门槛在所有模式中是最高的，但是经营规模和潜在收益也是最大的。

（2）MVNE模式：这种模式拥有自己的业务平台，采用自己的计费系统和客户管理系统，但是不拥有自己的交换设备。它们尽可能地使用基础运营商的交换设备，以降低投资。采用这种模式的企业更注重增值服务。随着MVNE的出现，有的MVNO会将后台网络支撑和管理系统甚至移动数据平台外包给专业的MVNE，这就使MVNE的专业度和可合作性大大提升，因此这种企业也是MVNO的重要合作伙伴。

（3）MVNA模式：这种模式采用自己的计费系统和用户管理系统提供业务，相比前两者，不需要建设移动通信网络中的许多元素，投资相对较少。经营方向更注重客户管理和销售上。采用这种模式的企业也可以直接利用基础运营商的HLR（归属位置寄存器）进行用户数据管理，依赖基础运营商提供的用户呼叫清单进行计费管理，从而使经营重心进一步集中在客户管理和市场经营上。

2．重大事记

2013年1月8日，工业和信息化部发布《移动通信转售业务试点方案》（征求意见稿），向社会各界公开征求意见，虚拟运营提上日程。

2013年2月6日，为期30天的《移动通信转售业务试点方案》征求意见阶段结束。

2013年5月17日，工业和信息化部发布“关于开展移动通信转售业务试点工作的通

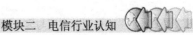

告”，虚拟运营试点方案正式公布。

2013 年 5 月 31 日，中国移动、中国电信、中国联通三大运营商同时发布公告，正式启动移动通信转售业务试点工作，并邀请符合要求的企业进行洽谈。

2013 年 6 月至 9 月，超过 90 家民营企业向三大运营商提交合作意愿并开展商务谈判。

2013 年 10 月底，天音、爱施德、迪信通、乐语、国美、苏宁、阿里巴巴、京东等多家企业分别与中国电信、中国联通就移动转售业务签订合作协议。

2013 年 11 月，多家民营企业正式向工业和信息化部递交移动转售业务牌照申请材料。

2013 年 12 月 26 日，工信部正式发放中国了首批虚拟运营商牌照（即首批移动通信转售业务运营试点资格），首批获得虚拟运营商牌照的企业共有 11 家，包括天音通信、浙江连连科技、乐语、华翔联信、京东、北纬通信、万网志成、迪信通、分享在线网络技术、话机世界数码连锁集团、巴士在线控股有限公司。

2014 年 2 月 19 日，工信部发放第二批虚拟运营商牌照，共 8 家，包括深圳市爱施德股份有限公司、厦门三五互联科技股份有限公司、苏州蜗牛数字科技股份有限公司、北京国美电器有限公司、苏宁云商集团股份有限公司、中期集团有限公司、长江时代股份有限公司、远特（北京）通信技术有限公司。

2014 年 3 月 21 日，虚拟运营商 170 电话拨打测试成功。

2014 年 5 月，虚拟运营商开始放号。

3．合作情况

中国虚拟运营商类似于代理商，通过与中国移动、中国联通、中国电信三大基础运营商的网络租赁合作，使用自己的计费系统、客服号、营销和管理体系为客户提供通信服务，如表 2-6 所示。

表 2-6

企业名称	经营范围	能否做预付费
天音通信有限公司	中国电信：北京、上海、天津、重庆 4 直辖市以及广州、惠州、汕头、珠海、肇庆、茂名、东莞、中山、江门、湛江、佛山、深圳、南京、无锡、苏州、徐州、盐城、南通、福州、泉州、厦门、成都、荆州、武汉、长沙、衡阳、西安、榆林、合肥、南昌、九江、赣州、济南、青岛、淄博、烟台、济宁、临沂、聊城、日照、威海、潍坊、菏泽、沈阳、鞍山、大连 46 城市范围内 中国联通：北京、天津、上海、重庆、海南 5 省（直辖市）以及石家庄、唐山、长春、哈尔滨、南京、杭州、温州、宁波、台州、福州、南昌、济南、烟台、潍坊、郑州、南阳、洛阳、广州、深圳、佛山、东莞、中山、江门、汕头、成都、昆明、贵阳、银川、乌鲁木齐 29 城市范围内	能
浙江连连科技有限公司	中国电信：广州、惠州、珠海、肇庆、茂名、东莞、中山、江门、佛山、深圳、南京、无锡、苏州、盐城、南通、杭州、湖州、嘉兴、绍兴、温州、金华、台州、宁波、成都、荆州、武汉、长沙、衡阳、合肥、济南、青岛、郑州、洛阳 33 城市范围内	否
北京乐语世纪通信设备连锁有限公司	中国电信：北京、上海、天津、重庆 4 直辖市以及广州、深圳、南京、无锡、苏州、徐州、南通、福州、泉州、厦门、成都、武汉、长沙、昆明、合肥、南昌、九江、赣州、贵阳、济南、淄博、烟台、潍坊、郑州、信阳、沈阳、邯郸、唐山、石家庄、太原、临汾、呼和浩特、包头、哈尔滨 34 城市范围内	能

续表

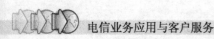

企业名称	经营范围	能否做预付费
北京乐语世纪通信设备连锁有限公司	中国联通：北京、上海、重庆、海南4省（直辖市）以及石家庄、济南、青岛、烟台、潍坊、济宁、沈阳、大连、郑州、呼和浩特、杭州、宁波、温州、嘉兴、苏州、徐州、武汉、长沙、昆明、太原等20城市范围内	能
北京华翔联信科技有限公司	中国联通：北京、上海2直辖市以及广州、深圳、东莞、佛山、中山5城市范围内	否
北京京东叁佰陆拾度电子商务有限公司	中国电信：北京、上海、天津、重庆4直辖市以及广州、肇庆、茂名、惠州、汕头、珠海、深圳、东莞、中山、江门、佛山、成都、苏州、南京、无锡、徐州、南通、武汉、杭州、嘉兴、绍兴、温州、金华、台州、宁波、西安、沈阳、大连、郑州、长沙、福州、厦门、泉州、烟台、青岛、济南、哈尔滨、合肥、南宁、昆明、太原、南昌、长春、石家庄、唐山、保定46城市范围内 中国联通：北京、上海2直辖市以及温州、宁波、台州、金华、嘉兴、绍兴、广州、深圳、佛山、东莞、中山、惠州、珠海、江门、南京、苏州、无锡、徐州、南通、石家庄、唐山、保定、济南、青岛、烟台、郑州、武汉、长沙、成都、西安、哈尔滨、南宁、杭州33城市范围内	能
北京北纬通信科技股份有限公司	中国电信：北京、天津、上海、重庆4直辖市以及河北、河南、云南、辽宁、黑龙江、湖南、安徽、山东、江苏、浙江、江西、湖北、广西、甘肃、山西、内蒙古、陕西、吉林、福建、贵州、广东、青海、四川、宁夏、海南29省（直辖市）范围内	否
北京万网志成科技有限公司	中国电信：北京、上海、天津、重庆4直辖市以及广州、惠州、汕头、珠海、东莞、中山、江门、佛山、深圳、南京、无锡、苏州、徐州、盐城、南通、杭州、嘉兴、绍兴、温州、金华、台州、宁波、福州、泉州、厦门、成都、武汉、长沙、西安、昆明、合肥、南宁、南昌、兰州、济南、青岛、烟台、潍坊、郑州、沈阳、大连、保定、石家庄、太原、长春、哈尔滨46城市范围内 中国联通：北京、上海、重庆3直辖市以及广州、东莞、佛山、深圳、中山、惠州、珠海、江门、汕头、南京、苏州、南通、无锡、徐州、盐城、杭州、金华、宁波、台州、温州、嘉兴、绍兴、湖州、丽水、舟山、衢州26城市范围内	否
北京迪信通通信服务有限公司	中国电信：北京、上海、天津、重庆4直辖市以及、郑州、南阳、洛阳、三门峡、驻马店、开封、成都、合肥、济南、青岛、烟台、日照、威海、邯郸、保定、唐山、邢台、石家庄、长沙、太原、临汾、杭州、嘉兴、温州、丽水、台州、宁波、西安、榆林、沈阳、大连、呼和浩特、福州、泉州、南宁、哈尔滨、大庆、长春、兰州、昆明、广州、贵阳、海口、西宁44城市范围内 中国联通：北京、上海、天津3直辖市以及成都、长沙、合肥、西安、榆林、南宁、济南、青岛、郑州，南阳，洛阳、沈阳、大连、哈尔滨、泉州15城市范围内	能
北京分享在线网络技术有限公司	中国电信：北京、上海2直辖市以及广州、珠海、东莞、深圳、长沙5城市范围内	否
巴士在线控股有限公司	中国联通：北京、上海2直辖市以及杭州、广州、深圳、南京、青岛、郑州、武汉、成都、哈尔滨、南昌10城市范围内	能

续表

企业名称	经营范围	能否做预付费
话机世界数码连锁集团股份有限公司	中国电信：浙江省范围内 中国联通：杭州、宁波、温州、金华、台州、绍兴、嘉兴、湖州 8 城市范围内	能
深圳市爱施德股份有限公司	中国电信：北京、上海、天津、重庆 4 直辖市以及惠州、汕头、珠海、深圳、广州、东莞、中山、湛江、佛山、保定、唐山、邯郸、石家庄、无锡、南京、苏州、徐州、南通、临沂、济南、青岛、济宁、烟台、昆明、杭州、嘉兴、绍兴、温州、台州、宁波、湖州、合肥、厦门、福州、泉州、成都、郑州、洛阳、哈尔滨、武汉、长沙、长春、太原、西安、沈阳、大连 46 城市范围内 中国联通：北京、上海、天津 3 直辖市以及惠州、汕头、珠海、深圳、无锡、保定、唐山、临沂、昆明、杭州、嘉兴、绍兴、温州、宁波、台州 15 城市范围内	能
厦门三五互联科技股份有限公司	中国电信：北京、上海、天津 3 直辖市以及厦门、福州、泉州、广州、深圳、苏州、无锡、杭州、宁波、济南、青岛 11 城市范围内	能
苏州蜗牛数字科技股份有限公司	中国联通：北京、上海、重庆 3 直辖市以及福州、泉州、东莞、佛山、广州、惠州、深圳、南宁、保定、石家庄、唐山、郑州、哈尔滨、武汉、长沙、南京、苏州、无锡、徐州、盐城、济南、青岛、潍坊、烟台、西安、成都、杭州、金华、宁波、台州、温州 31 城市范围内	能
北京国美电器有限公司	中国电信：北京、上海、天津、重庆 4 直辖市以及广州、惠州、东莞、中山、江门、佛山、深圳、南京、无锡、苏州、徐州、常州、南通、杭州、嘉兴、温州、宁波、福州、泉州、厦门、成都、武汉、长沙、西安、昆明、合肥、南宁、乌鲁木齐、南昌、兰州、贵阳、海口、济南、青岛、郑州、沈阳、鞍山、大连、石家庄、太原、大同、呼和浩特、包头、长春、吉林、哈尔滨 46 城市范围内 中国联通：北京、上海、重庆 3 直辖市以及广州、东莞、佛山、惠州、深圳、中山、江门、福州、泉州、海口、三亚、文昌、嘉兴、武汉、西安、呼和浩特、乌鲁木齐、沈阳、大连、哈尔滨 20 城市范围内	能
苏宁云商集团股份有限公司	中国电信：北京、上海、天津、重庆 4 直辖市以及无锡、南京、苏州、徐州、南通、常州、淮安、盐城、连云港、扬州、泰州、镇江、宿迁、广州、惠州、汕头、深圳、东莞、佛山、中山、济南、青岛、威海、烟台、潍坊、临沂、杭州、宁波、温州、成都、福州、厦门、泉州、合肥、芜湖、石家庄、唐山、郑州、武汉、长沙、哈尔滨、长春、沈阳、大连、鞍山、包头、呼和浩特、太原、西安、南昌、昆明 51 城市范围内 中国联通：北京、上海、天津、重庆 4 直辖市以及广州、深圳、佛山、南京、苏州、无锡、徐州、盐城、南通、青岛、武汉、西安、长春、合肥、贵阳 15 城市范围内	能
中期集团有限公司	中国联通：北京、上海、重庆 3 直辖市以及温州、宁波、杭州、台州、金华、嘉兴、绍兴、广州、深圳、佛山、东莞、中山、南京、苏州、无锡、南通、石家庄、唐山、保定、济南、青岛、烟台、潍坊、郑州、洛阳、福州、泉州、武汉、长沙、成都、哈尔滨、南宁 32 城市范围内	能
长江时代通信股份有限公司	中国电信：上海、重庆 2 直辖市以及南京、无锡、苏州、南通、杭州、舟山、宁波、成都、武汉、荆州、长沙、合肥、南昌、九江 14 城市范围内	能

续表

企 业 名 称	经 营 范 围	能否做预付费
远特（北京）通信技术有限公司	中国联通：上海 1 直辖市以及温州、宁波、杭州、台州、金华、嘉兴、绍兴、湖州、衢州、丽水、舟山、广州、深圳、佛山、中山、惠州、珠海、江门、汕头、南京、苏州、无锡、徐州、盐城、南通、福州、泉州、武汉 28 城市范围内	能

4．专属号段

“170”号段为虚拟运营商专属号段，“170”号段的 11 位手机号前 4 位来区分基础运营商，其中“1700”为中国电信的转售号码标识，“1705”为中国移动，“1709”为中国联通。而且虚拟运营商的客服也从 10020～10039 延续了基础运营商的号码规律。

知识小拓展：虚拟运营商到底有啥用？

简单来说，消费者可以从虚拟运营商处得到更加多样的服务，同时也有望获得更多“免费”的服务。为了竞争，虚拟运营商完全可能推出免费产品，然后通过其他服务盈利，就如同互联网企业在互联网上的玩法一样。

中国虚拟运营商产业联盟秘书长认为，虚拟运营商能更专注于企业级市场和细分市场，“举例来说，专注手机游戏的苏州蜗牛，可以让它的用户玩自己的手机游戏免流量，以获取更多的用户数，然后通过广告等其他业务创收贴补免费的流量成本。这种‘游戏+手机+流量’的经营方式就是对传统收费模式的颠覆。而且，互联网企业也为电信市场注入了一股新鲜的活力。”

任务 5　电信资源

【学习要求】

（1）识记：我国电信行业频率资源及号码资源的分配方式。

（2）领会：我国电信行业频率资源及号码资源的使用。

无线频率、号码等电信资源是电信运营必不可少的基础资源，拥有优质的电信资源可以有效提升电信运营商的市场竞争力，因此，谋取优质的电信资源成为电信政策博弈的重点。

一、无线频率资源

我国物权法明确规定“无线电频谱资源属于国家所有”，无线电频率资源是电信市场重要的基础资源。随着移动通信业务的快速发展，逐步取代传统固网业务成为电信市场用户群和收入规模最大的业务。我国运营移动业务一般需要获得频率许可和业务许可，可称为“双许可”制度。频率许可是指开展移动业务的运营商必须获得无线电管理机构的频率预指配或指配认可，也就是说频率许可是获得移动业务运营的前置条件。

1．无线频率资源的分配

我国《电信条例》规定：分配电信资源，可以采取指配的方式，也可以采用拍卖的方式。

频率指配：频率指配是指监管机构根据合法的无线频率使用申请者的要求，在符合相关频率规划和管理要求的条件下，直接将频率分配给特定申请者。

频率拍卖：指监管机构在做好无线频率规划和使用规定的基础上，为了提高频率的使用价值，采取招投标的方式吸引多家申请者，依据评标结果或拍卖价格将频率分配给申请者。

【说一说】你认为哪种无线频率分配方式更适合中国的电信市场？

过去，我国频率资源分配主要采用行政指配方式，即电信运营商移动业务运营所需的无线频率由电信管理机构直接指配，我国 3G 频率分配就是采用指配分配方式。采用指配分配方式会带来一些弊端，如可能出现政策寻租空间，同时指配的分配方式也使得电信运营商的频率分配资源存在一定的不均衡性。

从国际上看，大多数国家的频率分配采取拍卖制度。国际上拍卖制度的形成深受 1991 年诺贝尔经济奖获得者罗纳德·科斯为代表的制度经济学派理论的深刻影响。罗纳德·科斯指出频谱作为一种宝贵稀缺资源，其使用应由市场决定，而不是政府决定，政府指导是低效的，频谱的使用权可以在市场上成交，市场会把频谱交给最有效率的人。在科斯理论的影响下，美国联邦通信委员会（FCC）决定采用拍卖的形式转让频谱的使用权，欧洲、大洋洲等国家也先后采用了频谱拍卖政策。

长期以来，有不少的专家和人员呼吁我国比照国际上大多数国家的做法，采取频率拍卖制度，帮助国家提高频率资源的经济效益。但也有人反对，认为行政指配方式是与我国基础电信市场以国有电信企业为主体的特征相联系的，拍卖就像是把国有资产“换篮子装”一样没有实质意义，加上发达国家 3G 频率拍卖造成电信运营商负债累累的事实，担心频率拍卖将可能使电信运营商抬高电信服务价格，导致用户利益受损和影响我国电信市场发展。

知识小趣闻：在 21 世纪初 3G 无线频谱绝大多数都采用拍卖制度，英国 3G 频谱拍卖收入高达 220 亿英镑；德国的 3G 频谱拍卖收入高达 450 亿美元。不少发展中国家也采用拍卖方式进行无线频谱分配，如 2010 年印度 3G 频谱拍卖额达到 150 亿美元。欧洲 3G 频谱的高价拍卖一度直接导致电信运营商在支付巨额的频率费用后，几乎没有多少钱建设 3G 网络，负债累累，一些国家不得不又采取措施救济电信运营商。

2. 无线频率资源的使用

频率资源作为稀缺资源，为了提高其利用率，我国对无线资源的使用规定了设台审批原则和避免干扰原则。

（1）设台审批原则：我国《无线电管理条例》规定，设置、使用无线电台（站）的单位和个人，必须提出书面申请，办理设台（站）审批手续，领取电台执照。对于未经审批设置电台、占用频率的，我国采取严格的法律措施，包括列入刑法制裁。

（2）避免干扰原则：对于依法设置的无线电台（站），无线电管理机构应当保护其使用的频率免受有害干扰，包括对运营商和设备制造商都提出了相关的要求。处理无线电频率相互有害干扰，应当遵循带外让带内、次要业务让主要业务、后用让先用、无规划让有规划的原则。遇特殊情况时，由国家无线电管理机构根据具体情况协调、处理。研制和生产无线电发射设备所需要的工作频率和频段应当符合国家有关无线电管理的规定，并报国家无线电管理机构核准或备案。

3. 无线频率资源的转让交易

国际上很多国家已经建立起频率交易制度，允许频率使用者的权利和义务实现转移，频率使用者可以对所获得的频率资源进行转让交易，频率需求者也可以通过收购现有频率资源使用者的使用权益，对频率资源进行二次利用。频率交易可以实现有限的频率资源使用效益的最大化。

我国《无线电管理条例》规定：任何单位和个人未经国家无线电管理机构或者地方无线电管理机构批准，不得转让频率；禁止出租或者变相出租频率；频率使用期满，需要继续使用的，必须办理续用手续。因此，我国暂未形成频率交易市场。

二、电信号码资源

电信号码是指由数字、符号组成的用于实现电信功能的用户编号和网络编号，是电信网络通信必不可少的信息资源。我国电信主管部门在发布的《电信网号码资源管理办法》中明确“号码资源属于国家所有”。

1. 电信号码规范格式

（1）E.164 号码

我国固定电话和移动电话用户号码采用 E.164 号码。E.164 是国际电信联盟定义的在电信网和一些数据网使用的国际公共电话号码方案，同时定义了具体的号码格式。E.164 号码最长为 15 位数字，结构如下。

① 固定网电话用户号码

我国固定网电话用户号码采用长途区号的结构为：

国家码（86）+长途区号+本地号码

固定网电话号码采用不等位编号，国内有效号码最大位长为 11 位。

② 移动网电话用户号码

我国移动网电话用户号码结构为：

国家码（86）+网络接入号（如 139）+HLR 识别码（H0H1H2H3）+用户号码（ABCD）

移动网电话号码采用等位编号，国内有效号码位长为 11 位。

（2）E.212 号码

E.212 号码又称为国际移动用户识别码（IMSI），是数字公用陆地蜂窝移动通信网中唯一的识别一个移动用户的号码，其结构如图 2-13 所示，最长为 15 位。

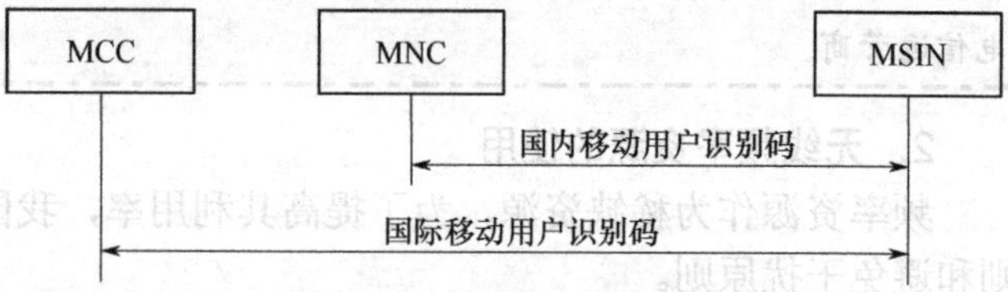

图 2-13　IMSI 号码结构

IMSI 由以下 3 个部分组成。

MCC：移动国家码，由 3 个数字组成，唯一地识别移动用户所属的国家，中国为 460。

MNC：移动网络识别码，识别移动用户所归属的移动网，中国采用 2 位长度。

MSIN：移动用户识别码，唯一地识别移动通信网中的移动用户，中国采用 10 位长度。

E.212 号码即 IMSI 存储在用户 SIM 卡、HLR 和 VLR 中，对用户并不可见。常见的手机号码如 189××××××××属于 E.164 格式号码。

（3）首位号码字段的规范

首位为“1”的号码原则上应作为全国统一使用的号码，按照号码用途可以分为业务号码（仅在运营商网内使用的号码可以采用可变位长的编号方式，需在不同运营商的网络之间使用的号码暂不能采用可变位长的编号方式）和用户号码（包括固定网用户号码、公众移动通信网用户号码和 ATM/帧中继网的用户号码）。

首位为“2”～“8”的号码是在本地范围内使用的号码，主要用作固定本地电话网的用户号码，也可用作800MHz数字集群通信网的用户号码。部分首位为“2”～“8”的号码还可用作全国和省内智能业务的接入码。

首位为“9”的号码中，95×××（×）号码是在全国范围统一使用的号码，96×××（×）号码是在省（自治区、直辖市）区域内统一使用的号码，其他首位为“9”的号码规划为备用。

2. 号码资源分配

我国电信网号码资源管理办法规定电信主管部门可以采用指配、随机选择和拍卖等方式分配号码。

长期以来，我国电信监管机构号码资源分配方式主要采用行政指配方式。在电信业务经营者提出号码资源申请需求后，电信主管部门根据号码资源规划、申请号码的用途和申请人的预期服务能力审批，包括审核申请人相关码号利用率是否达到一定标准，是否具有相关的业务资质，是否满足国家码号规划等条件，决定是否分配号码资源以及分配何种号段的码号资源等。在实践中，我国电信监管机构一般要求电信运营商原有固定电话或移动电话号码资源利用率超过35%后，才能申请新的码号资源。

知识小拓展： 2008年电信重组后，为了均衡三家电信运营商的市场竞争和码号需求，国家电信监管机构分别为中国移动指配187、188移动接入网号，为中国电信指配189、180移动接入网号，为中国联通指配185、186移动接入网号，将188、189、186三个优质号段均分给3家电信运营商。

3. 号码资源有偿使用

我国电信监管机构发布的《电信网号码资源管理办法》，规定“国家对码号资源使用实行有偿使用制度”。2004年，我国财政部、国家发展改革委员会和原信息产业部联合发布《电信网码号资源占用费征收管理办法》和《电信网码号资源占用费标准》，原则上对固定电话网码号、移动电话网码号、数据通信网码号和信令点编码等码号资源使用实行缴纳占用费制度，但公益性号码资源使用实行免收占用费。长期以来，我国实际上对固定电话和移动电话码号资源使用要求缴纳占用费，对数据通信网码号和信令点编号未收费。

考虑到电信网码号资源从分配到全部启用有一个渐进过程，码号资源占用费征收管理办法中明确电信业务经营者自取得用户码号资源之日起，第一年内可以免缴纳码号资源占用费，第二年内按照规定的收费标准减半缴纳，第三年开始按照规定的收费标准缴纳。

码号资源有偿使用制度使得电信运营商必须建立起有效的码号资源重复利用机制，对用户退网、转网后空下的码号资源定期清理和回收，以提高码号资源利用率和降低码号资源利用成本。

知识小拓展： 2004年年底，原信息产业部出台《关于发布〈电信网码号资源占用费征收管理暂行办法〉和〈电信网码号资源占用费标准〉的通知》，标志着我国电信网码号资源管理迈入了经济调节的新阶段。此外，按照2007年发改委出台的《国家发展改革委 财政部关于重新核定蜂窝公众通信网络频率占用费收费标准及有关问题的通知》，在全国使用的GSM、CDMA网络频率，900MHz频段（含800MHzCDMA频段）每年1700万元/MHz，1800MHz频段每年1500万元/MHz;在非全国网使用的频率，900MHz频段（含800MHzCDMA频段）每省每年170万元/MHz，1800MHz频段每省每年150万元/MHz。使用范围达到或超过10个省级行政区域的，按在全国使用的收费标准计收。

过关训练

一、填空题

1. 2008 年，中央政府实行部委机构改革，将原信息产业部、原国务院信息化工作办公室以及国家发改委的工业管理有关职责、原国防科工委除核电管理以外的职能加以整合，成立了________。

2. ________（简称《电信条例》）是国家电信管制部门依法从事电信市场监管工作的主要法律依据。

3. 自 2011 年以来，中国电信在成功打造________3G 品牌的基础上，陆续推出了天翼飞 Young、天翼领航、________等客户品牌，不断推进公司品牌体系向多元化、立体化的现代新型品牌架构演进。

4. 2014 年 2 月 14 日，中国电信正式推出其 4G 业务品牌________，开启天翼 4G 全面商用时代。

5. 2009 年 1 月 7 日，工信部正式发布 3G 牌照，中国移动同步发布中国移动 3G 网络标识________。2013 年 12 月 8 日，中国移动又推出了其全新的 4G 全业务品牌________。

6. 中国联通于 2009 年 4 月 28 日推出全新的全业务品牌________，承载了联通始终如一坚持创新的服务理念，为个人客户、家庭客户、集团客户提供全面支持。

7. “170”号段为虚拟运营商专属号段，“170”号段的 11 位手机号前 4 位来区分基础运营商，其中________为中国电信的转售号码标识，________为中国移动，“1709”为中国联通。而且虚拟运营商的客服也从 10020～10039 延续了基础运营商的号码规律。

8. 我国《电信条例》规定：分配电信资源，可以采取________的方式，也可以采用拍卖的方式。

9. 电信号码是指由数字、符号组成的用于实现电信功能的用户编号和网络编号，是电信网络通信必不可少的信息资源。我国电信主管部门在发布的《电信网号码资源管理办法》中明确________。

二、简答题

1. 简述 2008 年电信行业重组。
2. 简述中国电信行业产业链的组成。
3. 简述电信行业的特点。
4. 简述电信监管机构的职能。
5. 什么是虚拟运营商？
6. 虚拟运营商的经营模式有哪几种？

模块三 电信业务认知

【内容简介】

本模块介绍与电信业务有关的基本知识，如电信业务的基本概念及分类、移动增值业务、终端与业务等。

【重点难点】

重点掌握移动增值业务、终端与业务。

【学习要求】

（1）识记：电信业务和移动增值业务的基本定义、分类，手机的类别及制式。

（2）领会：手机对电信业务的影响。

任务1　电信业务

【学习要求】

（1）识记：电信业务的基本概念。

（2）领会：电信业务的分类。

电信业务是电信企业利用电信系统传递符号、信号、文字、图像或声音等信息，为消费者提供各类电信服务项目的总称。

一、电信业务分类方法

电信业务的分类方法很多，常见的分类方法有以下几种。

（1）按信息感官分类，电信业务可分为语音业务和非语音业务。语音业务在信息传递上具有实时性、有效性和亲切感，成为最广泛的业务。

（2）按信息媒介或信息载体分类，电信业务可分为语音（人讲话声音）、数据（计算机运算和处理的数据）、图文（文字和图表）、视频（活动的图像）、多媒体（同时包含两种及以上类型信息媒介的业务）。

（3）按业务是否增值分类，电信业务可以分为基础业务（传统业务）和增值业务。

（4）按用户活动状态分类，电信业务可分为固定通信业务（不能随用户终端移动的业务）和移动通信业务（可以随着用户终端的移动的业务）。

（5）按网络执行功能分，电信业务可分为以下几种。

用户终端业务：包括数字电话、四类传真、可视图文、混合通信、用户电报、数据通信和视频业务等。

承载业务：提供的是一种信息转移能力，与终端的类型无关。承载业务包括电路交换的承载业务（如语音业务、二类/三类传真和电视图像业务）和分组交换的承载业务。

补充业务：向用户提供额外的功能，它不能独立向用户提供，必须随基本业务一起提供。

（6）按所需带宽，电信业务分为窄带业务（传输速率＜2Mbit/s）和宽带业务（传输速率≥2Mbit/s）。

（7）按通信目的，电信业务可分为以获取通信联络为目的、以获取信息为目的和以获取信息处理为目的3种。

（8）按业务的新旧程度，电信业务可分为新业务和旧业务。

二、基础电信业务与增值电信业务

根据《电信业务分类目录》，电信业务包括基础电信业务和增值电信业务，如表3-1所示。

表3-1　电信业务分类

电信业务分类	业务范围
基础电信业务	第一类基础电信业务：固定通信业务、蜂窝移动通信业务、第一类卫星通信业务、第一类数据通信业务
	第二类基础电信业务：集群通信业务、无线寻呼业务、第二类卫星通信业务、第二类数据通信业务、网络接入业务、国内通信设施服务业务、网络托管业务
增值电信业务	第一类增值电信业务：在线数据处理与交易处理业务、国内多方通信服务业务、国内因特网虚拟专用网业务、因特网数据中心业务
	第二类增值电信业务：存储转发类业务、呼叫中心业务、因特网接入服务业务、信息服务业务

从电信业务分类目录中的业务划分特点来看，基础电信业务是需要建设一定规模的通信传输线路、交换中心（或路由服务器）等设施的网络型电信业务，其基础设施资源在地域上的分布特点是成“点、线”连接的网络分布；而增值业务主要是集中式的平台型业务，基础设施资源主要以网络服务器、信息交换中心等方式存在。虽然增值业务的平台也可能分布在多个地域，但其基础设施平台的特点是“点”形分布的，连接各点的线路来源于基础网络。电信业务的分类目录将基础电信业务进一步划分为第一类基础电信业务和第二类基础电信业务，同样增值电信业务也被划分为第一类增值电信业务和第二类增值电信业务。一般来说，第一类业务比第二类业务的重要性更高，管制的力度也会更大。

我国长期对第一类基础电信业务实行严格管制，只有基础电信央企获得经营许可。第二类基础电信业务中不少业务已经放宽准入门槛，允许基础电信央企以外的经营者参与竞争。增值电信业务除了个别试验期的业务或者停止审批业务，增值电信业务经营已经基本全面开放，申请经营者只要满足业务许可申请条件，经过电信监管机构审核批准后，即可经营相应的增值电信业务。

知识小拓展：由于电信技术和业务的发展很快，会不断地出现一些新业务，同时原有一些业务也可能很快退出市场，因此电信条例为了适应这一形势做了专门的规定，在电信条例第八条中明确的规定：“国家电信监管部门根据实际情况，可以对目录所列电信业务分类项目做局部调整，重新公布”。为此国家电信监管机构已经多次重新调整电信业务分类目录，如2001年6月和2003年3月我国调整发布了新的电信业务分类目录。

1．基础电信业务

基础电信业务是指提供公共网络基础设施、公共数据传送和基本语音通信服务的业务。基础电信业务包括以下9类24种电信业务。

（1）固定通信业务

固定通信是指通信终端设备与网络设备之间主要通过电缆或光缆等线路固定连接起来，进而实现的用户间相互通信，其主要特征是终端的不可移动性或有限移动性，如普通电话机、IP电话终端、传真机、无绳电话机、联网计算机等电话网和数据网终端设备。固定通信业务包括固定网本地电话业务、固定网国内长途电话业务、固定网国际长途电话业务、IP电话业务、国际通信设施服务业务，如表3-2所示。

表3-2　固定通信业务

业务类别	业务说明
固定网本地电话业务	在同一个长途区号内电话客户相互通话的电话业务。客户拨打本地网电话不加长途区号，直接拨打被叫客户号码
固定网国内长途电话业务	国内本地网与本地网之间相互通话的语音服务。固定电话用户可自行选择是否开通长途直拨功能。拨打异地固定电话：0＋长途区号＋对方固定电话号码
固定网国际长途电话业务	各地用户与其他国家用户之间的通话。固定电话用户可自行选择是否开通国际长途直拨功能。拨打国际长途固定电话：00＋国家（地区）代码＋城市代码＋电话号码
IP电话业务	IP电话业务是指将语音信号的长途传输部分经高效的压缩算法处理，利用因特网，通过TCP/IP协议实时传送基本语音的长途电话业务。如17900电话卡是由中国电信集团公司统一制作发行、利用全国骨干IP电话网、为用户提供的可在全国漫游使用的IP电话卡
国际通信设施服务	国际通信设施主要包括：国际陆缆、国际海缆、陆地入境站、海缆登陆站、国际地面传输通道、国际卫星地球站、国际传输通道的国内延伸段，以及国际通信网络带宽、光通信波长、电缆、光纤、光缆等国际通信传输设施。国际通信设施服务业务是指建设并出租、出售国际通信设施的业务

（2）蜂窝移动通信业务

蜂窝移动通信是采用蜂窝无线组网方式，在终端和网络设备之间通过无线通道连接起来，进而实现用户在活动中可相互通信。其主要特征是终端的移动性，并具有越区切换和跨本地网自动漫游功能。蜂窝移动通信业务是指经过由基站子系统和移动交换子系统等设备组成蜂窝移动通信网提供的语音、数据、视频图像等业务。蜂窝移动通信业务包括900/1800MHz GSM第二代数字蜂窝移动通信业务、800MHz CDMA第二代数字蜂窝移动通信业务、第三代数字蜂窝移动通信业务及第四代数字蜂窝移动通信业务。

（3）卫星通信业务

卫星通信业务是指经过通信卫星和地球站组成的卫星通信网络提供的语音、数据、视频图像等业务。通信卫星的种类分为地球同步卫星（静止卫星）、地球中轨道卫星和低轨道卫星（非静止卫星）。地球站通常是固定地球站，也可以是可搬运地球站、移动地球站或移动用户终端。卫星通信业务包括卫星移动通信业务、卫星国际专线业务、卫星转发器出租/出售业务、国内甚小口径终端地球站（VSAT）通信业务。

（4）数据通信业务

数据通信业务是通过因特网、帧中继、ATM、X.25 分组交换网、DDN（见表 3-3）等网络提供的各类数据传送业务。电信运营商可通过出租因特网、帧中继、ATM、X.25 分组交换网、DDN 等网络资源为用户提供包括因特网数据传送业务、国际数据通信业务、公众电报和用户电报业务、固定网国内数据传送业务、无线数据传送业务的数据通信业务。

表 3-3 数据通信网

数据网名称	定义	特点
帧中继	帧中继（Frame Relay）是综合业务数字网标准化过程中产生的一种重要技术，它是在传输线路数字化和用户终端智能化的趋势下，由 X.25 分组交换技术发展起来的一种传输技术。它在用户—网络接口之间提供用户信息流的双向传送，并保持顺序不变	按需分配带宽，网络资源利用率高，网络费用低廉；采用虚电路技术，适用于突发性业务的使用 不采用存储转发技术，时延小，传输速率高，数据吞吐量大；兼容 X.25、SNA、DECNET、TCP/IP 等多种网络协议，可为多种网络提供快速、稳定的连接
ATM	异步转移模式（Asynchronous Transfer Mode，ATM）是在分组交换技术上发展起来的快速分组交换技术，它采用统计时分复用技术，并且综合吸收了分组交换高效率和电路交换高速度的优点，针对分组交换速率比较低的缺陷，利用电路交换几乎与协议处理无关的特点，通过高性能的硬件设备来提高处理速度，实现高速化传输。 用 ATM 技术组成的网络所提供的数据传送业务类型包括：永久虚电路（PVC）业务和交换虚电路（SVC）业务，并支持虚拟专用网等应用	灵活性：按需要动态分配电路带宽，可以将一条物理传输通道动态地划分若干个子信道，每个子信道都能够提供不同速率的业务； 高速率：ATM 简化了协议的控制，时延少，传输速率达到 $N \cdot 2$～622Mbit/s，可以满足局域网和广域网通信的各种业务要求； 多业务：ATM 网络作为多业务接入平台，可以满足数据、语音、图像等不同传输速率的数字业务要求； 安全性：用户占用的带宽相互独立，完全消除共享带宽带来的非法入侵等不安全因素
DDN	数字数据网（Digital Data Network，DDN）是利用光纤、数字微波、卫星等数字信道，以传输数据信号为主的数字通信网络，可以提供 2Mbit/s 及 2Mbit/s 以内的全透明的数据专线，承载语音、传真、视频等多种业务	传输质量高，时延小，通信速率可以自主变化路由自动迂回，保证电路高可用率； 全透明传输，可支持数据、图像、语音等多媒体业务； 方便地组建虚拟网（VPN）建立自己的网管中心 传输质量高，DDN 的主干传输为光纤传输，高速安全

（5）集群通信业务

集群通信业务是指利用具有信道共用和动态分配等技术特点的集群通信系统组成的集群通信共网，为多个部门、单位等集团用户提供的专用指挥调度等通信业务。集群通信系统是按照动态信道指配的方式实现多用户共享多信道的无线电移动通信系统。该系统一般由终端设备、基站和中心控制站等组成，具有调度、群呼、优先呼、虚拟专用网、漫游等功能。集群通信业务包括模拟集群通信业务、数字集群通信业务。集群通信与蜂窝移动通信的区别如表 3-4 所示。

表 3-4　集群通信与蜂窝移动通信的区别

集群通信	蜂窝移动通信
属于专用移动通信网络，适用于在各个行业（或几个行业合用）中间进行调度和指挥，对网中的不同用户常常赋予不同的优先等级	属于公众移动通信网络，适用于各阶层和各行业中个人之间通信，一般不分优先等级
根据调度业务特征，一般具有通信限时	对通信时间一般不限时
主要是服务于无线用户与无线用户，允许少数特定的无线用户与固定用户通信	允许无线用户与无线用户、无线用户与固定用户之间的自由通信
一般情况下采用半双工通信方式	采用全双工通信方式

（6）无线寻呼业务

无线寻呼业务是指利用大区制无线寻呼系统，在无线寻呼频点上，系统中心（包括寻呼中心和基站）以采用广播方式向终端单向传递信息的业务。如曾经风靡一时的 BB 机就属于无线寻呼业务。

（7）网络接入业务

网络接入业务是指以有线或无线方式提供的、与网络业务节点接口（SNI）或用户网络接口（UNI）相连接的接入业务。网络接入业务在此特指无线接入业务、用户驻地网业务。

（8）国内通信设施服务业务

国内通信设施是指用于实现国内通信业务所需的地面传输网络和网络元素。国内通信设施服务业务是指建设并出租、出售国内通信设施的业务。

（9）网络托管业务

网络托管业务是指受用户委托，代管用户自有或租用的国内的网络、网络元素或设备，包括为用户提供设备的放置、网络的管理、运行和维护等服务，以及为用户提供互联互通和其他网络应用的管理和维护服务。

知识小拓展：经营基础电信业务必须办理《基础电信业务经营许可证》。《基础电信业务经营许可证》的有效期分为 5 年、10 年。目前，中国电信、中国移动、中国联通均具备基础电信经营权。2012 年 6 月 27 日，在《工业和信息化部关于鼓励和引导民间资本进一步进入电信业的实施意见》中，鼓励民间资本以参股方式进入基础电信运营市场。鼓励基础电信企业在境内上市，通过降低上市公司的国有股权比例或增资扩股的方式引入民间资本，支持基础电信企业引入民间战略投资者。

2. 增值电信业务

增值电信业务是指利用公共网络基础设施提供的电信与信息服务的业务。增值电信业务包括以下 8 类 14 种电信业务。

（1）在线数据处理与交易处理业务

在线数据与交易处理业务是指利用各种与通信网络相连的数据与交易/事务处理应用平台，通过通信网络为用户提供在线数据处理和交易/事务处理的业务。在线数据和交易处理业务包括交易处理业务、电子数据交换业务和网络/电子设备数据处理业务。

（2）国内多方通信服务业务

国内多方通信服务业务是指通过通信网络实现国内两点或多点之间实时的交互式或点播式的语音、图像通信服务。国内多方通信服务业务包括国内多方电话服务业务、国内可视电话会议服务业务和国内因特网会议电视及图像服务业务等。

（3）国内因特网虚拟专用网业务

国内因特网虚拟专用网（IP-VPN）业务是指经营者利用自有的或租用公用因特网网络资源，采用TCP/IP协议，为国内用户定制因特网闭合用户群网络的服务。

（4）因特网数据中心业务

因特网数据中心（IDC）业务是指利用相应的机房设施，以外包出租的方式为用户的服务器等因特网或其他网络的相关设备提供放置、代理维护、系统配置及管理服务，以及提供数据库系统或服务器等设备的出租及其存储空间的出租、通信线路和出口带宽的代理租用和其他应用服务。

（5）存储转发类业务

存储转发类业务是指利用存储转发机制为用户提供信息发送的业务。语音信箱、X.400电子邮件、传真存储转发等属于存储转发类业务。

（6）呼叫中心业务

呼叫中心业务是指受企事业单位委托，利用与公用电话网或因特网连接的呼叫中心系统和数据库技术，经过信息采集、加工、存储等建立信息库，通过固定网、移动网或因特网等公众通信网络向用户提供有关该企事业单位的业务咨询、信息咨询和数据查询等服务。如中国移动10086客服号码、中国电信10000客服号码、中国联通10010客服号码都属于呼叫中心业务。

（7）因特网接入服务业务

因特网接入服务是指利用接入服务器和相应的软硬件资源建立业务节点，并利用公用电信基础设施将业务节点与因特网骨干网相连接，为各类用户提供接入因特网的服务。目前中国电信、中国移动、中国联通均能提供因特网接入服务业务。

（8）信息服务业务

信息服务业务是指通过信息采集、开发、处理和信息平台的建设，通过固定网、移动网或因特网等公众通信网络直接向终端用户提供语音信息服务（声讯服务）或在线信息和数据检索等信息服务的业务。如中国移动12580、中国电信118114、中国联通116114提供的服务都属于信息服务业务。

知识小拓展：经营增值电信业务必须办理《增值电信业务经营许可证》。《增值电信业务经营许可证》分为《跨地区增值电信业务经营许可证》和省、自治区、直辖市范围内的《增值电信业务经营许可证》两种，有效期皆为5年。目前，中国电信、中国移动、中国联通均具备增值电信经营权。2012年6月27日，在《工业和信息化部关于鼓励和引导民间资本进一步进入电信业的实施意见》中，鼓励民间资本开展增值电信业务。支持民间资本在互联网领域投资，进一步明确对民间资本开放因特网数据中心（IDC）和因特网接入服务（ISP）业务的相关政策，引导民间资本参与IDC和ISP业务的经营活动。

三、移动通信业务与固定通信业务

根据电信用户的活动状态，电信业务可以分为移动通信业务和固定通信业务。如图3-1所示，2012年，全国电信业务收入完成10762.9亿元，增长9.0%。其中移动通信业务收入

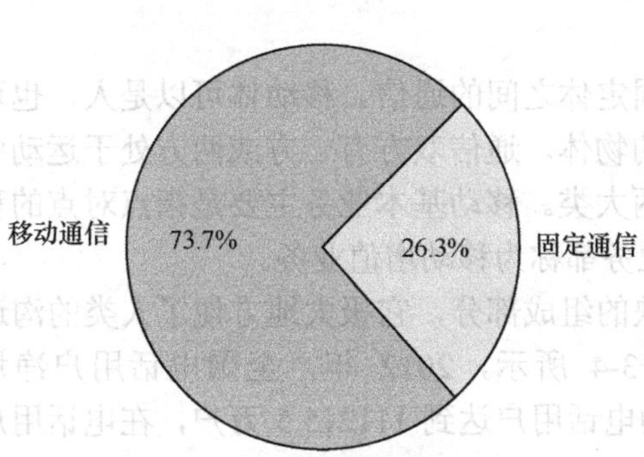

图 3-1 2012 年电信业务收入构成

7933.8 亿元，增长 10.6%，占电信业务收入的比重上升到 73.7%；固定通信业务收入 2829.1 亿元，增长 4.9%。随着移动通信技术的发展，移动通信业务在今后仍然是电信业务收入的主要来源。

1. 固定通信业务

固定通信是指通信终端设备与网络设备之间主要通过电缆或光缆等线路固定连接起来，进而实现的用户间相互通信，其主要特征是终端的不可移动性或有限移动性，如普通电话机、IP 电话终端、传真机、无绳电话机、联网计算机等电话网和数据网终端设备。

固定通信业务分为固定基础通信业务和固定增值通信业务。其中固定语音通信是最典型的固定基础通信业务，据工信部统计，2012 年，我国固定本地电话通话量达到 2931.4 亿次。固定长途电话通话时长累计达到 700.7 亿分钟。随着移动通信网络的发展，移动通信业务对固定通信业务的发展形成了强大的冲击，如图 3-2 和图 3-3 所示，固定通信业务量近些年来呈逐年下降的趋势。

关于固定增值通信业务本书将会在模块四介绍。

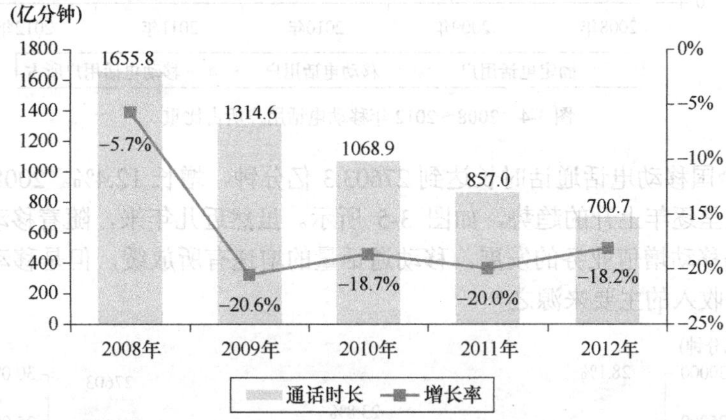

图 3-2 2008～2012 年固定传统长途电话通话时长

图 3-3 2008～2012 年固定本地电话通话量

2．移动通信业务

移动通信是移动体之间的通信，或移动体与固定体之间的通信。移动体可以是人，也可以是汽车、火车、轮船、收音机等在移动状态中的物体。通信双方有一方或两方处于运动中的通信。移动通信业务分为基本业务和增值业务两大类。移动基本业务主要是指点对点的移动语音业务。除了移动基本业务之外的移动通信业务都称为移动增值业务。

移动通信如今已成为人们工作、生活不可或缺的组成部分，它极大地方便了人类的沟通与生活，移动电话用户的数量逐年上升。如图 3-4 所示，2012 年，全国电话用户净增 11895.7 万户，总数达到 139030.8 万户。其中移动电话用户达到 111215.5 万户，在电话用户总数中所占的比重达到 80.0%。

图 3-4　2008～2012 年移动电话用户所占比重

2012 年，全国移动电话通话时长达到 27603.3 亿分钟，增长 12.4%。2008～2012 年我国移动通信通话量呈逐年上升的趋势，如图 3-5 所示。虽然近几年来，随着移动通信市场的饱和，即时通信等移动增值业务的发展，移动通话量的增速有所放缓，但是移动语音业务仍然是移动通信业务收入的主要来源之一。

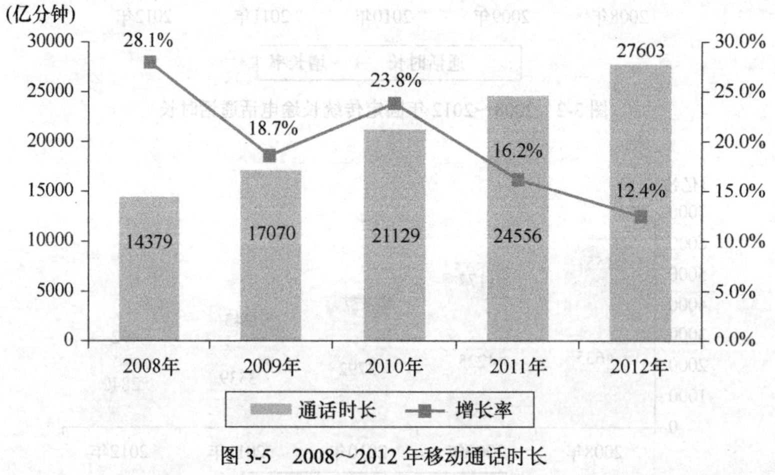

图 3-5　2008～2012 年移动通话时长

关于移动增值业务本书将会在模块五、模块六、模块七、模块八、模块九、模块十做详细介绍。

任务 2　移动增值业务

【学习要求】

（1）识记：移动增值业务的定义。
（2）领会：移动增值业务的分类。

移动增值业务已经成为移动通信业务收入新的增长点。据工信部统计，2012 年，移动个性化回铃业务用户达到 60838.4 万户，渗透率达到 54.7%；移动短信业务用户达到 76481.5 万户，渗透率达到 68.8%；移动彩信业务用户达到 20704.3 万户，渗透率达到 18.6%；手机报业务用户达到 9592.5 万户，渗透率达到 8.6%，如图 3-6 所示。

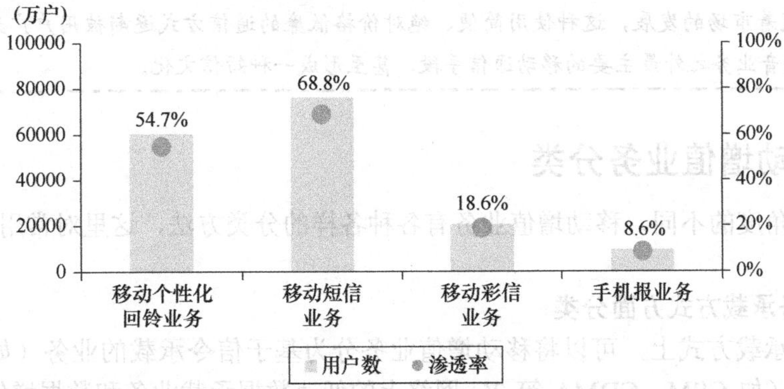

图 3-6　2012 年主要移动增值业务发展情况

一、移动增值业务定义

在关于移动增值业务方面的介绍中经常能够看到如无线增值业务、移动数据业务、移动业务和应用、移动增值业务产品、移动数据承载业务等名词，下面就介绍一下与移动增值业务相关的几个概念。

移动增值业务：也可以称为无线增值业务，是基于移动基础电信业务之上经过二次开发、整合形成的业务。移动增值业务的目标是基于移动网络的基本能力提供具有附加值的业务，满足用户基本通信需求之外的更广泛的工作、生活、娱乐的移动业务需求。移动增值业务的一个突出特点是业务的产业链延长了，业务产品的生成有了更细的分工，第三方服务商——SP/CP 应运而生。移动增值业务包括电路域的增值业务和分组域的增值业务。如基于电路域基本语音业务而产生的语音增值业务 IVR（交互式语音应答）、多媒体回铃音（即提供被叫用户定制的个性化回铃音的彩铃业务）和基于分组域的移动增值业务 WAP 浏览、Java/Brew 应用下载、移动定位、即时消息等。目前基于电路域的语音增值业务收入在移动增值业务中仍然还占据着很大的比重。

移动业务和应用：一般来说，在提到移动增值业务时，还经常使用移动业务和应用的叫法。在移动增值业务发展初期，业务的种类相对较少，往往根据所使用的技术来命名一个业务，如 WAP 业务、Java 业务、彩信业务、移动邮件业务等，而移动应用是包含一系列业务逻辑、可以为用户提供某种服务的应用程序，一般可以通过移动网络下载、安装并在移动终端上运行的一个或一组程序，如通常说的 Java 业务，是通过移动终端上的 WAP 浏览器发现并下载一个 Java 应用程序，这个 Java 应用可以是游戏、阅读器、电子字典、WAP 浏览器或其他各种应用。

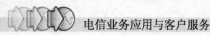

移动增值业务产品：上面提到根据使用的技术名称命名的增值业务实际上是一类业务的统称，如果再细分，又会出现移动增值业务产品的概念。移动增值业务产品是移动运营商或 SP 整合了业务系统中的业务能力、业务特征、业务内容，提供给用户的可以完成一组特定功能，提供一个或一组特定服务并具有一定价格的商品。对于运营商来说，用户使用移动增值业务就是购买这样的一种商品。

知识小拓展：短消息业务本身从技术上讲并不是移动增值业务，短消息是一种基于信令信道传送的短数据，GSM 和 CDMA 的短消息能够传输 140 个字节。最初短消息的设计是为信息量较小的信息沟通提供的一种业务，随着市场的发展，这种使用简便、绝对价格低廉的通信方式逐渐被用户广为接受并大量使用，已经成为语音业务之外最主要的移动通信手段，甚至形成一种短信文化。

二、移动增值业务分类

根据分类角度的不同，移动增值业务有各种各样的分类方法，这里对常用的分类方法进行一下介绍。

1．从业务承载方式方面分类

从业务的承载方式上，可以将移动增值业务分为基于信令承载的业务（如短消息）、电路型数据业务（如 GSM、CDMA 等 2G 网络上的低速数据承载业务和数据增值业务）、分组数据业务（如 GPRS、CDMA2000、WCDMA 等 2.5G/3G 网络上的中、高速数据承载业务和数据增值业务）。移动分组数据承载业务的出现使得速率比较低的电路型数据承载业务已经退出市场不再使用。数据增值业务则与承载无关，仍在继续发展。

2．从业务产品功能方面分类

从业务产品提供的功能上，可以将移动增值业务分为通信类业务、资讯类业务、交易类业务、娱乐类业务、基于位置的业务、浏览类业务、邮件业务、移动互联网业务等。业务产品是真正提供给用户使用的最终业务形态，用户并不关心该业务产品采用了什么技术，只关注业务产品有什么样的功能，能给自己带来什么服务。因此业务产品的功能是用户所真正关心的。

通信类业务主要是指除了语音业务、短信业务之外的基于 IP 承载的点对点、点对多点通信功能的移动增值业务，比较常见的是即时消息业务，这个业务在互联网上已经非常普及，作为一个提高用户黏度的增值业务，在移动网上很多运营商推出了自己的即时消息业务，如中国移动的飞信、中国电信与网易推出的易信业务。而基于移动网上提供的对讲业务——一种基于移动网络的对讲业务（Push to talk over Cellular，PoC）也正在悄然兴起。

资讯类业务是一类提供信息、资讯服务的业务，一般需要用户按包月或按条订阅，定期发送到手机上，如新闻、天气预报等；还有借助于浏览器的信息浏览业务。

基于位置的业务是提供与位置信息相关的一类业务，可以是直接提供位置信息也可以是基于位置信息经过加工处理后提供的更进一步的增值信息。如查找用户自己或第三方所在的位置、地图、查找目标的线路、用户附近的服务设施搜索等。

交易类业务是一类目前还在起步阶段但发展潜力巨大的增值业务，手机支付的实现方式多种多样，如以近距离通信（NTC）、短信、WAP 等技术为基础，利用电信账户、支付卡、银行卡等多种支付账户，提供账单支付、公用事业费缴费、订购商品服务、自助金融、移动票务等手机自助支付服务。

娱乐类业务是现阶段移动增值业务中最受用户欢迎的业务种类，可以说基于各种业务引擎技术都可以推出娱乐应用，如游戏、铃音/图片/小说/音乐/视频内容下载、聊天交友等娱乐业务。

浏览型业务是指利用手机上的 WAP/Web 浏览器访问并浏览 WAP 网站或直接浏览 WWW 网站。手机功能和性能的发展以及浏览 WWW 的各种技术的运用使得用 Web 浏览日益普及，而 Web 网站和内容的丰富性也使得 Web 浏览量大大提高，在未来移动浏览业务中有巨大的发展。

邮件类业务是通过手机收发邮件，这个业务在 2.5G 网络中已经比较普及了，尤其是在欧洲，这个业务也是商务应用中发展比较好的，目前中国的电信运营商也提供移动邮件服务。

对于上面介绍的 7 类业务，基本上都可以在互联网上找到类似的互联网业务，而移动通信和互联网的融合正在催生着移动互联网业务的发展，我们把移动互联网业务也作为单独的一类业务是因为移动互联网业务最近几年的飞速发展展现出了无尽的发展潜力，已经对移动通信业务的业务模式、盈利模式、业务形态、业务价值链、用户使用习惯等方面产生了巨大的影响，这类业务将会在未来具有更加广阔的发展空间。

3. 从业务发展方面分类

从业务发展角度上，运营商在前期业务规划和业务网络建设中，更多地关注哪些业务是 3G/4G 网络中所特有的，在 2G/2.5G 已推出的业务中哪些可以在 3G 网络中进行改良从而进一步提升这些业务的品质，哪些已有业务可以完全或基本不用改动而直接在 3G 网络中继续存在。正是从这样的角度出发，将增值业务分为 3G 特色业务、3G 增强型业务和 3G 移植型业务 3 类。

3G 特色业务是指针对 3G 网络环境所特有的增值业务，是根据 3G 网络设施有别于 2G/2.5G 网络设施的特性提供的增值业务，主要有可视电话业务、广播多播业务、IMS 业务即基于 IP 多媒体业务（IP-Based Multimedia Service）3 类。基于这 3 类还可以衍生出各种各样的增值业务。

3G 增强型业务也叫 3G 改良型业务。这类业务在 2.5G 网络中已经比较成熟，也得到了市场的认可，但是借助于 3G 网络更高的数据承载能力，可以在业务内容上包含更加丰富的多媒体信息而业务质量不受影响，升值还有一定程度的提高。这类业务包括浏览类、位置类、下载类、消息类等多种业务，如原有的语音 IVR 业务可以改良为 IVR 业务，因为受数据带宽限制而显得单调的网页内容变得丰富多彩，同时业务接续时间的缩短、音画视频内容的展现力使得用户的业务体验有了很大的提升。

3G 移植型业务也叫 3G 延续性业务，是已经能够满足用户需求而不需要进行改变的业务，如短消息业务等。其实 3G 增强型业务和 3G 移植型业务之间的界限也不是非常清晰，还要看市场的发展情况。

知识小拓展： 目前专门致力于移动增值业务标准制定的国际组织主要是开放移动联盟（Open Mobile Alliance，OMA）。其主要的目标就是制定一系列与网络承载无关的移动业务引擎和业务架构的标准，以保证终端和业务平台的互通，降低业务实现的难度，提高业务互操作的一致性。

三、移动增值业务发展趋势

移动增值业务的发展除了通过不断提升业务内容的表现力、用户的友好界面、业务的服务质量等方面来不断提升用户体验之外，还有以下几个趋势。

1. 移动增值业务由封闭向开放发展的趋势

封闭向开放的发展体现在移动网络、终端、业务提高 3 个方面。

移动通信网络与互联网的连接，打破了围墙花园式的业务环境，用户可以通过手机直接访问互联网从而使移动增值业务引入到完全开放的网络环境。

移动终端尤其是智能终端的发展，在操作系统、中间件和应用平台层面越来越开放，提高了上层应用软件的可移植性。统一的 API（Application Programming Interface，应用程序编程接口）使应用软件的开发和安装使用越来越灵活，用户对自己的手机支持什么样的业务有了更大的自主权。基于 Mac OS（苹果电脑操作系统）的 iPhone、Android 的 Gphone 以及商用更早的基于 Symbian、Windows Mobile 的智能终端取得的市场成功，形成了一个庞大的用户基础，第三方软件开发者队伍日渐庞大，个性化应用层出不穷，甚至个人软件开发者都加入到基于这些平台的应用软件开发行列中。

移动通信网络和终端的开放直接带来了业务提供的开放发展，业务提供者除了运营商和原来依托于运营商的 SP、CP 之外，更多的终端厂商、互联网公司纷纷为移动用户提供移动互联网业务。苹果公司的 App Store、Google 的 Android Market、诺基亚的 OVI、Google 的搜索、Facebook 的社区都成为推动移动互联网业务发展的动力。

2. 移动互联网成为移动增值业务发展的重要方向

移动互联网以更加接近互联网的业务模式对传统的移动增值业务模式产生了巨大的冲击，已经取得成功的互联网公司（如 Google）确立的后向收费盈利模式成为进入移动互联网领域的有力武器，给运营商传统的以业务和内容盈利的盈利模式带来了很大的冲击，促使运营商调整增值业务的经营策略。而苹果公司以 iPhone 为切入点进入移动通信行业，充分应用娱乐应用的经验、坚固的客户基础、以 App Store 为数字内容营销平台以及与运营商分成的盈利模式也对诺基亚等传统移动通信终端厂商带来了巨大的冲击，也在促使传统移动终端厂商进行战略转型。这正是以中国移动为代表的运营商开发终端操作系统 OMS 和以诺基亚为代表的传统终端收购 Symbian 操作系统并开放，推出移动互联网服务品牌 OVI 等一系列动作的内在原因。2009 年 9 月，中国移动推出了包括终端操作系统 OMS 在内的完整的终端软件产品以及自己的移动应用平台——移动应用商城 Mobile Market，尝试向移动互联网业务进军。

移动互联网业务既继承了互联网业务的开放性、用户深度参与的特点，又借助于移动应用固有的随身性、可鉴权、可身份识别等独特优势，为移动互联网业务提供了可持续发展的商业模式，能够更加提高用户黏性，并加速推动移动互联网业务的快速发展。

3. 移动增值业务将渗透到人们生活的各个方面

移动通信改变了人们的通信方式，而移动增值业务的发展改变的不仅仅是人们的生活方式如娱乐、阅读、社交、社会服务、工作等，移动增值业务不再仅仅把娱乐作为主要方向，而将渗透到人们生活的方方面面，进而促进整个社会的信息化发展，深刻影响和改变社会。传感网络、M2M（机器到机器的通信）与移动通信技术的结合，已经开始应用于移动支付、环境监控、智能交通等领域，近距离通信与移动通信的结合也在移动支付领域进行着各种业务尝试，移动电子政务、智能楼宇管理、数字家庭乃至数字城市的提出，使移动增值业务的发展有了更广阔的空间。

4．运营商由移动业务提供向服务提供转型

随着移动通信向社会信息化的不断延伸，单纯提供简单的业务已经不再能够满足市场的需要，尤其是移动互联网的发展，对运营商原有业务模式带来了很大的冲击，运营商如果要在竞争中获胜，为社会提供全方位的服务势在必行。

在这个转型的过程中，运营商作为主要的移动业务提供方，如何解决好与价值链各方的竞争与合作、打造健康的生态环境并借助自身在价值链中的优势提升服务品牌，进而提高用户黏度、更好地提高服务，还有很多需要研究的问题。

任务 3 终端与业务

【学习要求】

（1）识记：手机的类别及制式。

（2）领会：终端与业务的关系。

在人们的记忆中，手机在刚出现的时候是作为一种奢侈品展现在人们的面前。自从 1876 年贝尔发明有线电话之后，电话这一通信工具使人类充分地享受到了信息传递的便利，但这仅仅是一个开始，随着无线电报和无线广播的发明，人们更希望能有一种能够随身携带、不用电话线路的电话——移动电话。

一、终端基本认知

随时随地的通信需求，促进了移动通信网络覆盖的不断完善，同时也促进了移动通信终端的发展。出于人们审美和便捷性的需求，促进了终端的外观、体积、电池续航能力的不断发展。出于人们对语音业务之外的新业务的需求，促进了终端功能的发展。而人们对于终端由通话向个人数字处理中心的期许，使得终端衍生出很多通信之外的功能，如音乐播放、拍照、摄像、定位、音频/视频播放、游戏等等。本任务介绍的移动通信终端主要是指手机。下面就从手机的功能和通信制式两个方面来对其进行介绍。

1．按手机功能来分

按功能来分，手机可以分为语音手机、功能手机、智能手机。

语音手机。也就是我们传统意义上的手机，语音手机主要面向低端市场，这类手机的硬件都是围绕一个单一的基带处理器搭建的，该处理器执行电信和其他简单的应用任务，目前这些硬件电路的集成度在逐渐提高，许多芯片厂商已经推出单芯片的解决方案，在此芯片外挂一些诸如天线、键盘、显示屏等电路和器件，就可以成为一部简单的手机。

功能手机。这些手机面向特定应用，一个功能强大的基带处理器芯片实现移动终端的主要功能，如果基带处理器不能满足诸如视频处理等功能，可以配套使用一个应用协处理器。基带处理器芯片是第一类手机处理器芯片功能的强化，它是手机的核心，协处理器则执行视频处理等需要大量运算的指令。这类手机是传统终端向智能终端过渡时的产物，在其上可以开发大量业务和应用，外接多种设备，但这些都是由特定芯片提供，而且硬件接口不统一，对应用程序的软件接口也不能统一，而且开放程度、多任务调度和操作界面等都不够完善。目前这类手机的功能差别很大，实现方案也很不一样。

智能手机。即高端手机，曾被定义为“拥有操作系统并支持第三方应用的手机”。这类手机中应用处理器成为系统的核心，而 GSM/GPRS 等通信 Modem 则成为实现连接功能的外设之一，此外还有其他通信外设，如 WLAN（无线局域网）、蓝牙、USB（通用串行总线）等，并且可能提供统一的扩展接口。智能手机通常要采用复杂的嵌入式操作系统，如 Windows Mobile、Palm、Symbian 及 Linux 等，为上层应用提供统一的、开放的应用接口，这是“移动办公”的理想工具。智能手机多备有较大显示屏（2～2.8in，1in=2.54cm），具有计算和文字处理方面的功能。

2．按通信制式分

按通信制式的划分，终端的发展历程可以分为模拟蜂窝移动终端、2G（GSM、CDMA）终端、3G（WCDMA、TD-SCDMA、cdma2000）终端、4G（TDD-LTE、FDD-LTE）终端。

模拟蜂窝移动终端。模拟蜂窝移动终端是用模拟方式传输模拟信号。1979 年美国开通了模拟移动通信系统，开创了移动通信的先河。第一代蜂窝移动通信网主要有美国的 AMPS 和英国的 TACS。我国从 1987 年开始使用模拟蜂窝移动电话系统 TACS，第一个移动电话局于 1987 年 11 月在广州开通。模拟蜂窝移动电话系统通信容量小，不能满足人们日益增长的通信需求。同时模拟蜂窝移动电话系统还存在通信保密差、终端功能弱等方面的问题。第二代蜂窝移动电话系统应运而生，人们就此进入了数字蜂窝移动通信时代。

2G 终端。在 20 世纪 90 年代初欧洲完成了 GSM 的标准，并成功实施，从此移动通信进入了第二代（简称 2G）。同属于第二代移动通信系统的还有美国发展的 IS-95 CDMA。我国于 1994 年开始建设 GSM 网络（GSM 网络现由中国移动和中国联通运营），2001 年开始大规模建设 IS-95 CDMA 网络（IS-95 CDMA 网络现由中国电信运营）。GSM 和 IS-95 CDMA 系统互不兼容，因此彼此的终端不能在对方系统中使用。第二代移动通信系统是非常成功的通信系统，比较完美地解决了移动中的语音通信。除了语音通信外，第二代移动通信系统还提供了一些数据业务，如短消息和 WAP。第二代移动通信系统的终端也有了极大的进步，从笨重的“大哥大”发展到了如今小巧轻便的手机，至于录音、电话号码簿、游戏和短消息等附加功能就更不在话下了。随着人们对移动通信的期待更高，宽带化成为移动通信系统发展的下个方向，这就是第三代移动通信系统（简称 3G）。

3G 终端。ITU（国际电信联盟）早在 1985 年就提出了 3G 的概念，3G 共有 WCDMA、cdma2000 和 TD-SCDMA、WiMAX 4 种制式，其中我国具有 TD-SCDMA 的自主知识产权。2009 年 1 月 7 日，工信部分别为中国移动（TD-SCDMA）、中国电信（cdma2000）和中国联通（WCDMA）发放了 3G 牌照。在技术上 3G 是对 2G 的继承和发展，GSM 可发展升级为 WCDMA，IS-95 CDMA 可发展升级为 cdma2000，但是 WCDMA、cdma200 和 TD-SCDMA 的终端彼此仍然互不兼容。与 2G 终端相比较，3G 终端可支持高带宽的数据通信，数据传输速率一般在 500Kbit/s 以上，可以较好地满足手机的上网需求，同时 3G 终端还进一步地提高了语音通话的安全性。

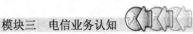

4G 终端。4G 网络有 TDD-LTE 与 FDD-LTE 两种制式。2013 年 12 月 4 日，工信部正式向中国移动、中国电信、中国联通发放了我国具有自主知识产权的 TDD-LTE 网络的4G 牌照，我国就此进入 4G 时代。4G 终端是集 3G 与 WLAN 于一体能够传输高质量视频图像并且图像传输质量与高清晰度电视不相上下的技术产品。4G 终端能够以 100Mbit/s 的速度下载，比拨号上网快 2000 倍，上传的速度也能达到 20Mbit/s，并能够满足几乎所有用户对于无线服务的要求。4G 终端对于 3G 终端而言，其优势主要体现在高数据速率、无线网络时延低及高移动性 3 个方面。由于 4G 手机仍需要兼容现有从 2G 到 4G 的多种网络，“多模多频”成为了 4G 手机的标配。手机芯片商高通联合厂家已经陆续推出了“五模十频”甚至是“五模十三频”的 4G 手机，可同时支持 TDD-LTE/FDD-LTE /TD-SCDMA/WCDMA/GSM 网络制式，完全适合全球漫游。

二、终端对业务的影响

作为移动通信产业链的最后一个环节，终端始终扮演着非常重要的角色，其对电信运营商最终能够吸引到多少用户，能够实现多大规模的业务收入，能够抢占多大的市场份额将起着十分关键的作用。

1．终端价格过高抑制业务使用

无论是在发达国家，还是在发展中国家，价格总是最敏感的因素。降低终端的价格永远是获得用户的最佳方法之一。从终端制造商角度分析，过低的终端价格会导致制造商的前期投入无法收回，资金负担过重，难以实现可持续发展。但过高的终端价格，则意味着大量的用户，特别是低端用户会被挡在门槛之外。根据实际情况确定普通用户可负担的终端价格，对运营商应用起着举足轻重的作用。

2．终端性价比促进业务推广

从 2G 过渡到 3G 的过程中，运营商面临终端的更换问题，因此终端合理的性价比成为关键因素之一。NTT DoCoMo 公司的 3G 终端价格基本与 2G 时持平，性能与 2G 相差不多，性价比差距不大，用户更换终端障碍不大，对新业务的应用也自然可以接受。KDDI 公司从用户应用考虑，对不想购买新终端的用户，采取更换芯片后旧终端仍可使用的方式为用户提供服务，而且 3G 终端与 2G 终端在大小、重量、电池待机时间等方面均无太大差别，用户使用不会有明显差异。在欧洲则由于 3G 终端性价比不高，限制了 3G 的发展。如何吸引这些用户更换手机，实现从 2G 向 3G 的自然过渡，终端的性价比是非常重要的因素。

3．终端供应不足影响业务的使用

经验告诉我们，终端缺乏和不足肯定会影响业务的推出和使用。对手机终端的供应，关注的不仅有供应商，还有运营商。运营商对终端的供应推迟非常害怕，而终端提供商则往往因对销售前景产生怀疑而推迟手机终端的推出。为了解决这个问题，一些运营商与供应商通过签订合同确保所需终端的供应。要想终端不成为制约业务发展的“瓶颈”，建立终端相关价值链各环节的联合与协作，共同开发与发展终端是保证市场需求的关键之处。

4．终端可用性不强影响业务开展

2G 终端主要以通话、短信收发、游戏等功能为主，尽管 3G 终端仍以语音功能为主，但终端需要支持多种高速的移动多媒体业务。由于 3G 推出了很多新应用，对终端及网络都提出了较高的要求。2G 与 3G 的差异，导致了 3G 终端与 2G 终端在许多方面存在不同，由此引发终端兼容性、运行稳定性、耗电等一系列问题。在英国、意大利，由于终端电池寿命不够长，也出现了影响 3G 业务使用的问题。对于中国，上述国家在 3G 终端使用过程中发现的问题都可在 4G 时代引以为鉴。中国的终端制造商、运营商在 4G 业务市场推出前，就要对终端重量、体积、待机时间、电池寿命、耗电等问题进行考虑，以免因终端可用性不强，而使终端成为 4G 发展的“瓶颈”。

5. 用户需求的差异性要求终端趋向个性化

随着通信与信息的融合，3G 业务的成功很大程度上取决于终端，不仅仅是技术的可靠性，更重要的是终端可以支持新的业务应用，使用更方便、更快捷、更简单。据对中国用户购买手机时最先考虑的因素调查统计，价格、功能、外观因素都是用户选择终端时首要考虑的因素，由于市场对业务的需求日趋个性化，对手机终端的需求也日趋个性化。

【说一说】目前，中国三大运营商正面临 3G 到 4G 的转换，根据以上分析说一说终端对于 4G 业务开展的影响。

过关训练

一、填空题

1. 根据《电信业务分类目录》，电信业务包括基础电信业务和________业务。
2. 基础电信业务是指提供公共网络基础设施、公共数据传送和________的业务。
3. 增值电信业务是指利用________提供的电信与信息服务的业务。
4. 按手机功能来分，手机可以分为语音手机、功能手机、________。
5. 按通信制式的划分，终端的发展历程可以分为模拟蜂窝移动终端、2G（GSM、CDMA）终端、________、4G（TDD-LTE、FDD-LTE）终端。

二、简答题

1. 简述电信业务分类方法。
2. 简述移动增值业务的分类。

第二部分　电信业务篇

模块四

固定通信典型业务认知及应用

【内容简介】

本模块介绍固网典型业务 IPTV、电视电话会议、传真通信的定义、业务的实现、业务的应用推广。

【重点难点】

重点掌握 IPTV、电视电话会议、传真通信的实现与应用。

【学习要求】

（1）识记：IPTV、电视电话会议、传真通信的基本定义。

（2）领会：IPTV、电视电话会议、传真通信的业务实现。

（3）应用：IPTV、电视电话会议、传真通信的业务应用推广。

任务 1　IPTV 业务

【学习要求】

（1）识记：IPTV 业务的基本定义。

（2）领会：IPTV 业务的实现。

（3）应用：IPTV 业务的应用推广。

IPTV 作为三网融合的典型业务，随着三网融合进程的推进，近年来 IPTV 业务在国内外发展迅速，截止 2013 年 12 月底，全球 IPTV 用户数目前已经超过 1 亿，中国 IPTV 用户数目前已经超过了 2600 万。

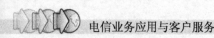

一、IPTV 的基本定义

IPTV（Internet Protocol Television，网络协议电视）是宽带电视的一种。IPTV 是用宽带网络作为介质发送电视信息的一种系统，将广播节目通过宽带上的网际协议向订户传递数字电视服务。由于需要使用网络，IPTV 服务供应商经常会一并提供连接互联网及 IP 电话等相关服务，也可称为“三重服务”或“三合一服务”（Triple Play）。IPTV 是数字电视的一种，因此普通电视机需要配合相应的机顶盒接收频道，也因此供应商通常会向客户同时提供随选视频服务。

传统电视数据传输采用单向广播方式，极大地限制了用户与电视运行商之间的户动及节目的个性化、及时化。如一电视用户对正在播放的所有频道内容都不感兴趣，他（她）别无选择，也谈不上对电视节目进行互动选择和交互，因此对用户来说是这是时间的浪费，对有线电视服务提供商来说更是一个资源的浪费。而 IPTV 业务的开展则实现了节目的个性化、及时化、交互式选择，并解决了宽带上网终端缺乏的问题，拓展了电信运营商宽带业务的使用人群，推动了宽带业务的转变，为宽带业务 ARPU 值的提高，宽带视频业务的发展及延伸带来极大的机遇。IPTV 与数字电视的对比分析如表 4-1 所示。

表 4-1　IPTV 与数字电视的对比分析

比较项目	IPTV	数字电视
概念鉴定	通过 TCP/IP 协议，传输视音频节目以及开展各种交互增值业务的技术及运营模式	专指有线数字电视 DVB-C（单向）
运营主体	电信运营商	广电运营商，运营主体必须由广电控股
技术体系	点对点通信平台，用户增加需对技术平台进行升级	一点对多点广播平台，用户增加无需对技术平台进行升级改造
目标受众	已经习惯通过网络流媒体接受视音频信息的用户，个性化需求比较强烈的中、高端用户	已逐渐趋向于老人、小孩等消费能力较弱群体，大众化需求的中、低端用户
业务类型	除高清外数字电视上可实现的任何业务、交互的增值业务	传统模转数频道/付费频道 NVOD/数据广播/高清
赢利模式	各种增值业务收费如点播电视、时移电视、互动游戏	基本收视费，付费、高清频道订购，数据广播中的行业分类广告发布
优劣势	优：先天交互性能，适合各种增值业务开发，适合满足个性化需求运营商的体制机制、市场能力 劣：必须过四关，面临的政策风险较大	优：对内容的先天垄断性。低成本，海量带宽，适合大众化需求 劣：运营商的体制机制、市场能力，单向无交互功能，面临的运营风险较大

二、IPTV 业务的实现

1．IPTV 的产业链

IPTV 的产业链如图 4-1 所示。

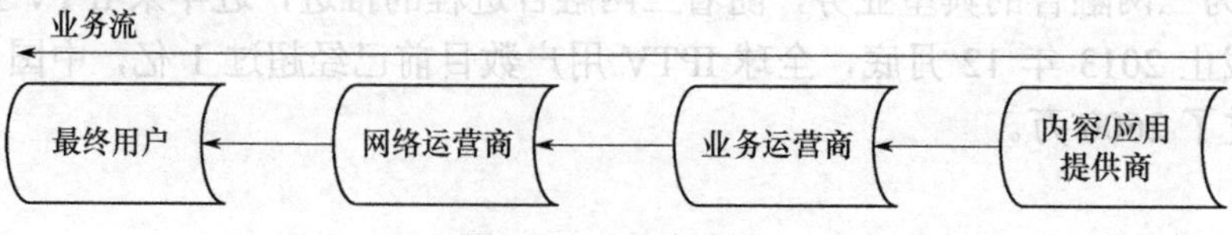

图 4-1　IPTV 产业链

内容/应用提供商（CP/AP）：内容/应用版权的所有者或合法使用者（内容包括音视频节目、游戏、信息网站、短信及其他扩展业务内容），通过提供的服务内容，CP/AP 可以和中国电信运营商或 SP 结算，获得内容营销的分成收入。

业务提供商（SP）：可以通过与 CP 合作引入视频及应用内容，同时可对视频及应用内容进行编排、制作和发布，并面向最终用户提供服务内容。

网络提供商：通过自己的网络将 IPTV 业务运营商提供的服务内容传送到最终用户并获取收益。尽管业务提供商和网络提供商被视为两个不同实体，但两者实际上可以是一个实体机构即网络提供商也可选择成为业务提供商。

最终用户：是向 SP 支付费用以获得各种服务的客户。用户通过机顶盒+电视、PC 或其他终端设备接入 IP 宽带网络，获得 IPTV 服务。

2．IPTV 的网络结构

IPTV 的网络结构如图 4-2 所示。IPTV 的基工作原理和基于互联网的电话服务 VoIP 相似，它把呼叫分为数据包，通过互联网发送，然后在另一端进行复原。首先是编码，即把原始的电视信号数据进行编码，转化成适合 Internet 传输的数据形式。然后通过互联网传送最后解码，通过计算机或是电视播放。由于要求传输的数据是视频和同步的声音，要求的传输速度是非常高的，所以它采用的编码和压缩技术是最新的高效视频压缩技术。IPTV 对带宽的要求也比较苛刻，带宽至少达到 500～700kbit/s 即可收看 IPTV，768kbit/s 的能达到 DVD 的效果，2Mbit/s 就非常清楚了。

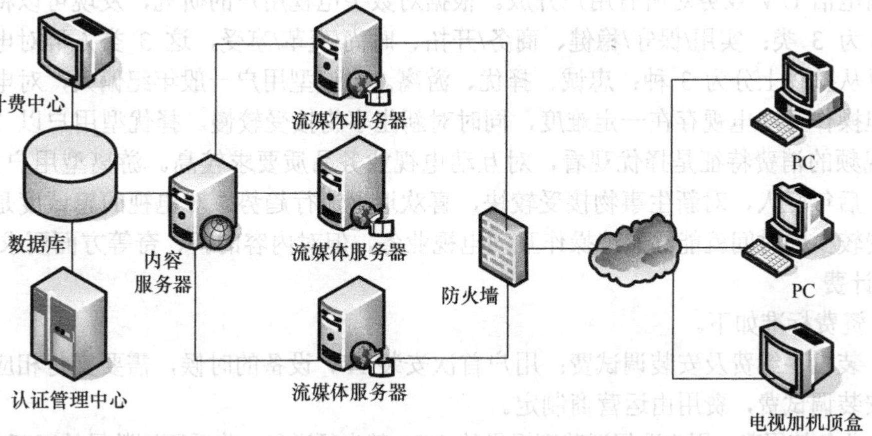

图 4-2　IPTV 网络结构图

三、IPTV 业务的应用

2005 年，中国电信与上海文广集团（SMG，国内最大的媒体集团之一）合作在上海推出 IPTV 业务，获得中国大陆第一张 IPTV 牌照。下面以中国电信的 IPTV 业务——iTV 为例来说明 IPTV 业务的应用。

iTV（中国电信互动电视）是中国电信与上海文广集团联合推出的宽带电视，这是新一代的数字电视。iTV 业务是基于宽带互联网与宽带接入，以机顶盒或其他具有视频编解码能力的数字化设备作为终端，通过聚合 SP 的各种流媒体服务内容和增值应用，为用户提供多种互动多媒体服务的宽带增值业务。

iTV 业务使用户可以不受时间限制，能根据兴趣随时选择形式多样、操作简单、个性化的互动多媒体服务，并可采取多种宽带接入方式（目前的ADSL、LAN、WLAN、3G 和 4G）。

1．iTV 业务能做什么

直播频道：互动电视的电视频道包括所有免费和收费频道、央视频道、各地卫视等内容，以及由众多精彩节目编辑而成的精彩轮播节目，从而满足个性化、分众化的电视观众。

时移电视：电视直播频道提供了随时暂停、后退和快进的功能。用户可以自由地选择自己喜欢的电视节目，并合理安排收视时间。

节目回看：用户可通过节目回看功能重放直播电视频道的过去 48 小时的节目。

视频点播：提供 5000 小时点播内容，每日进行一定量的更新，提供各类电影、电视剧、音乐、娱乐、纪实、少儿、体育、访谈等节目内容。

电视上网：互动电视将推出通过电视上网提供互联网信息服务。用户通过互动电视业务可方便快捷地搜索和咨询各种信息资讯，包含时事、生活、娱乐、餐饮、健康、房产等内容。

行业应用：目前可开展的项目有农村信息化党建频道、酒店个性化 iTV 业务、企业（行业）行业门户和专属频道等多个方面。

非视听增值业务：目前系统能够实现的的互动增值功能主要有电视上网（WebTV）、电视短信 TVMS、在线游戏（主要是棋牌类休闲游戏）、彩票投注、卡拉 OK、可视通信等。

2．目标客户

中国电信 iTV 业务对所有用户开放。根据对数字电视用户的研究，发现可以将用户从整体上划分为 3 类：实用/保守/稳健、商务/开拓、时尚/变革/享受，这 3 类人群对电视机的态度又可以从整体上分为 3 种：忠诚、择优、游离。忠诚型用户一般年纪偏大，对电视依赖性较大，但操作互动电视存在一定难度，同时对新生事物接受较慢。择优型用户以 70 年代为主，对视频的消费特征是择优观看，对互动电视业务品质要求较高。游离型用户主要为 80 后及 90 后年轻人，对新生事物接受较快，喜欢追逐流行趋势。对电视的忠诚度是游离的，他们花费较少的时间就能够熟练操作互动电视业务，但对内容的新、奇等方面要求高。

3．计费

iTV 资费标准如下。

（1）装机手续费及安装调试费：用户首次安装 iTV 设备的时候，需要支付相应的装机手续费及安装调试费，费用由运营商制定。

（2）业务使用费：用户选择运营商提供的 iTV 基本频道包，收看不同数量的试听节目频道，需支付相应的业务使用费。业务套餐的价格由运营商制定。一般是采用包年的方式进行计费。

（3）可选功能资费：如点播节目等功能产生的费用，一般采用按次收费的方式进行计费。

任务 2　电视电话会议业务

【学习要求】

（1）识记：电视电话会议的基本定义。

（2）领会：电视电话会议的业务实现。

（3）应用：电视电话会议的业务应用推广。

电视电话会议业务是一种交互式的多媒体信息业务，可在多个地点之间实现交互式的通信，迄今已广泛应用于军事、政治、经济、科教、文化等领域，充分发挥了真实、高效、实时的优点，为人们提供了一种简便和有效的沟通、管理、协同决策手段，已成为现代信息社会不可缺少的一种需求和技术热点。

一、电视电话会议的基本定义

1．定义

电视电话会议业务是一种多媒体视频会议型业务。它采用图像、语音压缩技术，利用电视电话会议通信系统和数字传输电路，在两点或多点间传送活动图像（人物）、语音，应用数据（电子白板、图形）信息形式的通信业务。

电视电话会议是用通信线路把两地或多个地点的会议室连接起来，以电视方式召开会议的一种图像通信方式。两地间的电视电话会议，称为点对点电视电话会议；多个地点间的电视电话会议，称为多点电视电话会议。电视电话会议能实时传送与会者的形象、声音以及会议资料、图表和相关实物的图像等，能使身居不同地点的与会者互相可以闻声见影，如同坐在同一间会议室中开会似的。电视电话会议的使用已发展到多种应用环境，如政府会议、商务谈判、紧急救援、作战指挥、银行贷款、远程教育、远程医疗等取得了巨大社会效益和经济效益。

2．业务分类

电视电话会议业务分为以下两类。

（1）指定地点式电视电话会议，即用户到局方指定的电视电话会议室组织召开不同速率的电视电话会议。

（2）现场式电视电话会议，即局方到用户指定的现场，如授课地点或医院会诊、手术间及各种会议开幕式。

3．业务特征

（1）音像同步奉献

远程沟通，突破空间限制，用户和伙伴们接受对方音像，真正做到面对面的异地交流。

（2）随时随地拥有

用户只需要租用或购买适合自己的终端，在指定的地点或租用电信部门提供的会场，电信级平台 24 小时全天候服务，想用就用。

（3）接入方式灵活

在接入方式上有 ISDN、ADSL、DDN、E1、FR、宽带 IP 等多种选择，使用户“入线”更为简单易行。

（4）支持多种协议

以 H.323 协议为主，兼容 H.320 协议，支持动态多分屏，同时保证带宽不变。

（5）融各种可视通信方式于一体

会议电视、可视电话和各种网上可视通信应用。

（6）网络安全、可靠，有保障。

（7）电信级机房、通信网络全天候保证用户的通信质量与安全。

二、电视电话会议的实现

1. 电视电话会议系统

电视电话会议通信系统主要由终端、传输信道、多点控制单元等几部分组成，其结构示意如图 4-3 所示。

（1）终端设备

终端设备一般直接由用户操作，提供视频、音频、数据等信号的输入/输出。包括视频输入/输出设备、音频输入/输出设备、终端处理器、终端管理系统等，根据不同用户的业务需要还可以选择配备调音台、功放、大屏幕、电子白板等。

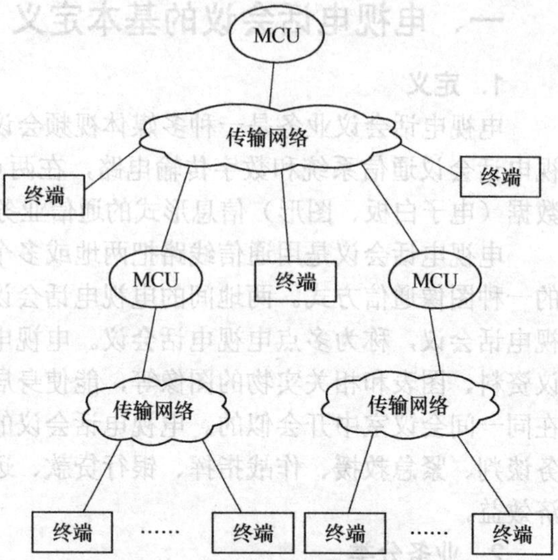

图 4-3 电视电话会议体系结构

终端的作用是将某一会议点的实况图像信号、语音信号及相关的数据信号进行采集、压缩编码、多路复用后送到传输通道。同时将接收到的会议电视信号进行分类、解码，还原成接收会场的图像、语音及数据信号；终端还要将本点的会议控制信号（如申请发言、申请主控权等）传送到 MCU。同时还需执行 MCU 对本点的控制指令。

（2）传输网络

要组成一个完整的会议电视系统必须经通信网络把终端设备与 MCU 连接起来，传输信道可以采用光纤、电缆、微波或卫星等方式。但在连接至会议电视终端设备或 MCU 时需保证接口传输速率应在 2Mbit/s 以下，即传输速率为 64～1920kbit/s。会议电视系统信息可以通过 E1、V.35、ISDN 及 IP 等标准接口进行组网传输。

（3）MCU

MCU（Multi Control Unit，多点控制单元）中多点指的是 3 点及 3 点以上。多点控制单元是会议电视的控制核心。当参加会议的终端数量多于 2 个时，必需经过 MCU 来进行控制。所有终端都要通过标准接口连接到 MCU，MCU 按照国际标准 H.320 与 H.323 系列建议的规定实现图像和语音的混合与交换，实现所有会场的控制等相关功能。一般来讲，MCU 分为主机和操作台两部分，主机完成上述建议规定的相关功能，操作台提供主机运行的操作控制，用户通过操作台对主机进行各种操作和发布命令。

2. 客户使用程序

较大型企事业单位召开电视电话会议可在当地电信电视电话会议室召开，另外中国电信还提供两种使用程序。

方便型：利用中国电信视讯平台，用户只需向电信部门提出申请并购买相应的视频终端，就像装电话一样，由电信部门为其在用户自己会议室安装好终端设备并调好线路，用户便可使用。

经济型：利用中国电信视讯平台和相应设备，用户只需向电信部门提出申请并租用电信部门的视频终端，就像装电话一样，由电信部门为其在用户自己会议室安装好终端设备并调好线路，用户便可使用。

届时客户需要提供：单位名称、会议日期、会议时间、参加人数、联系人电话、会议要求、单位介绍信、经办人身份证、银行账号。客户请提前 3 天到受理点或打电话预约，有任何疑问可拨打客户 10000 号咨询。

三、电视电话会议业务的应用

1. 电视电话会议能干什么

目前来看，电视电话会议的服务范围十分广泛，主要包括以下几种。

（1）远程的行政会议：政府的信息化工程、党政军机关的远程会议、公检法的远程审案、工商企业的远程会议。

（2）商业领域应用：远程商务会议、自动化办公、远程视频面试、远程商品看样订货、产品发布。

（3）教育领域：高教远程教育、远程学术研讨、远程函授教育、升学辅导培训、远程家教沙龙、职工培训。

（4）医学领域：专家的远程会诊、远程手术观摩、远程应急医疗。

（5）具有行业特色的应用：远程视讯股评、远程保险业务宣传、远程拍卖会、远程展览会。

（6）个人应用：亲情问候、同学聚会、网上视频聊天。

（7）公众可视电话业务：面向公众的可视电话。

2. 目标客户

电视电话会议业务的目标客户主要是政府机构、企事业单位及家庭客户。

3. 计费

目前三大运营商均已开通电视电话会议业务，以中国电信的电视电话会议业务——新视通为例，使用费用包括通信费＋会场会＋预告会，国际电视电话会议追加联网测试费与注销费。另外，企业不租会场自行召开电视电话会议的，费用具体有 ISDN 的基本速率、通话时间、安装调测和系统维护等。

4. 应用案例

“新视通”业务由中国电信建设公众视讯网络，采用华为公司 ViewPoint8000 综合视讯系统组网，具有业务使用灵活、功能强大、用户完全自主控制等特点。用户只需要购置视讯终端设备，通过中国电信的各种线路接入，即可方便灵活地使用远程视讯服务。这就为用户节省了大量的网络建设投资和系统维护的成本。终端设备放置于用户自己的办公场所或家中，可以根据需要随时随地获得视讯服务，真正做到足不出户就可以通信全球。

安徽省委安装了“新视通”电视电话会议系统，省委会议室为主会场，各市委会议室为分会场。通过该系统，省委及各市委可以在各自的会议厅方便地召开高质量的会议，78 个分会场覆盖了全省各地、市、县。由安徽电信承建的安徽省委组织部党员“先锋网”基础网络，已完成了主网站和 17 个地市、40 多个县区分站的建设，并向乡镇、村和街道、社区以及机关企事业单位、城乡党员家庭延伸，形成了全省“先锋网”网络体系。

任务3 传真通信业务

【学习要求】

（1）识记：传真通信业务的基本定义。

（2）领会：传真通信业务的实现。

（3）应用：传真通信业务的应用推广。

一、传真通信业务的基本定义

1．定义

传真业务是指用户使用传真设备经电话网拨叫其他传真用户，电路接通后采用点对点通信方式，进行文字、图表、照片、文件等信息传递的通信业务。

由于传真业务是即发即收，原件复制传递，具有传递实时性、安全可靠的特点，特别适合我国汉字和少数民族文字，故深受用户欢迎。特别是三类传真机的引进和应用，它能简便、快捷、清晰地传送文件、图像、表格、商业汇票等图文信息，促进了传真业务的大发展，如图4-4所示。

图4-4 G3传真机

2．业务分类

（1）传真通信业务按起服务范围的不同可分为国际传真业务和国内传真业务。

国际传真业务是用户通过国际路由进行传真通信的业务。

国内传真业务是用户通过国内路由进行传真通信的业务。

（2）传真通信业务根据不同的传送、服务方式，可分为公众传真、用户传真和海事传真三大类。

用户传真：用户提出申请注册，电信部门派员工上门安装并调测开通的在收、发报用户本单位、本住所的专用传真设备，通过公用电话网相互之间自行传递信息的一种传真业务。如收、发报用户之间有一端是使用电信营业部门的公用传真设备传送或接收信息的，则为公众用户传真，不能纳入用户传真范畴。

公众用户传真：用户通过电信营业传真设备发送纸张原件的内容到收报地点，由电信部门投送给收报用户的传真业务。根据不同的传送内容又分为相片传真业务和真迹传真业务两种。相片传真业务是将用户交发的相片按原样传送到收报地点，投送给收报用户的一种公众传真业务。真迹传真业务是将用户交发的文字、文件、合同、图表、稿件等资料按原样传送到收报地点，投送给收报用户的一种公众传真业务。

海事传真：用户通过海事卫星进行的传真的通信业务。

二、传真业务的实现

1．传统传真业务

以传真机为终端设备，以固定电话网为业务传输平台而组成的传真通信网络，如图 4-5 所示。

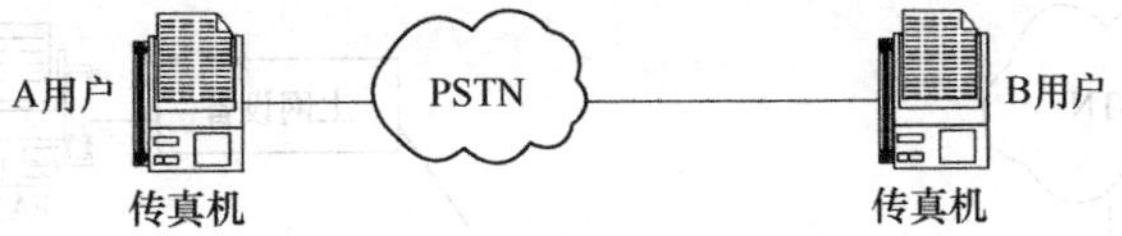

图 4-5　传真业务通信示意图

A、B 用户可以通过各自自备或租用的传真设备，向对方拨叫传真号码，获得对方传真设备应答后进行传真通信。

2．IP 传真业务

（1）IP 传真的基本原理

传真机的基本工作原理是利用光电扫描技术将图像、文字转化为数字信号，经调制后在模拟信道上传输。由于通信协议、信号格式的不同，传真机是不能直接在 Internet 网上传送信息的。要使连接在 PSTN 上的传真机发出的信号在 Internet 网上传输，基本的原理则是在 PSTN 和 Internet 之间构筑网关，由网关进行协议的转换，使 PSTN 网的传真信号和 Internet 网的数据包可以相互转换。

IP 传真根据终端设备的不同，可分为计算机—传真机（PC-FAX）、传真机—计算机（FAX-PC）和传真机—传真机（FAX-FAX）3 种类型。

PC-FAX 和 FAX-PC 传真原理如图 4-6 所示，发送端传真机与网关连接，通过 PSTN 传送传真，网关接收传真后通过 Internet 传至另一端的网关，另一端的网关再通过 PSTN 将传真发送给接收端传真机。这种方式既适合存储转发模式，也适合实时模式，因此更加有吸引力。

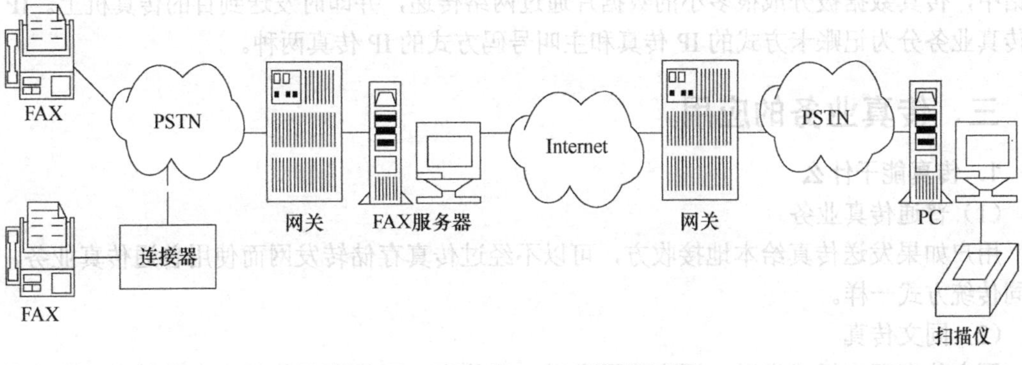

图 4-6　PC-FAX 和 FAX-PC 传真原理图

还有一种不依赖网关的 FAX-FAX IP 传真技术，它是利用传真机外挂一专用上网设备直接在 Internet 网上发送信息，原理如图 4-7 所示。这种专用上网设备实际上是一种很简单的专用计算机，它内置了用户的 ISP 接入账号和用户网络传真账号，当用户发送传真时将传真信息接收、存储，并转换为 Internet 网信息传输格式（一般为电子邮件格式），然后自动拨号上网发送，起到与网关和 FAX 服务器类似的作用。FAX 外挂这种专用上网设备后不仅可与利用同种设备上网的 FAX 进行传真通信，还可以与通过网关、FAX 服务器连接在 PSTN 上的 FAX 通信，也可以与 Internet 网上的计算机通信。使用这种技术发送传真方便、灵活，特别适合所在地区电信部门与 Internet 网之间没有设置网关的用户使用。但该设备费用比较昂贵，不宜广泛采用。网络传真公司也积极与传真机生产厂家合作，将这种设备内置在传真机里，使传真机出厂时就具备发送 IP-Fax 的功能。

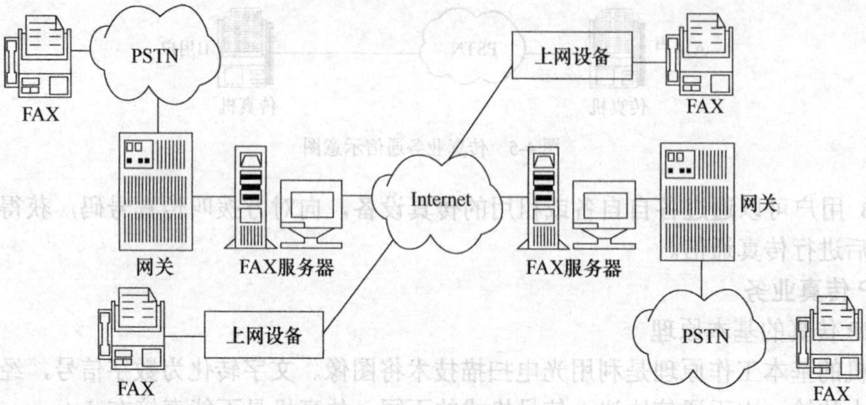

图 4-7 FAX-FAX 传真原理图

（2）IP 传真业务的种类

IP 传真业务分为存储转发传真和 IP 实时传真两类。

存储转发传真是将传真信息发送到一个服务器，并存贮起来，然后再转发到另一个服务器上，接下来再发给接收传真机。这种业务缺少传统传真机具有的即时证实信号，但它具有可选的非忙时发送功能和完善的遇忙自动重试功能。存贮转发式传真还能把单个传真广播到多台传真机上。

实时传真有一个端到端的传真会话，并且收、发两个传真机是同时完成工作的。在传真会话中，传真数据被分成很多小的数据片通过网络传递，并即时发送到目的传真机上。IP 实时传真业务分为记账卡方式的 IP 传真和主叫号码方式的 IP 传真两种。

三、传真业务的应用

1．传真能干什么

（1）普通传真业务

用户如果发送传真给本地接收方，可以不经过传真存储转发网而使用普通传真业务，操作同传统方式一样。

（2）同文传真

同文传真即广播式发送，用户只需发送一次传真，网络即可将报文自动转发给指定的多个传真机。同文传真有 3 种发送方式：

① 同时输入多个全位或缩位电话号码；

② 事先将多个电话号码登记在一个组号码中，使用时拨组号即可；

③ 混合拨号，同时输入组号和多个全位电话号码。

（3）加急发送

因为传真存储转发网是将多个传真集中在一起发送，会有一定的时延，但最长滞留时间不超过 30 分钟。用户可以申请加急业务，网络将会把传真排在队列的前面，优先发送。

（4）传真信箱

根据用户要求将发给其的传真报文存放到其传真信箱内，当该用户空闲时打开自己的信箱即可收到传真报文。用户可以要求在传真报文多次投送失败时，把它转存到自己的信箱内。传真信箱同电话语音信箱类似。传真信箱有两种状态：开启时传真报文送入信箱，关闭时传真直接送到信箱所属人的传真机上。传真信箱有以下功能：

① 传真信箱是公开的，任何客户均可向信箱发送传真；

② 信箱主人可以使用传真机从信箱中提取所有传真；

③ 信箱主人可以从信箱中提取所有保留传真的清单；

④ 信箱主人可以删除信箱任何传真报文；

⑤ 信箱主人可以从信箱中检索特定的报文，并将其发送到指定的传真机上。

（5）多址投送

使用该功能可将一份传真同时投送给多个用户，发送者仅需将传真报文一次送交传真存储转发系统，并给出多址投送的用户名单。该业务特别适合总部与下设的多个分支机构之间进行传真通信。

（6）定时投送

根据用户要求，系统可在指定时间把传真报文投送给收件人。

（7）指定接收人通信

当有用户传真报文时，系统先给该用户去报通知，接收人输入正确密码后方可收到报文。

（8）报文存档

系统把成功发送的传真报文存档，以作为发送传真的凭证。

（9）辅助功能

系统可为用户提供传真报头、通信结果、遇忙重复呼叫、语言提示查询等功能，便于用户使用。

2．目标客户

我国固网传真通信业务对所有用户开放。各种类型的企事业单位、政府部门、打字复印店、照相馆等都装有传真设备，操作简单，质量可靠，广受用户欢迎。

3．计费

公众照片和真迹传真收费按照所传物件的尺寸大小和数量来计费。

个人用户传真机装机调试费按次计费，登记费一次性收取。传送费按长途、市话电话通话费标准来计费。

4．传真业务的应用案例

传真是商务往来的必备工具，传真服务可以大大提高企业的办公效率。由原中国铁通公司提供的“传真通”网络传真服务，也是国内最早的网络传真服务，是一种全新的传真收发方式，用电子邮件来收发传真，还具有群发传真（传真群发）的功能。

泰康人寿上海分公司申请“传真通”后，拥有了一个真实的 8 位市话号码作为传真号，通过公司的企业邮箱，获得“企业传真邮”服务，让每个需要传真业务的员工，都拥有属于自己的一个专属传真号，用自己的企业邮箱就能管理、使用传真，可以在任何能上网的地方，通过登录这个邮箱方便地收、发传真。

过关训练

一、填空题

1．由于需要使用网络，IPTV 服务供应商经常会一并提供连接互联网及 IP 电话等相关服务，也可称为“三重服务”或________（Triple Play）。

2．IPTV 产业链包括最终用户、________、________和________4 部分。

3．________是中国电信与上海文广集团（SMG，国内最大的媒体集团之一）联合推出的宽带电视，这是新一代的数字电视。

4．电视电话会议是用通信线路把两地或多个地点的________连接起来，以电视方式召开会议的一种________方式。

5．电视电话会议可分为________和________。

6．MCU（Multi Control Unit，多点控制单元）中多点指的是________以上。多点控制单元是会议电视的控制核心。当参加会议的终端数量多于________个时，必须经过 MCU 来进行控制。

7．IP 传真根据终端设备的不同，可分为________、________和传真机—传真机 3 种类型。

二、简答

1．简述 IPTV 与数字电视的区别。

2．简述电视电话会议的功能应用。

3．简述传真通信业务的功能应用。

模块五

移动语音类相关业务认知及应用

【内容简介】

本模块介绍移动语音基本业务/补充业务、彩铃、IVR 及 POC 的基本定义、业务的实现、业务的应用推广。

【重点难点】

重点掌握语音基本业务/补充业务、彩铃、IVR 及 POC 的实现与应用。

【学习要求】

（1）识记：语音基本业务/补充业务的类别及彩铃、IVR 及 POC 的基本定义。
（2）领会：彩铃、IVR 及 POC 的业务实现。
（3）应用：语音基本业务/补充业务、彩铃、IVR 及 POC 的业务应用推广。

在移动通信网络中，最重要的业务仍然是语音业务。它为数字移动通信系统的用户和其他所有与其联网的用户之间提供双向通信。

任务 1　语音业务

【学习要求】

（1）识记：语音基本业务及补充业务的类别。
（2）应用：语音基本业务及补充业务的类别的业务应用推广。

一、语音基础业务

1．语音通信业务

语音通信业务是语音业务中最重要的组成部分。语音通信业务可以使网内的移动用户互相通电话，也可以使网内的移动用户与其他网络，如模拟移动网、PSTN、ISDN 的用户互相通电话。只要移动用户所在的移动网络与 PSTN 或 ISDN 之间有中继连接，移动用户就可以在世界范围内与另一处的固定用户或移动用户通话。

语音通信业务包括本地通话、国内长途、国际长途、国内漫游、国际漫游等功能。

2. 紧急呼叫

紧急呼叫是由电话业务引申出来的一种特殊业务。在移动网络覆盖范围内，移动用户无论身处何方，只需按出一个特殊号码便可以接通就近的一个紧急业务中心，如警察局、消防队、急救中心、抢险中心等。使用紧急呼叫业务不收费，也不需要鉴别使用者的识别号码。即使在移动台没有插入 SIM 卡的情况下，也能发出紧急呼叫。

知识小拓展：所谓“紧急呼叫”是指手机在欠费、无 SIM 卡等情况下，能拨打 112、110、119、120 等报警或求救电话。这些号码的紧急性使各国都规定它们可以使用任何当时可用的网络。

3. 语音信箱

语音信箱是从电话业务衍生出来的另一项语音业务。网络可以将主叫方打来的电话接到被叫移动用户的语音信箱上，把主叫方发送的语音存放在被叫方的语音信箱里。一旦被叫方移动用户进入网络覆盖范围，或者有空闲的无线信道，移动用户根据移动台上的提示信号便可以从语音信箱中提取主叫方的语音。每当用户的语音信箱收到新的语音信息，网络就会通过移动台通知移动用户。

知识小拓展：语音信箱是必须与呼叫转移和短消息配合使用的。因为呼叫转移可把来电转移到用户的语音信箱，而短消息将通知用户语音信箱内有新留言。在使用语音信箱业务之前请确认手机已开通“呼叫转移”和“短消息接收”两项功能。

二、语音增值业务

语音增值业务的特点是不能单独提供给用户，它必须依附于语音基础业务。语音增值业务功能如下。

1. 计费提示

移动用户可以从移动台的显示屏上了解到每次通话的费用和到目前为止总的通话费用。网络可以将当次通话费用传送给移动台，也可以将过去一定时间范围内总的通话费用传送给移动台。

2. 呼叫限制

这类业务使得移动台的呼出或呼入通信受到限制。移动用户可以在移动台上进行各种限定的设置或取消。

（1）限制所有呼出

除了紧急呼叫，禁止移动台的所有向外呼叫。

（2）限制所有国际呼出

在国内，不能使用移动台进行国际长途呼叫；在国外漫游时，只能向当地移动用户和固定用户发出呼叫，而不能向本国和其他国家用户发出呼叫。

（3）漫游出国时，限制除归属国以外的所有国际呼出

在国外漫游时，只能向本国用户发出呼叫，而不能向本地用户和其他国家用户发出呼叫。

（4）限制呼入

阻止移动台接听所有呼叫。

（5）限制漫游呼入

移动用户漫游时，阻止移动台接听所有呼叫。

知识小拓展：呼叫限制个性化处理来电，免受打扰，针对性设置号码呼入或呼出。手机用户可进入手机中“呼叫限制”功能菜单设置开通，但需慎重选择，以免影响正常通信。

3．呼叫转移

移动用户可以按照自己的需要将对方发来的呼叫转移到别的终端上，如固定电话。呼叫转移包括呼叫前转和呼叫接转两类。呼叫前转是在接通之前，将呼叫转移到别处；呼叫接转是呼叫接通后，由被叫方或主叫方再把呼叫转移到别处。

（1）无条件呼叫前转

所有向移动用户的呼叫都被无条件地转接到该用户预先设定的另一个号码处，可以是固定电话、移动电话。

（2）遇忙呼叫前转

当移动用户正在使用移动台时，所有向该移动用户的呼叫都被转接到该用户预先设定的另一个号码处。

（3）无应答前转

当给移动台的呼叫在规定的时间内没有被应答时，呼叫就会被转接到该用户预先设定的另一个号码处。

知识小拓展：当用户关机、不能或不便接听电话时，可设置无条件转移、关机转移或无法接通转移等，把来电转移到其他电话号码上，如移动电话、固定电话等，保证来电电话一个不漏。手机用户可进入手机“呼叫转移”功能菜单，根据需要进行设置。或拨打运营商客服热线帮助设置。呼叫转移不需要收取功能费，但是要按照呼叫转移至归属地或非归属地，则按分钟收取通信费。

4．呼叫完成

（1）呼叫等待

呼叫等待就是当移动电话用户正在进行通话时，又有呼叫向该用户发来。这时发起新呼叫的一方被置于等待，待原通话结束后再将新呼叫接入。

（2）呼叫保持

正在通话的移动用户，可以暂时中断原来的电话，而打出新的电话，同时与原来的电话保持联系；当需要回复原来的通话时，则使新打出的电话处于保持状态，再继续与原来的通话方通话，即可以通过操作手机的按键选择及切换这两个通话，还可以分别或同时结束两个通话。

5．号码识别

（1）主叫线识别显示：被叫方在应答呼叫之前，可以从自己的移动台上看到主叫方的电话号码。

知识小拓展：主叫线识别显示即大家熟悉的来电显示业务，用户开通主叫显示业务后，无需进行其他设置，主叫号码会自动显示在被叫手机上。

（1）确定来电者的身份：这是来电显示的主要应用。当来电号码显示在手机屏幕上时，用户在接听来电前就可以确定来电者的身份，以便决定是否接听，避免受到不必要的打扰。

（2）查找已接听过的来电：目前手机一般都能至少存储最近接听过的 10 个电话号码，以方便用户查询。

（3）查找未接听的来电：目前的手机一般都能够至少存储最近未接听的 10 个电话号码。当用户因没有听到振铃声或手机不在身边而没有接听电话时，可在手机上找到最近未接听的电话号码，以便及时给对方回电。

（2）主叫线识别限制：移动用户可选择是否向被叫方发送自己的电话号码。

知识小拓展：主叫线识别限制即向对方隐藏你的手机号码，移动用户申请了主叫隐藏业务后，做主叫时，被叫无法显示主叫的号码（无论被叫是否申请了主叫号码显示功能）。该业务使用前需预先办理，缴纳一定的功能费，然后客户在拨打电话前，可设置是否隐藏主叫号码：

（1）在手机“号码隐藏”相关菜单中设置“开”或“关”、“使用”或“不使用”、“隐藏”或“不隐藏”（根据机型）。

（2）在拨打电话时拨相关的快捷键（如中国移动的#31#）+对方手机号码，即可实现主叫隐藏，拨相同的快捷键再拨对方手机号码，就可实现主叫号码不隐藏。

6．闭合用户群

闭合用户群是由若干个用户组成的封闭通信群体。群体内的用户之间可以相互呼叫，阻止群内用户呼出以及群外用户呼入，为某些要求通信保密的用户提供了方便。

【说一说】闭合用户群的业务场景有哪些？它与大家熟悉的短号集群网业务有什么不一样？

短号集群网业务是现有集群网和集团短号业务向预付费品牌的延伸，通过短号功能为客户建立一个专用虚拟网，进行统一编号和组网，网内用户通过短号互拨享受资费优惠，如图 5-1 所示。

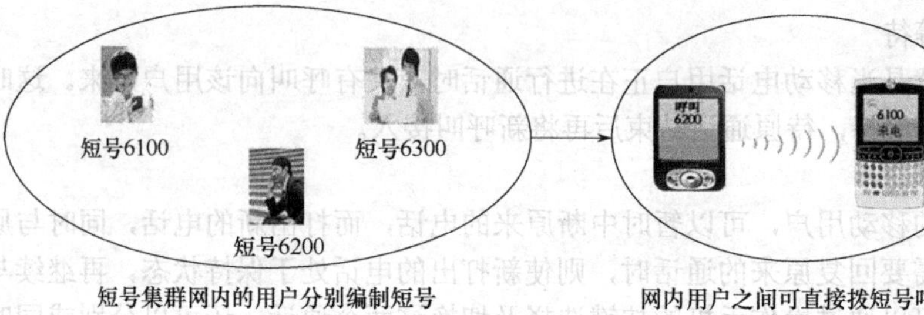

图 5-1　短号集群网业务

任务 2　彩铃业务

【学习要求】

（1）识记：彩铃业务的基本定义。
（2）领会：彩铃业务的实现。
（3）应用：彩铃业务的应用推广。

彩铃于 2003 年 5 月在中国起步，随后就像手机短信一样，在短短的时间里就创造了通信史上的又一个奇迹。2G 彩铃业务是一个完全改变电话接听方式的革新。作为对 2G 彩铃业务的扩展，3G 多媒体彩铃业务允许被叫用户为呼叫自己移动电话的其他用户设定特殊的媒体。当主叫用户拨打多媒体彩铃业务用户时，主叫用户不再是仅仅听到单调的振铃声或单纯的歌曲、乐曲等 2G 彩铃，而是可以全方位感受极具个性的视频、动画、音乐、图片或文字等。多媒体彩铃业务由被叫用户申请，可以根据业务规则（如主叫用户的不同分类或不同通话时段）提供不同的回铃媒体流。因此，多媒体彩铃业务具有极强的个性化和差异化的多媒体特性，代表了增值业务的一种发展方向。

一、彩铃的基本定义

彩铃（Coloring Ring Back Tone，CRBT）也叫个性化回铃音业务，是指用户在被呼叫时，为主叫用户播放个性化定制的音乐或录音，来代替普通的回铃音。它不像短信、呼叫转移等业务那样对原有语音业务有替代性，它所带来的是全新的收益。同时，由于移动网络或固网皆可以提供彩铃业务，这使得所有运营商都很感兴趣。

知识小拓展：目前我国三大运营商都可以为手机用户办理彩铃业务。中国移动用户可通过如拨打“归属号+12530”等方式办理“彩铃”业务；中国联通用户可通过如拨打 101560 等方式办理“炫铃”业务；中国电信用户可通过拨打 10000 等方式办理“七彩铃音”业务。

目前，所有的彩铃系统提供的业务功能分为 3 部分。

1．用户业务功能

用户业务功能主要有以下几方面。

（1）选择默认彩铃

用户可以在系统的现成音乐库中选择一个样本，作为默认的彩铃。设置完成后，未进行特别设置者（按主叫方判定）的呼叫均以此样本作为默认回铃音。

（2）选择针对特定主叫的彩铃

用户可以设置针对特定主叫的彩铃。设置成功后，系统对每次呼叫的主叫方进行判断，给特殊的主叫方播放预先定好的音乐片断作为彩铃。用户可以分成不同的等级，如按类型分成个人级用户和企业级用户。不同级别的用户可分别限制其彩铃主叫的数量。

（3）自行录制彩铃

用户不仅可以从系统音库中选择音乐片断，还可以管理自己的个人音乐库。音乐制作的方法包括电话录制和通过网络上传音乐资料等。

（4）呼叫筛选

用户可通过登录网站设置个人来话黑名单，对于黑名单中用户的来电，彩铃系统播放用户设置的特定提示音后，释放呼叫，不予接通。

（5）主叫号码分组功能

彩铃用户可根据自己的朋友、亲人、老乡、同事等对主叫用户进行分组，每组设定一个铃音。

（6）按时间定制回铃音

用户可以为铃音设定播放时间段。

（7）随机播放彩铃

主叫方来电时，系统若未找到被叫用户为其设置的彩铃，则在固定的系统铃音中随机播放彩铃，还可根据时间段播放不同的彩铃。

（8）彩铃激活/去激活功能

用户申请了彩铃业务后，可以随时开启/关闭这个功能。去激活后，系统保留用户数据，但停止向主叫用户播放彩铃。再激活后，系统恢复保存的用户数据，用户仍然可以正常使用彩铃业务。

（9）彩铃复制/赠送功能

用户可将彩铃作为礼物复制和赠送给其他亲友。

彩铃业务使用场景示例：

一对男女情侣，因一个误会而走到了分手的边缘。

一天女孩拨通了男孩的电话，电话那头传来一段告白：

“曾经有一段真挚的爱情摆在我面前，我没有珍惜。失去后才追悔莫及，人世间最痛苦的事情莫过于此。如果上天在给我一个机会，我会对那个女孩说三个字：‘我爱你。’如果要在这段爱情上加一个期限，我希望是一万年！”

女孩听了很感动，说“我爱你！”

而这在这个时候男孩才接通电话，男孩说：我也爱你！

原来男孩最近刚开通了电信的彩铃业务，刚才周星驰那段经典台词只是回铃音。

男孩和女孩又因一个美丽的误会再次走在了一起。

2．运营业务管理

运营业务管理主要为运营商提供彩铃系统的铃音管理、系统数据管理、SP 管理、铃音审核、运营统计、收入统计、操作员权限管理等功能。

3．SP 资源管理

SP 资源管理为 SP 提供了铃音上传、下载、统计、审核结果查询等功能。

二、彩铃的实现

1．组网方案

为了实现多媒体彩铃业务，需要根据业务逻辑对呼叫进行控制，并结合用户设置的规则来处理并播放相应的多媒体流到主叫用户。作为完整的解决方案，多媒体彩铃业务平台还需要考虑业务用户对多媒体彩铃业务规则的订制方式（如通过 Web 或短信方式）以及业务用户数据和多媒体文件的存储。下面以中国电信的“七彩铃音”业务平台为例来介绍彩铃的组网方案，如图 5-2 所示。

中国电信的“七彩铃音”业务从层次划分上是二级架构。中央数字音乐平台主要负责 CP 的统一接入、音源的集中下发、门户的统一展现，并提供音乐下载等全国性产品。省彩铃平台主要实现省内的七彩铃音业务，用七彩铃音代替普通回铃音为用户提供增值服务，通过核心网络向主叫用户播放个性化回铃音。中央数字音乐平台和省彩铃平台之间目前通过 MGP 接口协议相连。

2．实现方式

彩铃业务的实现方式有主叫交换机触发方式、被叫交换机触发方式。

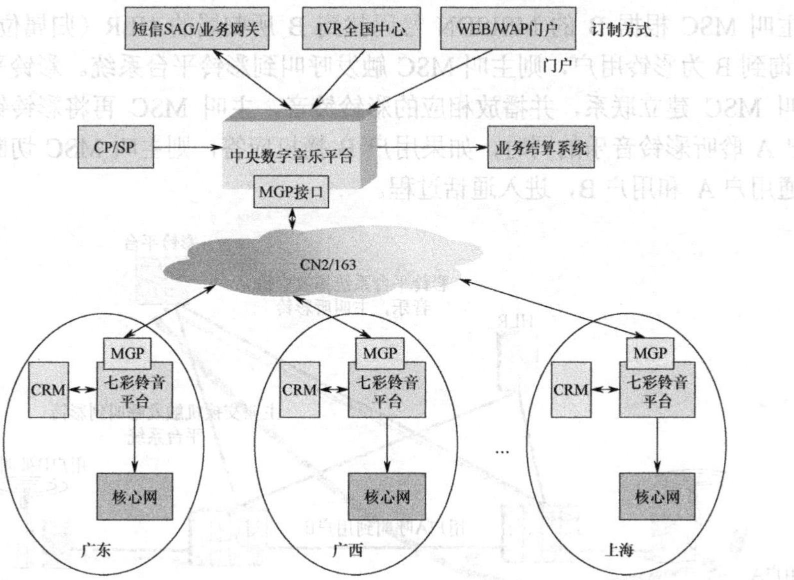

图 5-2　中国电信"七彩铃音"业务架构体系

（1）被叫触发方式下基本呼叫过程

被叫触发方式下基本呼叫过程如图 5-3 所示。

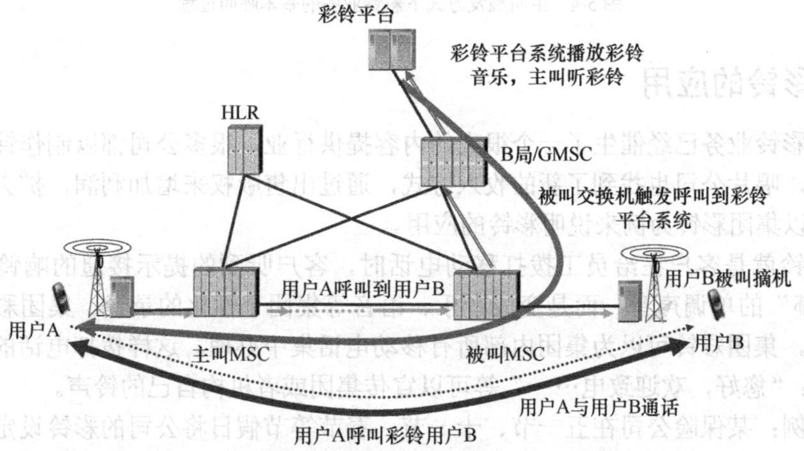

图 5-3　被叫触发方式下彩铃业务的基本呼叫过程

用户 A 呼叫彩铃用户 B，A 为主叫用户，B 为被叫用户。A 所归属的 MSC（移动交换中心）即主叫 MSC 根据 B 的 MSISDN 号码找到 B 所归属的 HLR（归属位置寄存器），在 HLR 中查询到 B 为彩铃用户，则 HLR 通知 B 所归属的 MSC 即被叫 MSC，由被叫 MSC 触发呼叫到彩铃平台系统。彩铃平台系统收到通知后与主叫 MSC 建立联系，并播放相应的彩铃铃音，主叫 MSC 再将彩铃铃音转发给用户 A。在用户 A 聆听彩铃音乐的同时，如果用户 B 摘机应答，则主叫 MSC 切断与彩铃平台的连接，接通用户 A 和用户 B，进入通话过程。

（2）主叫触发方式下基本呼叫过程

主叫触发方式下基本呼叫过程如图 5-4 所示。

用户 A 呼叫彩铃用户 B，A 为主叫用户，B 为被叫用户。A 所归属的 MSC（移动交换中心）即主叫 MSC 根据 B 的 MSISDN 号码找到 B 所归属的 HLR（归属位置寄存器），在 HLR 中查询到 B 为彩铃用户，则主叫 MSC 触发呼叫到彩铃平台系统。彩铃平台系统收到通知后与主叫 MSC 建立联系，并播放相应的彩铃铃音，主叫 MSC 再将彩铃铃音转发给用户 A。在用户 A 聆听彩铃音乐的同时，如果用户 B 摘机应答，则主叫 MSC 切断与彩铃平台的连接，接通用户 A 和用户 B，进入通话过程。

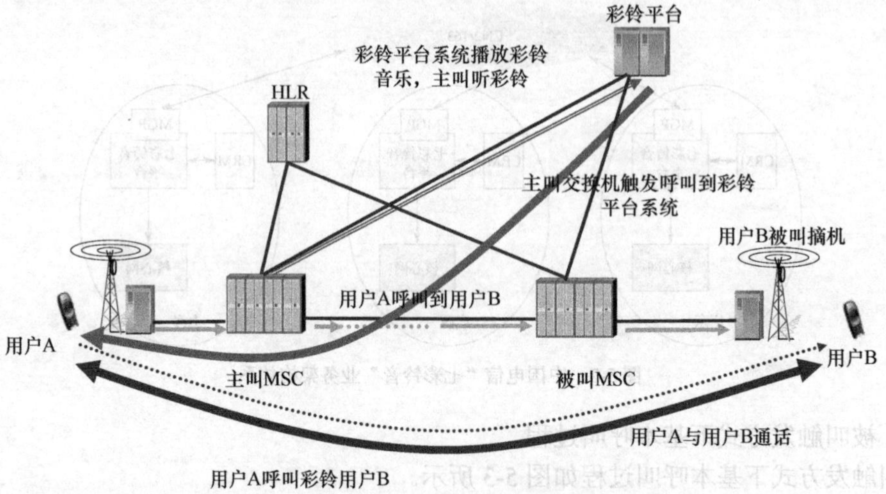

图 5-4　主叫触发方式下彩铃业务的基本呼叫过程

三、彩铃的应用

今天的彩铃业务已经催生了一个很大的内容提供行业，很多公司都以制作铃声作为收入的主要来源，唱片公司也找到了新的收入方式，通过出售版权来增加利润，扩大作品的影响范围。下面以集团彩铃为例来说明彩铃的应用。

集团彩铃就是客户在给员工拨打移动电话时，客户听到的提示接通的响铃声音不再是“嘟…嘟…嘟”的单调声音，而是变成音乐、语音等集团个性化的录音。集团彩铃和个人彩铃不同的是，集团彩铃可以为集团内部所有移动电话集中办理。这样拨打电话的人就可以直接听到类似：“您好，欢迎致电……”等可以宣传集团或者机构自己的铃声。

应用案例：某保险公司在五一节、十一节、春节等节假日将公司的彩铃设定为节日热推的保险介绍和恭贺节日的声音，让客户拨打公司电话的时候能够了解公司近期的促销热推项目，并通过简单的节日问候使客户觉得这家保险公司更加人性化、更具有亲和度，这样将增加客户对公司的好感和忠诚度。由于公司的形象得到了很大的提升，并及时提供各种保险的促销信息，年度的保险销量大大增加。

任务 3　IVR 业务

【学习要求】

（1）识记：IVR 业务的基本定义。

（2）领会：IVR 业务的实现。

（3）应用：IVR 业务的应用推广。

一、IVR 的定义

1．IVR 的定义

IVR（Interactive Voice Response）即互动式语音应答，是基于手机的无线语音增值业务的统称。移动用户只要拨打特定接入号码，就可根据操作提示收听、点播所需语音信息或者参与聊天、交友等互动式服务。从用户需求的角度来看，IVR 系统可以提供两大类服务：一种是数据服务，用户通过 IVR 向计算机系统输入和查询数据；另一种是电话服务，系统根据用户需求将用户引导到电话系统并提供用户间的语音交互服务。

由于 IVR 业务是基于手机的语音功能开展的，而语音恰恰是手机最基本的业务功能，因此 IVR 便拥有简单、易用的特点：无须注册，不用更改手机设置，用户只要拨叫服务提供商的 IVR 业务号码即可随时随地获得服务。手机作为个人通信工具具有很好的个人性、移动性和私密性。相对于手机上网、短信等增值服务，IVR 在易用性、互动性和终端普及性上都有先天的优势。

2．IVR 的分类

IVR 语音增值业务按内容分类主要分为以下几个大类。

（1）聊天交友类业务

目前聊天交友类业务占到 IVR 业务收入一半以上，因为用户的需求，聊天交友类业务永远是语音业务的主流，也是最有市场的业务种类。主要有朋友之间聊天、大众聊天、嘉宾聊天等。

（2）音乐类业务

由于大量的手机用户同时也是音乐爱好者，所以只要有丰富的音乐资源，再加上良好的业务设计和市场推广，音乐类 IVR 业务有着极好的发展前景。

（3）游戏娱乐类业务

这类业务包括知识竞猜、角色扮演类游戏、互动游戏等，但因为语音业务只能通过数字按键（选择某种方式）来交互非常简单的信息，所以业务的内容相对空泛，主要通过奖品来吸引用户参与。

（4）信息服务类业务

该业务包括生活类、健康类、体育类、新闻类等公众内容信息，还有金融证券、交通、旅游、商业、教育等行业的信息服务。

（5）通信助理类业务

针对个人有个人语音号码簿、语音留言、语音短信、信息秘书服务，满足和方便个人的通信、沟通交流的需求，并为个人提供个性化的服务。针对企业有企业语音号码簿、企业公告、信息及广告发布等满足和方便企业员工和企业客户的需求，提高工作效率和企业服务水平，提升企业形象。

另外还有体育类、新闻资讯类、测试类、媒体合作类等业务。

二、IVR 的实现

IVR 系统的典型应用就是呼叫中心，它是呼叫中心的重要组成部分。下面以 IVR 呼叫中心为例来说明 IVR 业务的实现。从整个呼叫中心的角度来看，IVR 是呼叫中心的门户，只有当 IVR 不能处理某些事情时用户才会转到人工进行咨询或者处理。而此前，所需的业务大部分由 IVR 子系统来完成。因此，IVR 系统建设的好坏将直接影响客户对呼叫中心的使用率和企业机构的工作效率。IVR 系统在呼叫中心设计和运营越好，机构的效率就越高，机构所需要的工作人员就越少，所需的运营成本就越低。

呼叫中心如图 5-5 所示。呼叫中心工作过程如下：

（1）当用户经移动网络，打电话到达 PBX（Private Branch Exchange，交换机）后，成为 SC（Service Client，服务委托人）。诞生一个新的服务请求 SR，交换机通过 CTI 链路请求 CTI（Computer Telephony Integliation，计算机电话集成）服务器路由消息，CTI 服务器根据事先定义好的路由脚本来响应请求，要求 PBX 将电话路由至 IVR 服务器；

（2）PBX 根据 CTI 的路由消息，找到一路空闲 IVR（自动技能的 SP），引导用户进行自助服务，获取相关信息；

（3）用户通过电话按键进行相关选择，并被系统所记录；

（4）如果用户觉得 IVR 不能满足其需求，按键请求人工坐席服务（某种技能的 SP）；

（5）系统为该请求寻找最合适的人工坐席，将呼叫转移到该坐席；

（6）坐席应答该呼叫，并获得系统自动弹出的一些信息，包括用户在 IVR 中的记录；

（7）坐席为用户直接提供服务，解答用户的问题（提供信息）或者记录用户的要求（记录信息）；

（8）用户认为服务完毕，挂机，服务请求（SR）消失。

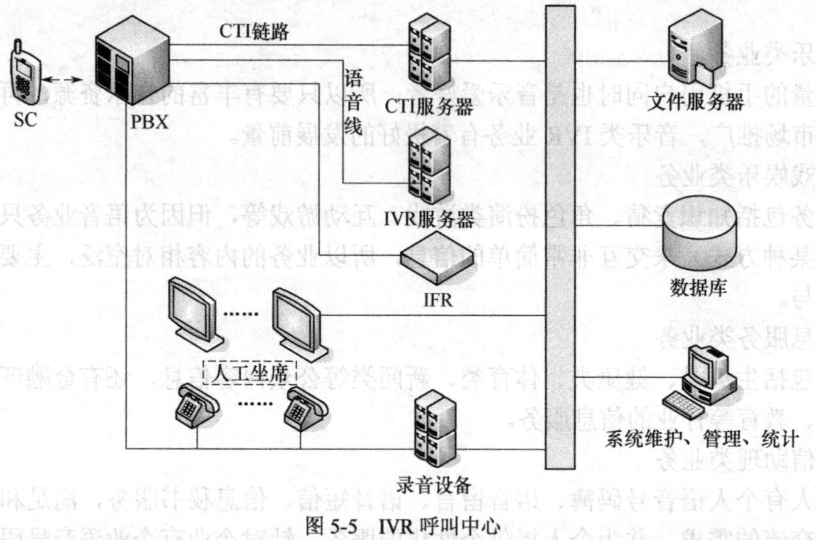

图 5-5　IVR 呼叫中心

三、IVR 的应用

IVR 可应用于许多行业，企业顾客可在任何时间打电话获取他们希望得到的信息，无须等到上班时间或联系某个固定负责人，IVR 利用先进的 CTI 技术使电话成为与企业或机构联系的桥梁，以满足这些企业或机构日益增长的提高运营效率的需要。如大家熟悉的 400、800 及 95 系列的业务都属于 IVR 业务。

400：主、被叫分摊付费业务，为被叫客户提供一个全国范围内的唯一号码，并把对该号码的呼叫转接至被叫客户事先规的定目的地（电话号码或呼叫中心）。该业务的通话费由主、被叫分摊付费。

800：又称被叫集中付费业务或免费电话业务，是企业为联系客户和宣传企业形象而开办的服务号码，用户办理 800 业务时，由电信运营商核配给 800 业务号码，当主叫用户拨打该 800 号码时，即可接通由被叫用户在申请时指定的电话，对主叫用户免收通信费用，而由被叫用户集中付费。

95×××：95×××电话是国家工业和信息化部直接管理审批，不属于当地电信运营商管理的特殊号码，主要是银行、保险等特殊单位的专用号码，95 电话与400 电话一样，可利用呼叫中心“技术集合”里的单项功能，为商家企业实现全国或本地统一号码接入，并实现 IVR 自动语音服务、智能话务分配、语音信箱及公共坐席服务，快速搭建 24 小时客服中心，打造企业服务品牌，全面提升服务形象。

任务4　POC 业务

【学习要求】

（1）识记：POC 业务的基本定义。
（2）领会：POC 业务的实现。
（3）应用：POC 业务的应用推广。

一、POC 的基本定义

1. POC 的定义

PTT（Push-to-Talk），又被称为一键通，可以快速地进行“一对一”或者“一对多”通话，就像使用对讲通话机一样。PTT（Push-To-Talk）并非一个全新的概念，其“一键通”的技术特点和用户体验在传统的无线对讲系列、集群通信中已为人们所熟悉。其特点是呼叫建立时间短，说话时才占用信道，接听时只监听信道，接收方不需要摘机即可随时接听下行的呼叫信息。

基于公众蜂窝移动通信网络的 PTT 业务称为 POC（PTT Over Cellular）业务。POC 基于 2.5G 网络（GPRS，CDMA2000 lx）或 3G 网络（WCDMA，CDMA2000 lxEV-DO），充分利用了分组网络的特性，通过半双工 VoIP 技术来实现 PTT。同时，POC 还结合了即时消息、Presence 等业务属性，成为一种综合了语音和数据的个性化业务。

知识拓展：目前三大运营商的 POC 业务主要是为政企客户服务。如中国移动的“手机对讲”业务，中国电信的“天翼对讲”，中国联通的“PPT 手机对讲”，利用电信运营商的定制手机和网络，无需购买专业通信设备，无需专门组网，手机实现一键多人通话，以低成本、快速实现了高效率的群组通信和资源调度。

2. POC 的业务特性

POC 是一种双向、即时、多方通信方式，允许用户与一个或多个用户进行通信。用户按下 PTT 键与某个用户通话或广播到一个群组的参与者那里。在该初始语音完成后，其他参与者可以响应该语音消息。POC 采用的是半双工通信，每次最多只能有一个人发言，其他人接听。

POC 的业务特性如下。

（1）POC 群组可以是预先定义的，也可以是临时建立的，或者类似聊天室的方式，用户自行加入聊天组。

（2）用户通过请求发言权实现发言，发言权的控制有一套严格的控制机制。

（3）发言权由 POC 业务实体授予，如果在一段时间（可由业务提供商设置）之后用户没有发言，发言权将会超时而失效。

（4）POC 业务实体可以在其他被叫用户接受会话邀请之前，先给发起用户发送指示，如果没有用户接收到媒体流，POC 参与者可以获得提示。

（5）POC 可以与 Internet 现有类似语音性质的业务进行交互，如在线游戏，包括音频功能的即时消息等。

3．与传统对讲系统的对比

传统的数字集群对讲是专业对讲系统，需行业自建；POC 性能虽较集群略差，但以其成本及通信范围优势可作为集群有益的补充和备份。POC 业务与传统对讲系统的对比如表 5-1 所示。

表 5-1　POC 业务与传统对讲系统的对比

	模拟对讲机	数字集群对讲机	手 机 对 讲
覆盖范围	小：3km 左右	较小：集群网络覆盖范围，仅能在一线城市城区使用	大：移动网络覆盖范围，可全国范围使用
业务性能	基本没有通话时延	接续时延 0.7s 通话时延小于 1s	接续时延 1～2s 通话时延 1～2s
安全性	差：频率设置一致即可通信	高：专用网络、群组管理	较高：数字通信、群组管理
终端成本	低：300～2000 元	高：7000～9000 元	由手机成本决定，最低 800 元

二、POC 的实现

POC 系统包含以下主要组成部分。

POC 客户端：手机（CDMA、GSM/GPRS、UMTS 等）、个人计算机（PC、PDA 等）。

POC 系统服务器：控制交换机（Control Switch：呼叫控制）和用户数据库服务器（Active Directories：保存用户数据、好友名单、群组列表等）。

包数据承载接入网络（如 CDMA1X 数据网络）：无线接入网络、PDSN 包数据服务网络、GPRS 服务网络、EDGE、UMTS、802.11b 或其他高性能 IP 承载接入网络（可由任意提供商提供）。

IP 传输网络：连接接入网络、POC 系统服务器及个人计算机客户端。

图 5-6 示意了 POC 的逻辑架构，从总体而言，POC 是一种通过客户端—服务器机制实现的端到端的业务，主要由 POC 服务器和 POC 客户端协同完成。POC 服务器是实现 POC 的核心部件，它通过对语音 IP 流进行分发控制来实现 POC 的基本功能，而 XML 文件管理、呈现（Presence）和自动配置（Provisioning）业务引擎则为 POC 提供群组、用户状态呈现和业务自动配置方面功能的支持（Presence 和 Provisioning 在 POC 业务中并不是必选

功能）。

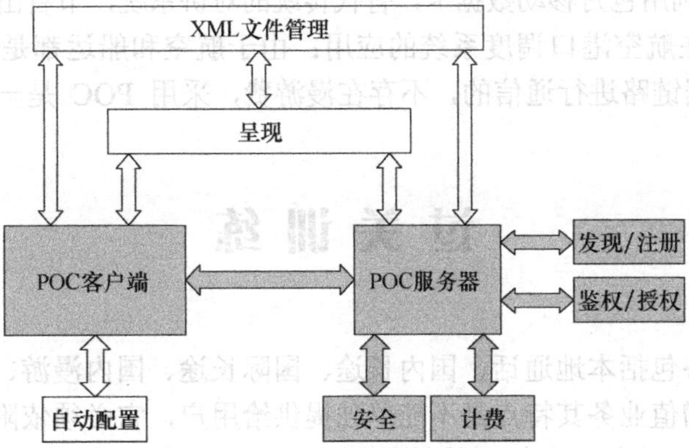

图 5-6　POC 的逻辑架构

POC 客户端给用户提供了必要的用户界面，并实现客户端所需的控制和语音处理功能，需要注意的是，POC 客户端需要支持 XML 文件管理、呈现和自动配置（如果提供呈现和自动配置功能的话）的相关功能，另外 POC 业务的实现还需要发现/注册、鉴权/授权、安全及计费等功能支撑。

三、POC 的应用

在国内，电信运营商提供的 POC 业务融合了传统移动语音通信、无线集群通信和短信业务。POC 手机可在界面上设置类似于 QQ 或 MSN 的好友列表，可设置多个群组，并能随意修改个人在线或隐身等状态。既能选择某个人单聊，也可实现与 3 人以上的群组共同对话，还能进行普通语音通信，从而同时满足了用户对群组通信、对讲漫游和实时通信的需求。目前 POC 在国内并没有大范围的商用，主要是在集团市场中有所应用，如物流调度、出租车调度、物业管理、公共场所应急服务等。

（1）POC 在交通方面的应用：交通警察通过 POC 向中心汇报各个路段的情况，中心对整体信息进行汇总，再通知各个路段进行调节；在交通事故现场，通过 POC 可以即时地向中心汇报情况，并通过传送现场照片到中心，中心根据现场情况指导现场进行处理，并安排救援工作；对违规车辆的汇报和查询。

（2）POC 在城市管理方面的应用：管理人员利用 POC 可以在城市的任何地方向中心或同事进行语音通信、协调工作，提升了数字城管的信息化建设水平；向中心实时汇报工作。

（3）POC 在公安方面的应用：现有的公安对讲系统只能覆盖一个城市，对于多个城市进行查案时，可以利用 POC 进行协调协调工作；在发生紧急情况时，可以即时通知周边的同事或中心；PTT 软件可以安装到公安现有的设备中，做到一机多用，可以减少公安人员携带的设备。

（4）POC 在物流配送业的应用：快递人员通过 POC 可以向中心或其他城市的同事进行沟通，即时了解物品派送的情况及其他工作事宜；混凝土公司通过 PTT 根据多个工地现场情况对运送混凝土的车辆进行实时调度，充分利用现有的运输车辆，确保不浪费；货运公司司机在遇到困难时，结合 GPS 定位系统，利用 POC 可以向中心或附近的同事进行求助。

（5）POC 在出租车调度方面的应用：出租车司机利用 POC 可以和同事进行沟通，协调运输客人工作；调度中心可以根据 GPS 的位置信息，利用 POC 调度附近的出租车；利用 POC 进行对讲，可以充分利用包月移动数据卡，替代传统的对讲系统，节省出租车通信的成本。

（6）POC 业务在航空港口调度系统的应用：由于航空和船运都是跨城市，甚至跨国家的，POC 是通过数据链路进行通信的，不存在漫游费，采用 POC 是一种比较经济实惠的通信方式。

过关训练

一、填空题

1．语音通信业务包括本地通话、国内长途、国际长途、国内漫游、________等功能。

2．基于语音的增值业务其特点是不能单独提供给用户，它必须依附于________业务。

3．闭合用户群指具有几个相同特性的用户组成一个组，组内成员拥有相同的呼叫特性，如只允许组内成员间互相呼叫和接收组外用户呼入，但无法呼叫组外用户。闭合用户群业务允许一个用户加入________闭合用户群。

4．彩铃（Coloring Ring Back Tone，CRBT）也叫________业务，是指用户在被呼叫时，为主叫用户播放个性化定制的音乐或录音，来代替普通的回铃音。

5．IVR（Interactive Voice Response）即_________，是基于手机的无线语音增值业务的统称。

6．IVR 系统的典型应用就是________，它是呼叫中心的重要组成部分。

7．基于________的 PTT 业务称为 POC 业务。

二、简答题

1．简述语音基本业务有哪些？

2．简述语音增值业务有哪些？

3．简述彩铃系统提供的业务功能。

4．简述 IVR 业务的分类。

5．简述 POC 业务的特点。

模块六

移动消息类相关业务认知及应用

【内容简介】

本模块介绍移动消息类业务 SMS、MMS、移动邮件及即时通信的基本定义、业务的实现、业务的应用推广。

【重点难点】

重点掌握 SMS、MMS、移动邮件及即时通信的实现与应用。

【学习要求】

（1）识记：SMS、MMS、移动邮件及即时通信的基本定义。

（2）领会：SMS、MMS、移动邮件及即时通信的业务实现。

（3）应用：SMS、MMS、移动邮件及即时通信的业务应用推广。

随着全球移动通信业务的快速发展，包括多媒体消息、移动电子邮件及移动即时通信等消息类业务作为移动语音之外的重要业务，受到了用户的欢迎和使用。

任务 1 SMS 业务

【学习要求】

（1）识记：SMS 业务的基本定义。

（2）领会：SMS 业务的使用流程。

（3）应用：SMS 业务的应用推广。

一、SMS 的基本定义

1. SMS 的定义

SMS 是 Short Message Service 的缩写，意思为短消息服务，也就是手机之间可相互传送的承载文字、数字和符号的数据流，短消息的长度通常被界定在 140Byte 之内。

近些年来，移动通信迅猛发展的用户数及其完善的基础网络，为移动通信增值业务的发展提供了有利条件。在诸多移动通信业务中，短消息服务（Short Message Service，SMS）因其价格低廉、使用方便、信息传递准确及时、存储转发离线通信等优点而备受用户欢迎。

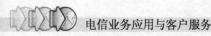

严格地说，在这种业务模式中，运营商只提供端到端的透明数据承载通道供移动终端传输其应用层消息，故初期所提供的短信息业务属于移动数据基本业务，后期移动运营商CP、SP 合作，利用短信的承载通道开展的点播业务、消息订阅等信息内容服务，开创了移动数据增值业务。这使得短信业务进入了一个高速发展时期，目前短信及其增值业务已成为移动运营商除语音业务外最主要的利润来源。

2．SMS 的特点

信息容量小：SMS 采用存储转发方式，其承载通道为控制信令通道，故消息容量不大。一条消息的最大长度为 140Byte，即 140 个英文字符或者 70 个汉字，并且其信息表现形式单一。GSM Phase2+所规范的增强型短信业务（Enhanced Message Services，EMS）将多个 SMS 通道联合使用，可以发送 10 余倍于短信的信息，使短信业务从传送文本扩展到传送黑白图片、简单动画和铃声下载，但其承载的信息量还是极为有限的。EMS 实现方式与 SMS 一样，无需升级 SMS 的网络基础设施，只要扩展 SMS 中用户分组的数据首部（UDH）即可。

价格低廉：SMS 使用信令信道作为传送信道。在移动用户打电话时，SMS 使用的是慢速随路控制信道 SACCH；若移动用户未分配任何一个传送信道，则使用独立专用控制信道 SDCCH。从传输速率的角度考虑，这两种信道都是慢信道。由于不占用普通语音信道，具有带外传输的优势，因此 SMS 价格低廉，对用户极具吸引力。

可靠性较高：短消息发送端的用户可以知道短消息是否已经到达接收端。由于短消息依靠了短消息中心（SMSC）的存储转发机制，当接收端用户关机或不在服务区时，SMSC 会暂时保存该短消息。接收端用户如果在规定时间（通常为 24 小时）内重新处于工作状态，SMSC 会立刻发送短消息给接收端用户，当发送成功时会返回发送端用户一个确认信息。

3．SMS 分类

SMS 通常分为两种类型：Point-To-Point（点对点）和 Point-To-Multipoint（点对多点）。点对点短消息业务是目前应用最广泛的短消息类型，又可以分为 MO（Mobile Originated）和 MT（Mobile Terminated）两类。

MO 表示该短消息是从源 MS（Mobile Station）端通过短消息中心 SMSC 发往短消息实体（SME）。SME 可以是其他移动终端，也可以是固网用户、Internet 上的 PC 等。MT 表示该短消息从 SMSC 发往 MS。

此外，根据 SMS 平台支持的业务类型，可以将 SMS 业务分为 7 类，如表 6-1 所示。

表 6-1　　SMS 业务分类

业务类型	点播指令	订购指令	退订指令	订购关系	典型服务	收费方式	业务代码限制
手机点播类	需要	——	——	——	铃声下载、图片下载	按条收费、免费	业务代码前无任何符号
手机定制类	——	需要	需要	需要	移动交友、新闻、天气信息	包月、按条收费、免费	业务代码前为“-”
网站点播类	——	——	——	——	铃声下载、图片下载	包月、按条收费	业务代码前无任何符号
网站定制类				需要	新闻类	按条收费、免费	业务代码前为“-”
STK 点播类	需要				天气信息、地址搜索	按条收费、免费	业务代码前为“+”

续表

业务类型	点播指令	订购指令	退订指令	订购关系	典型服务	收费方式	业务代码限制
STK 定制类	——	需要	需要	需要	新闻类、天气信息	包月、按条收费、免费	业务代码前为“+”
帮助信息类	——	——	——	——	帮助信息、登录口令	免费	业务代码前无任何符号

（1）手机点播类

这是最普遍的一种点播（Information On Demand，IOD）类业务，用户通过上行一条 MO 点播指令，然后 SP 接收到点播指令后，向用户回复一条业务信息。这种业务不需要用户订购，因此不需要订购指令和退订指令，只需要点播指令，并且业务只能以按条计费方式提供，不能包月计费。最典型的业务就是天气信息，用户通过上行一条 MO，然后 SP 下发一条天气情况信息，每一次点播计一次业务费用。本月有点播就有收费，没有点播就没有收费。另外本业务要每次点播后最大下行 MT 条数限制，对于扩展短信，有可能需要多条短信组合而成，因此在业务申请时要求填写发送频率这一项。此类业务代码前无任何符号，10 位代码全部供 SP 使用。

（2）手机定制类

这种业务是需要订购的业务，用户在使用这种业务时必须使用手机以 MO 方式进行订购，所以这种业务必须同时具备订购指令、退订指令。用户在使用这种业务前，先要订购，用户订购了业务后，SP 可以定时向用户下发信息，也可以让用户通过上行 MO 的方式使用业务。因为需要订购，所以本业务类型允许包月计费和按条计费。典型的业务如移动交友、新闻、天气预报等。对于按条计费的方式的定制业务，有发送频率限制的要求，在业务申请时要填这个参数，一般为每月发送条数。此类业务代码前为“-”号，只有 9 位供 SP 使用。

（3）网站点播类

这种业务的特点是由用户主动点播的，但不是通过上行 MO 的方式点播的，用户可以通过 WWW 网站进行点播，因此，这类业务不需要点播指令，也不需要订购指令和退订指令，SP 在处理这类业务时，当用户通过 WWW 网站点播后，必须先向平台请求一个 LinkID，然后再通过短信下发业务信息，在下发时，一定要把这个 LinkID 提交给短信网关 ISMG，不然业务会无法下发。这种业务是按条计费的，不需要用户订购。每一次点播产生一次业务费用。最典型的业务就是铃声下载，用户在网站上先欣赏铃声，然后点播下载到手机，这时用户就会从手机上收到这条铃声。同样本业务也要求每次点播后最大下行 MT 条数限制，对于扩展短信，有可能需要多条短信组合而成，因此在业务申请时要求填写发送频率这一项。此类业务代码前无任何符号，10 位代码全部供 SP 使用。

（4）网站定制类

这类业务与手机定制的不同点在于用户是通过网站来订购的，而不是通过上行 MO 的方式，因此这类业务不需要点播指令，也不需要订购指令和退订指令。这种业务多为包月方式计费，但也可以设置为按条计费。对于按条计费的方式，有发送频率限制的要求，在业务申请时要填这个参数，一般为每月发送条数。最典型的应用是新闻类业务，用户在网站上订购后，每天 SP 会按时向用户发送最新新闻，而不需要用户再做其他操作，只要用户不取消订购，该业务按月计费。此类业务代码前为“-”号，只有 9 位供 SP 使用。

（5）STK 点播类

这种业务的特点与手机点播类相似，也是需要用户通过 MO 上行点播使用业务，不同的是这种业务的点播指令已烧录在 STK 卡内，用户不需要通过短信方式发送信息，而只需要从 STK 菜单中选取业务使用就可以了。此类业务需要点播指令，其指令固化在 STK 卡内。此类业务代码前为“+”号，只有 9 位供 SP 使用。

（6）STK 定制类

这种业务的特点与网站类相似，也是需要先订购业务，然后 SP 会定期下发信息给用户。只是订购业务不需要再使用手机发送短信或是到网站上订购，只需要选择 STK 卡的菜单就可以了。这种业务必须同时具备订购指令、退订指令，其指令固化在 STK 卡内。此类业务代码前为“+”号，只有 9 位供 SP 使用。

（7）帮助信息类

这是为了让 SP 向用户免费下发一些业务使用方面的帮助信息或是下发类似登录口令等业务信息而设置的，此业务不需要用户订购，必须设置为免费使用，对于此类业务，DSMP 不做订购关系鉴权处理，原则上每个 SP 最多可申请 2 个这种业务，中国移动公司会对此类业务进行严格控制，当发现 SP 有大量使用此类型业务下发广告信息时，将按相关管理办法进行处理。这种业务不需要用户订购，因此不需要订购指令和退订指令，不需要点播指令，并且业务只能以免费方式提供。此类业务代码前无任何符号，10 位代码全部供 SP 使用。

二、SMS 的实现

1. SMS 基本系统结构

由于短信业务（Short Message Service，SMS）在 2G 时代就已经存在，下面以 2G 网络中的 GSM 网络为例来介绍 SMS 的体系结构。SMS 基本系统结构如图 6-1 所示。

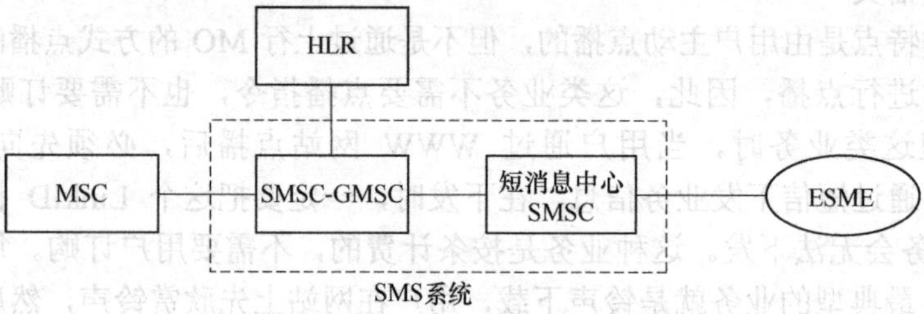

图 6-1　SMS 基本系统结构图

SMSC：Short Message Service Center，短消息服务中心，负责在基站和移动用户之间中继、储存或转发短消息；移动台到 SMSC 的协议能传输来自移动台或朝向移动台的短消息，协议名为 SMTP（Short Message Transmission Protocol）。

SMS-GMSC：SMS-Gateway MSC，短信网关，可简写为 SMG，接收由 SMSC 发送的短消息，向 HLR 查询路由信息，并将短消息传送给接收者所在基站的交换中心。

HLR：Home Location Register，归属位置寄存器，用于永久储存管理用户和服务记录的数据库，由 SMSC 产生。SMS 网关与 HLR 之间的协议使前者可以要求 HLR 搜索可找到的用户地址。它与 MSC 与 HLR 之间的协议一起，能在移动台因超出覆盖区而丢失报文，随后又可找到时加以提示。

MSC：Mobile Switching Center，移动交换中心，负责系统切换管理并控制来自或发向其他电话或数据系统的拨叫。

ESME：Extend Short Messaging Entity，扩展短消息实体，它可以接收或改善短消息，位于固话系统、移动基站或其他服务中心内，如人工台/自动台、资讯平台等。

2．短信网关

在 SMS 业务发展的初期，一般采用 SP 直接与某一个 SMSC 连接，由 SMSC 直接通过信令网发送短信给用户的方式。但当 SP 的短信息服务业务量很大时，全部短信都由与 SP 直连的 SMSC 负责转发，造成该 SMSC 负荷极大，难以满足业务发展的需要。而且 GSM 网的规范做法是由用户归属地的 SMSC 负责用户短信业务的转发，如果该 SMSC 与提供服务的 SP 没有连接，当用户采用短信点播申请短信息服务时，上行短信无法发送到该 SP。因此，随着业务的发展，信息类短信的转发也要求采用 GSM 网的规范做法，即由用户归属地的 SMSC 负责用户短信息服务的发送。但是如何将大量 SP 接入到各地的 SMSC 上，如何保证接入的一致性及安全性，如何为用户提供优质的服务，是这一阶段业务发展需要解决的主要问题。引入短信网关，在短信网关参与的模式下，短信网关作为专业化的信息分配及管理者实现 SP 与 SMSC 之间的交互。

（1）短信网关组网结构

短信网关的组网结构如图 6-2 所示。

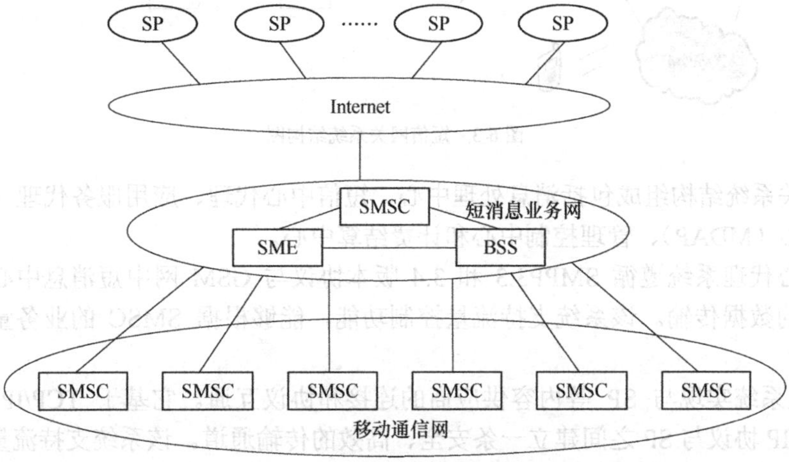

图 6-2 短信网关的组网结构图

短信网关的组网结构可分为 3 个层面：最上面是信息源的提供者，通常称之为 SP 层；第二层是短消息业务网，在该层面上，各 TSMG/SMG 之间通过 Internet（或专线）实现互联，实现短消息内容的全网服务；第三层是移动网络（如 GSM 网）中各地省分公司的短消息中心 SMSC，由各地负责各种业务的短消息实体构成。SP 与 SMG 平台之间相连的 SMSC 称作本地 SMSC，和异地 SMG 平台相连的 SMSC 称作异地 SMSC。与 SMG 平台之间相连的 SP 称作本地 SP，和异地 SMG 平台相连的 SP 称作异地 SP，从本地 SMSC 向本地 SP 以及从本地 SP 向本地 SMSC 发送的消息直接由 SMG 转发。从本地 SMSC 向异地 SP 以及从本地 SP 向异地 SMSC 发送的消息由本地 SMG 路由到异地 SMG 后，再由异地 SMG 转发。在 SP 层中，各 SP 通过局域网、专线方式或通过 Internet 与 SMG 连接，SP 与 SMG 之间的接口协议采用 SGIP 协议和 HTTP 协议。1 个 SMG 可连接多个 SP，一般 1 个 SP 只连接 1 个 SMG。

（2）短信网关系统结构

短信网关系统结构图如图 6-3 所示。短信网关可以为 SP 与短消息中心之间数据交换提供一条安全、快捷的通道，以便手机用户利用短信方式与 SP 双向通信，接收 SP 提供的信息服务，同时完成相应计费采集的功能。

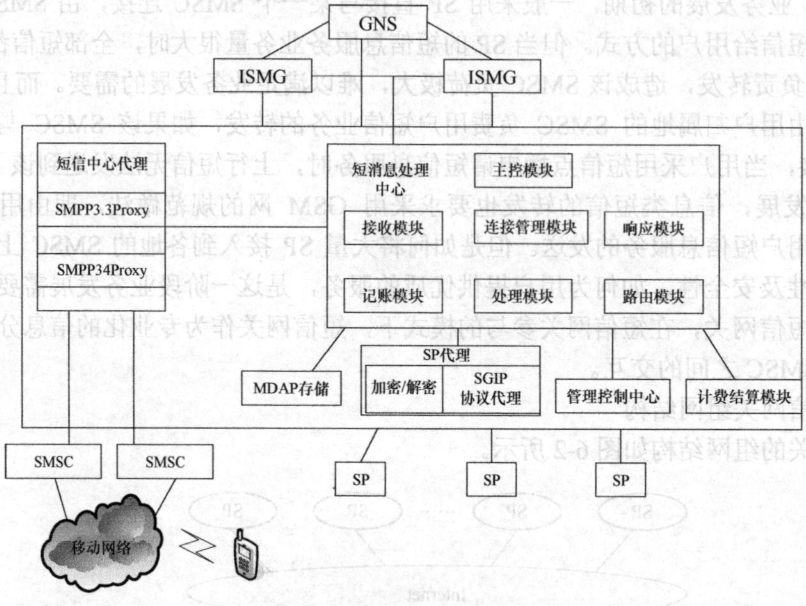

图 6-3　短信网关系统结构图

短信网关系统结构组成包括消息处理中心、短信中心代理、应用服务代理（SP 代理）、消息存储中心（MDAP）、管理控制中心和计费结算中心。

短信中心代理系统遵循 SMPP3.3 和 3.4 版本协议与 GSM 网中短消息中心连接，实现高效、可靠的数据传输。该系统支持流量控制功能，能够根据 SMSC 的业务量进行发送流量控制。

SP 代理系统实现与 SP 等内容供应商的连接和协议互通。它基于 TCP/IP 协议基础之上，利用 SGIP 协议与 SP 之间建立一条安全、高效的传输通道。该系统支持流量控制功能，能够根据本身的业务量进行接收流量控制。

消息处理中心系统完成网关的业务处理，包括向网关路由服务器 GNS（Gateway Naming Server）进行路由查询，在本地建立短信网关 ID、用户手机号码、SP ID 及其 IP 地址对应表的缓存，建立用户手机号码段与 SMSC（短信中心）地址的对应表，完成对数据分发功能的支持、计费原始话单的提供及处理等。

短信网关计费/结算中心提供短信网关的原始话单记录（CDR），管理控制中心包括业务管理和网管监控功能。业务管理主要完成对业务的统计报告、生成报表、运营者对用户数据的添加、修改、删除等；网管监控主要完成对网关系统的监控、查询、操作和维护的管理。

3．短信网关业务流程

（1）MO 业务流程

MO 是指由手机用户提交的短消息。它的业务流程分为没有前转和有前转两种。

没有前转的 MO 业务流程示意图如图 6-4 所示，图中的数字表示业务流程，各部分流程

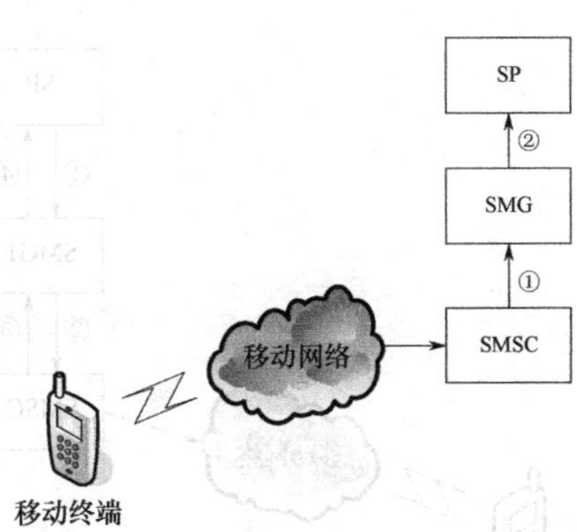

图 6-4　没有前转的 MO 业务流程示意图

说明如下。

① SMSC 收到移动终端发出的 MO 后，向 SMG 发出请求，SMG 收到来自 SMSC 的请求后，根据请求中的 SP 接入号码（命令代码）查找 SP。

② 若提供服务的 SP 即与本 SMG 相连，则 SMG 将 MO 提交给提供服务的 SP，在得到 SP 成功接收消息的确认后 SMG 处生成 MO 话单，此话单用于对用户收费。

有前转的 MO 业务流程如图 6-5 所示，图中的数字表示业务流程，各部分流程说明如下。

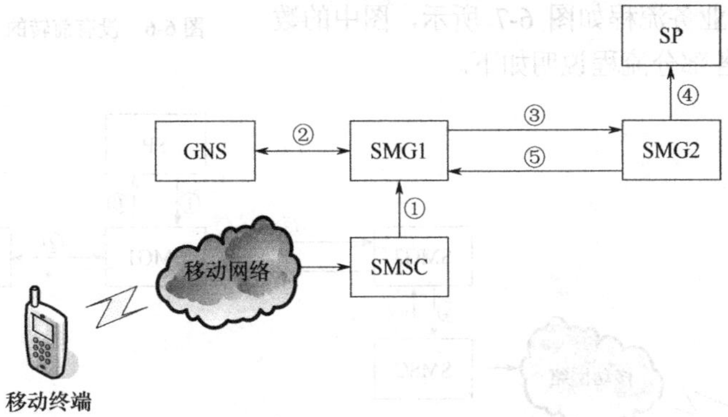

图 6-5　有前转的 MO 业务流程示意图

① SMSC 收到移动终端发出的 MO 后，向 SMG1 发出请求，SMG1 收到来自 SMSC 的请求后，根据请求中的 SP 接入号码（命令代码）查找 SP，若提供服务的 SP 不与 SMG1 相连，且在 SMG1 保存的全网路由表中查到该 SP 与 SMG2 相连，则直接到第③步。

② 若提供服务的 SP 在 SMG1 保存的路由表中查不到，则 SMG1 向 GNS 发起查询请求，GNS 返回路由信息。

③ SMG1 将 MO 转发给提供服务的 SP 所属的 SMG2，在等待 5 分钟后未收到 SMG2 的出错反馈报告，则 SMG1 处生成 MO-F 话单，此话单用于对用户收费。

④ SMG2 将 MO 提交给提供服务的 SP，在得到 SP 成功接收消息的确认后 SMG2 处生成 MO 话单，此话单用于对账和结算。

⑤ 若 SP 由于关闭服务或其他原因拒绝接收 MO 消息，SMG2 将返回出错反馈报告给 SMG1，SMG1 收到这个报告后将不生成 MO-F 计费话单。

（2）MT 业务流程

MT 是由手机用户接收的短消息。它的业务流程也分为没有前转和有前转两种。没有前转的 MT 业务流程如图 6-6 所示，图中的数字表示业务流程，各部分流程说明如下。

① SP 将 MT 业务数据发送给 SMG，SMG 根据付费手机号码查找此手机号码段归属的 SMSC。

② 若付费手机号码归属的 SMSC 直接与本 SMG 相连，则 SMG 将 MT 消息发送给该 SMSC。若此条 MT 消息长度超过了单条短消息的长度，SMG 要负责将它分解成适合短消息

长度的包后再发送给 SMSC。

③ 无论移动终端接收 MT 消息成功与否，SMSC 都要向 SMG 发回反馈报告。若 MT 消息被移动终端成功接收，则 SMG 收到反馈报告后要生成 MT 话单，此话单用来对付费手机号码用户收费。对于②中提到的需要在 SMG 处分包的长消息，只有在所有包都被用户接收后才合并产生一条 MT 话单。

④ 若 MT 消息未被成功接收，或在传送过程中出错，则 SMG 收到反馈报告后不能产生此条消息的话单，且 SMG 向发起 MT 业务的 SP 发送 Report 消息报告 MT 消息发送出错。

图 6-6　没有前转的 MT 业务流程示意图

有前转的 MT 业务流程如图 6-7 所示，图中的数字表示业务流程，各部分流程说明如下。

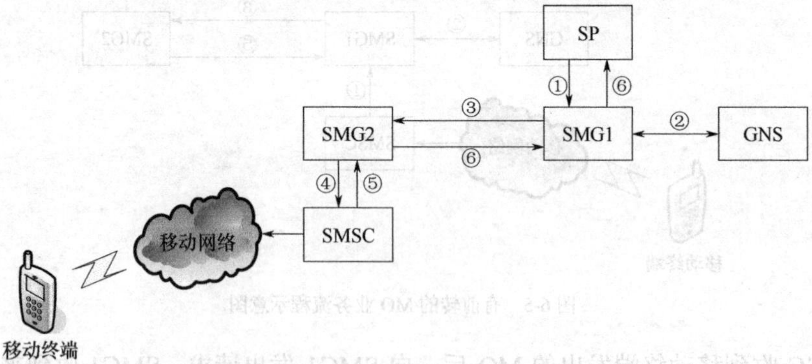

图 6-7　有前转的 MT 业务流程示意图

① SP 将 MT 业务数据发送给 SMG1，SMG1 根据付费手机号码查找此手机号码段归属的 SMSC，若付费手机号码归属的 SMSC 不与 SMG1 相连，且在 SMG1 保存的全网路由表中查到该 SMSC 与 SMG2 相连，则直接到第③步。

② 若付费手机号码归属的 SMSC 在 SMG1 保存的路由表中查不到，则 SMG1 向 GNS 发起查询请求，GNS 返回路由信息。

③ SMG1 将 MT 转发给付费手机号码所属的 SMG2。

④ SMG2 将 MT 消息发送给付费手机号码归属的 SMSC，若此条 MT 消息长度超过了单条短消息的长度，SMG2 要负责将它分解成适合短消息长度的包后再发送给 SMSC。

⑤ 无论移动终端接收 MT 消息成功与否，SMSC 都要向 SMG2 发回反馈报告。若 MT 消息被移动终端成功接收，则 SMG2 收到反馈报告后要生成 MT 话单，此话单用来对付费手机号码用户收费。对于②中提到的需要在 SMG 处分包的长消息，只有在所有包都被用户接收后才合并产生一条 MT 话单。若 MT 消息未被成功接收，或在传送过程中出错，则 SMG2 收到反馈报告后不能产生此条消息的话单。

⑥ 无论 SMG2 收到发送成功或发送失败的反馈报告，它都必须向 SMG1 反馈状态报告。若 SMG1 收到的是发送成功的状态报告，则生成 MT-F 话单，若为出错信息，则不能生成 MT-F 话单。SP 是否要接收状态报告，由 SP 自己选择。

三、SMS 的应用

SMS 业务最初构想的是作为一种高级的寻呼业务，具有基本的发送和接收短消息的功能。在基础 GSM 电话业务的支持下，SMS 业务及其应用已经有了进一步的扩充。事实上，SMS 业务已经是当前比较健全的通用的承载业务，它可以支持大部分的增值业务。

（1）最基本的短消息发送功能，不过发送端必须设置短信中心号码并且要在手机上编辑一些信息，发送时输入对方手机号码即可。

（2）信息查询和点播，发送特定格式的短消息给特定的短消息实体 SME 号码。

（3）交易业务，如手机银行和电子钱包业务，能在用户手机上提供一定的菜单和信息加密功能，具体内容见模块十任务 1。

（4）提供手机个性化服务的铃声和开机画面下载功能。

（5）E-mail 到达通知。

（6）移动 QQ 消息。

（7）基于短消息的游戏、电视节目互动。

（8）广播业务，基于 SMS 的小区广播功能。

SMS 毫无疑问是一项大部分增值业务和用户应用都需要的灵活的、通用的业务。然而使用 SMS 可交换的信息量不大。简言之，从标准的角度考虑，不能指望 SMS 作为今后的承载业务。作为 SMS 的替代和增强业务，彩信 MMS 不仅实现了简单文本的传输，还实现了图片、声音、视频等多媒体内容的传输，成为下一代移动通信网中重要的承载业务。

【说一说】你碰到的关于短信业务的那些事。

任务 2　MMS 业务

【学习要求】

（1）识记：MMS 业务的基本定义。

（2）领会：MMS 业务的使用流程。

（3）应用：MMS 业务的应用推广。

自 2002 年以来，多媒体短消息业务——MMS 就以极高的频率进入人们的视野。MMS 已经被业界公认为是 GPRS 和 3G 市场启动与发展的关键推动力，它将非常有力地推动移动通信业务的发展。

一、MMS 的基本定义

1. MMS 的定义

MMS（Multimedia Messaging Service）意为多媒体短消息业务，即人们常说的彩信，是按照 3GPP 的标准（3GPP TS 23.140）和 WAP 论坛的标准（WAP-206 和 WAP-209）开发的新业务，最大的特色就是支持多媒体功能。多媒体短消息业务在 2.5G 或 3G 网络的支持下，以 WAP 无线应用协议为载体传送视频片段、图像、声音和文字，支持语音、Internet 浏览、

E-mail、视频会议等多种高速数据业务，实现实时的手机端到端、手机端到 Internet 或 Internet 到手机端的多媒体信息传送。

MMS 在概念上与 SMS 非常相似，可以认为是 SMS 向多媒体的演进。但与 SMS 不同的是，MMS 对于信息内容的大小或复杂性几乎没有任何限制。MMS 不但可以传输文字短消息，还可以传送图像、视频和音频。

2. SMS、EMS 和 MMS 的区别

（1）SMS

目前 SMS 只是在手机内建立一段文字后再发送给朋友，简单、方便、易用。这种短信的长度被限定在 140Byte 之内。SMS 以简单、方便的使用功能受到大众的欢迎，却始终是在内容和应用方面存在技术标准的限制。

（2）EMS

EMS 的优势除了可以像 SMS 那样发送文本短信之外，还可发送简单的图像、声音和动画等信息，仍然可以运行在原有的 SMS 网络上，发送途径和操作也没有差别。该标准属于开放式的，任何对 EMS 感兴趣的第三方公司或个人都可以在此平台上开发应用软件和服务。

EMS 是 SMS 的增强版本，也使用信令信道，通过短信中心存储和转发短信，实现原理也比较相似，无须对基础网络进行升级。从 SMS 向 EMS 的升级是透明的，实施 EMS 对短信中心几乎没有任何影响。

EMS 对短信中心所做的最大修改是运营商计费系统，毕竟 EMS 和 SMS 属于不同类别的业务，一条 EMS 短信的容量可能是 SMS 的好几倍，在 EMS 中有些格式的字占用的空间也比 SMS 大很多，在这种情况下，短信中心就需要增加一些模块，记录相关的技术值并生成相应的呼叫详情记录。

（3）MMS

MMS 在概念上与 SMS 和 EMS 非常相似，可以理解为是 SMS 向多媒体的演进。但从技术上来看，MMS 是封装在 WAP 协议之上的高层应用程序，利用这种高层应用程序实现包括图像、音频信息、视频信息、数据及文本等多媒体信息在内的信息传送。

在 GPRS 环境中，附属于 GPRS 承载体的终端是“永远在线”的，它在任何时候都准备透明地（相对于用户而言）传送或接收数据，这样一来，检查 MMS 是否发送成功的任务就落到了用户头上，对于每一次分组数据业务，其相应的成本也会比 SMS 高。

SMS，EMS 和 MMS 的技术对比如表 6-2 所示。

表 6-2　SMS，EMS 和 MMS 的技术对比

<table>
<tr><th></th><th>SMS</th><th>EMS</th><th>MMS</th></tr>
<tr><td>发送文字</td><td>支持</td><td>支持</td><td>支持</td></tr>
<tr><td>发送单色图片</td><td>不支持</td><td>支持</td><td>支持</td></tr>
<tr><td>发送彩色图片</td><td>不支持</td><td>不支持</td><td>支持</td></tr>
<tr><td>发送铃声</td><td>不支持</td><td>支持</td><td>支持</td></tr>
<tr><td>发送音频流</td><td>不支持</td><td>不支持</td><td>支持</td></tr>
<tr><td>手机接收</td><td>无需设置</td><td>无需设置</td><td rowspan="2">设置多媒体短信中心服务器的 URI、专用的 GPRS 账号</td></tr>
<tr><td>手机发送</td><td>设置 SMS 短信中心号码</td><td>设置 SMS 短信中心号码</td></tr>
<tr><td>需要支持 GPRS</td><td>否</td><td>否</td><td>是</td></tr>
</table>

3. MMS 的传输内容

MMS 可包括以下 4 种传输内容。

（1）文本

MMS 传输文本的长度在理论上是不受限制的。但实际上，手机允许输入多少文本与网络的传输带宽有关。

（2）图像

MMS 支持标准的 JPEG、GIF 图像，也支持 GIF 动画格式。这意味着 MMS 的图像表现力能得到极大的提高。在文本中加入图像制作生动有趣的消息对 MMS 来说非常简单。

（3）音频

在 MMS 中音频的使用将更加广泛。可以将图像、文本加上音频之后再传给其他用户，使消息内容更加丰富。

（4）视频

受到 2.5G 网络（GPRS 或 CDMA2000 1x）传输速率的限制，MMS 只能传输几秒到十几秒的视频片段，这么短的视频只适合于电影预告片、一两个精彩射门镜头或者视频广告的播放。通过 3G/4G 网络的支持，MMS 将能采用流媒体技术观看整部的电影。

二、MMS 的实现

1. MMS 的体系结构

多媒体短消息业务不依赖于具体的网络平台，无论是 GSM，还是 GPRS、EDGE、UMTS、LTE 都可以支持 MMS 业务。多媒体短消息可以集成已有的消息系统，不同网络之间的连接可以通过 IP 技术和相关的消息协议来完成，这样保证不同无线网络对多媒体消息系统的兼容性。

多媒体消息系统包括 MMS 终端、MMSC（多媒体消息业务中心）、MMS 用户数据库、外部应用服务器、增值应用服务器及非 MMS 终端支撑应用系统。此外，为配合提供多媒体消息服务，需要 WAP 网关、GSM/GPRS 网络资源等设备的支持，还要和现网的短消息中心、短消息网关系统、计费系统、网管系统互联。多媒体短消息系统架构如图 6-8 所示。

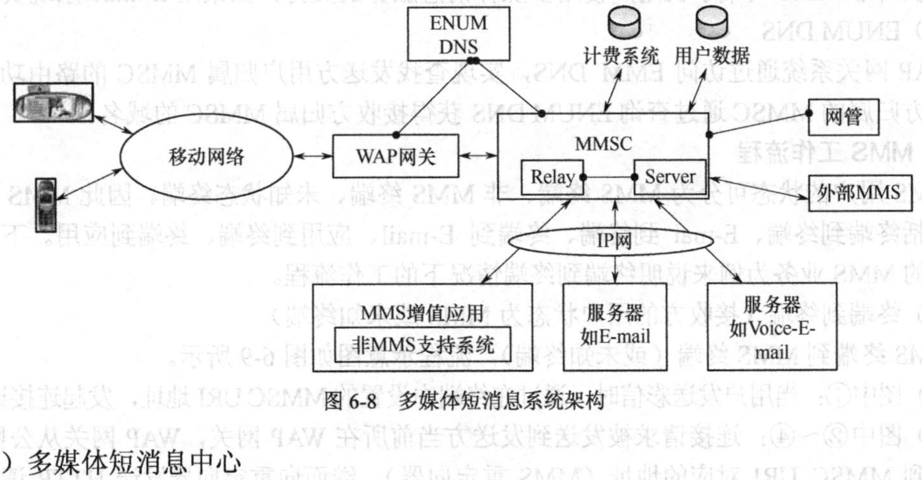

图 6-8　多媒体短消息系统架构

（1）多媒体短消息中心

多媒体短消息中心（Multimedia Messaging Service Center，MMSC）是整个多媒体消息系统

的核心，包含 MMS 服务器和 MMS 中继的功能，对多媒体消息进行协议转换、内容适配、存储和调度，完成多媒体消息在不同多媒体设备之间的传递操作；同时，生成业务服务使用记录，作为原始计费的依据。其中，MMS 服务器负责存储和处理到来和离开方向上的多媒体短消息。MMS 服务器可以和外部网络的 E-mail 服务器、SMS 服务器等通过标准的接口协同工作，为用户提供丰富的服务类型。MMS 中继器负责在不同的消息系统之间传递消息，以整合处于不同网络中的各种类型的服务器。MMS 中继器和 MMS 服务器还具有地址解析功能和临时存储多媒体消息的功能，保证多媒体消息在成功地传送到另一个 MMSE 实体之前不会丢失。

（2）MMS 终端/MMS 用户代理

MMS 终端通过 MMS 用户代理（MMS UserAgent）得到多媒体消息服务。MMS 用户代理是应用层上的一个功能实体，位于 MMS 终端或者与 MMS 终端直接相连的外部设备上，提供用户浏览、编辑、处理多媒体消息等功能，以及发送、接收、删除等操作，可以看作是 MMS 的一个客户端，多媒体消息可以包含文本、图像、声音等数据。

（3）WAP 网关

MMS 不能在 SMS 的传输信道进行传送，因为 SMS 的传输信道对于传送多媒体来说太窄了。在协议层，MMS 使用 WAP 无线会话协议作为传输协议。为了在 MMS 信息传输中使用 WAP 协议，需要一个 WAP 网关来连接 MMSC 和无线网络。

（4）MMS 用户数据库

MMSC 可以接入多个用户数据库，包括用户特征数据库、签约信息数据库、HLR 等。用户特征数据库存储签约用户爱好及终端类型以提供个性化的服务；签约信息数据库存储签约用户订制信息的菜单等；HLR 用于查找目标 MMS 用户当前所登录的 MMSC。

（5）外部应用服务器

多媒体消息中心支持与多种外部应用的连接，可以将一些已存在的消息系统扩展到多媒体消息应用上，如 E-mail 和语音信箱（Voice-E-mail）。

（6）增值应用服务器

基于多媒体消息平台的增值应用平台，支持增值应用开发，提供增值业务。

（7）非 MMS 终端支撑系统

提供对非 MMS 终端手机用户使用多媒体消息服务的支持，如采用 E-mai1 系统实现。

（8）ENUM DNS

WAP 网关系统通过访问 EMM DNS，实现查找发送方用户归属 MMSC 的路由功能，以及发送方归属的 MMSC 通过查询 ENUM DNS 获得接收方归属 MMSC 的域名。

2．MMS 工作流程

MMS 用户的状态可分为 MMS 终端、非 MMS 终端、未知状态终端。因此 MMS 的业务流程包括终端到终端、E-mai 到终端、终端到 E-mail、应用到终端、终端到应用。下面以中国移动的 MMS 业务为例来说明终端到终端情况下的工作流程。

（1）终端到终端（接收方的用户状态为 MMS 或未知终端）

MMS 终端到 MMS 终端（或未知终端），流程示意图如图 6-9 所示。

（a）图中①：当用户发送彩信时，通过在终端中设置的 MMSC URI 地址，发起连接请求。

（a）图中②～④：连接请求被发送到发送方当前所在 WAP 网关，WAP 网关从公网 DNS 上解析到 MMSC URI 对应的地址（MMS 重定向器），继而向重定向器发送 HTTP 请求，其中包含发送方用户 MSISDN，重定向器返回发送方用户归属 MMSC 的地址。之后，WAP 网关将请求包发往发送方归属 MMSC。

（a）图中⑤：MMSC1 收到消息后，首先判断接收方用户的归属 MMSC，若接收方用户归属另外一个 MMSC2，则把消息转发给该 MMSC2。

（a）图中⑥～⑧：接收方用户归属 MMSC 将检查接收方的用户状态，若为 MMS 终端或未知终端，则下发 push 通知。

（a）图中（1）～（4）：接收方用户收到此 push 通知后会发起 WAP 连接，自动连接到 MMSC2 上提取此条彩信。

（b）图中（6）：若接收方用户在 10 分钟之内未成功提取彩信，则 MMSC2 将彩信转到接收方用户的梦网邮箱，同时仍然保留消息。

（b）图中（7）～（9）：梦网邮箱系统收到彩信后，利用邮件到达通知的方式给接收方用户发送短信通知。

10 分钟之后，接收方用户可以从 MMSC2 上提取彩信（图（a）中消息（1）～（4）），同时还可以登录梦网邮箱系统查看彩信（图（b）中消息①）。

如果在 48 小时（彩信的有效期）内接收方用户仍然没有到 MMSC2 提取彩信，则 MMSC2 将删除彩信，用户只能登录梦网邮箱来查看彩信内容。

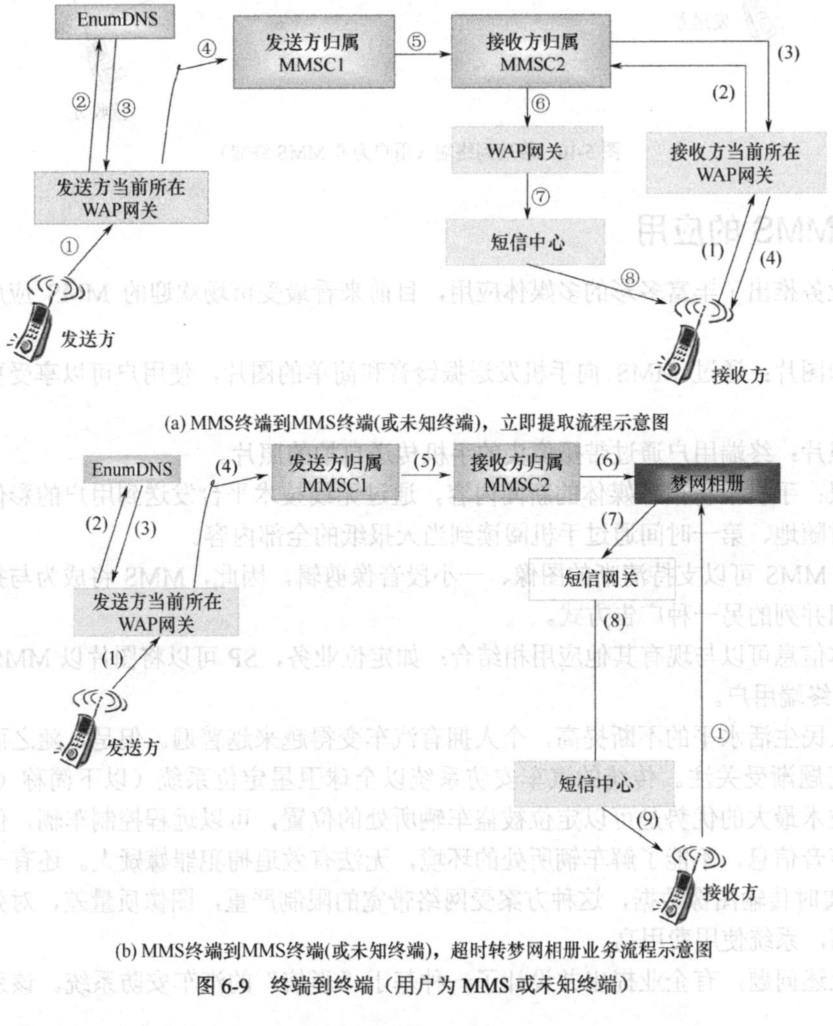

图 6-9　终端到终端（用户为 MMS 或未知终端）

（2）终端到终端（接收方的用户状态为非 MMS 终端）

终端到终端（用户为非 MMS 终端），流程示意图如图 6-10 所示。

图中（6）：接收方归属 MMSC 收到彩信后，检查接收方的用户状态，若为非 MMS 终端，则直接把彩信发送到接收方用户的梦网邮箱。

图中（7）～（9）：梦网邮箱系统收到彩信后，利用邮件到达通知的方式给接收方用户发送短信通知。

图中①：接收方用户可登录梦网邮箱接收彩信。

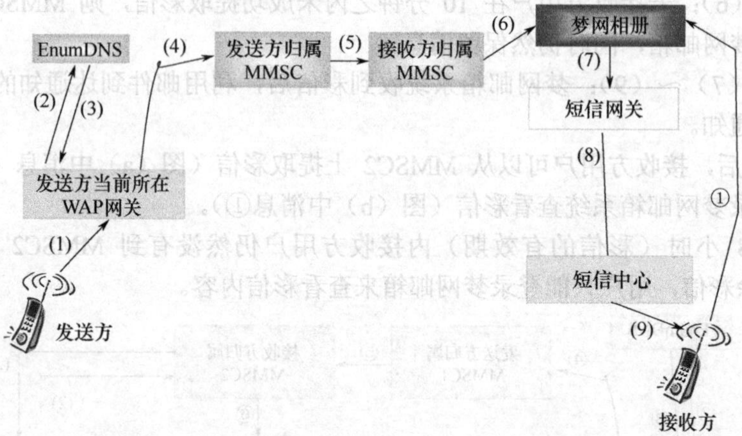

图 6-10　终端到终端（用户为非 MMS 终端）

三、MMS 的应用

彩信业务推出了丰富多彩的多媒体应用，目前来看最受市场欢迎的 MMS 应用包括以下几种。

铃声和图片：通过 MMS 向手机发送振铃音和简单的图片，使用户可以享受更高质量的服务。

自拍照片：终端用户通过带摄像头的手机传送自拍的照片。

手机报：手机报将报纸媒体的新闻内容，通过无线技术平台发送到用户的彩信手机上，使用户随时随地、第一时间通过手机阅读到当天报纸的全部内容。

广告：MMS 可以支持清晰的图像、一小段音像剪辑，因此，MMS 将成为与报刊、杂志和互联网相并列的另一种广告方式。

多媒体信息可以与现有其他应用相结合：如定位业务，SP 可以将图片以 MMS 的方式发送给 MMS 终端用户。

随着人民生活水平的不断提高，个人拥有汽车变得越来越普遍。但是，随之而来的车辆频繁被盗问题渐受关注。传统的汽车安防系统以全球卫星定位系统（以下简称 GPS）为核心，这种技术最大的优势是可以定位被盗车辆所处的位置，可以远程控制车辆，但是无法获取图像、声音信息，不能了解车辆所处的环境，无法有效追捕犯罪嫌疑人。还有一些系统使用 GPRS 实时传输图像数据，这种方案受网络带宽的限制严重，图像质量差，对处理器运算能力要求高，系统使用费用高。

针对上述问题，有企业提出并设计了一种基于“彩信”的汽车安防系统。该系统利用了中国移动的 MMS 业务、短消息业务，无线网络覆盖面大，使用费用低廉，操控方法简单。图 6-11 所示为基于 MMS 的汽车安防系统的应用框图，用户在远程通过短信控制本系统，系统通过在车辆内适当部位安装的摄像头、麦克风获得高质量的图像语音信息，制作成 MMS，通过专门针对低成本嵌入式系统研发的 MMS 发送程序将 MMS 发送到用户的终端，从而使用户能更清晰地掌握车辆内外的状况。

图 6-11　彩信汽车安防系统

任务 3　移动邮件业务

【学习要求】

（1）识记：移动邮件业务的基本定义。
（2）领会：移动邮件业务的实现。
（3）应用：移动邮件业务的应用推广。

电子邮件一直是互联网的主要应用，随着互联网的快速发展，每天都会产生巨大的电子邮件交换量。2008 年年底，中国网民就平均拥有 E-mail 账号 3.4 个，网民平均每周收到电子邮件就已经达到 24.7 封（不包括垃圾邮件），发出电子邮件 16.0 封。随着手机逐渐具备了越来越强的计算能力和越来越高的存储能力，移动电子邮件成为移动业务与传统互联网业务融合的新增值应用。

一、移动邮件的基本定义

移动邮件业务指用户使用手机收发邮件的业务。目前移动邮件业务都支持 Push 功能，即一旦用户有新的邮件，系统通过邮件到达通知主动通知用户，手机则根据邮件到达通知自动收取新邮件，这种业务形式不需要用户经常去查寻自己的邮箱是否有新邮件到达，因此也不用时时在线，节省大量的网络资源。由于移动邮件的这种 Push 功能，通常也称作 Push Mail 业务。

移动邮件业务通常分为两类：个人邮件业务和企业邮件业务。个人邮件业务指的是由电信运营商自己开展的面向移动用户的邮件业务，如中国移动的梦网邮箱。企业邮件业务包括移动运营商为中小企业客户提供托管式的移动邮件服务，如中国移动的 ADC 手机邮件业务和企业内部使用的专用邮件系统，这类企业一般规模较大，有自己专用的邮箱系统，这种业务模式一般按照集团用户资费标准进行收费。

由于这两类邮件服务提供的方式不同，实现移动邮件服务的解决方案也有所不同。主要差别是个人邮件业务采用非加密通道的通信方式，企业邮箱则通常采用通道加密技术（如SSI）进行邮件的传送。

知识小拓展：目前三大运营商都已经开通了手机邮箱业务。中国移动的手机邮箱后缀为@139.com；中国电信的手机邮箱后缀为@189.cn；中国联通的手机邮箱后缀为@wo.com.cn。

二、移动邮件的实现

1. 网络结构

图 6-12 给出了移动邮件业务系统网络结构，包含了面向个人/企业用户的移动邮件业务。从图中我们可以看到，移动邮件业务中涉及的网元主要有移动邮件客户端、移动邮件系统和移动邮件代理。

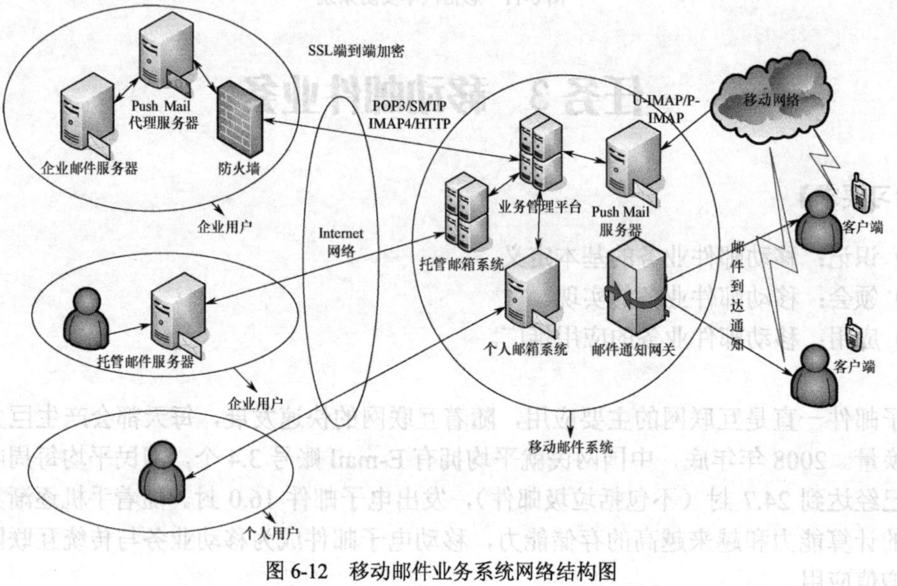

图 6-12　移动邮件业务系统网络结构图

移动邮件客户端：主要是配合终端进行邮件的收发以及对本地邮件进行操作的客户端软件。

移动邮件系统：主要负责互联网邮箱的邮件获取、邮件处理、邮件推送、移动邮件代理的数据转发、终端内容适配等。

移动邮件代理：主要用于企业邮件业务中。其功能和移动邮件服务器功能类似，主要区别在于移动邮件代理位于企业防火墙后，负责企业内部邮箱（如 Exchage、Domino 邮件系统），也可以理解为轻量级的移动邮件服务器。

邮件通知网关负责下发邮件到达通知。

对于个人邮件业务，移动邮件系统直接和个人邮箱相连。

其中，个人/企业邮箱系统与移动邮件系统之间可以支持多种协议（如邮件接收协议：POP3、IMAP4 等；邮件发送协议：SMTP 等）方式实现邮件接收、发送功能。移动邮件系统通过 Push 消息的方式通知移动邮件终端接收邮件，移动邮件终端通过邮件传送协议（如 U-IMAP、P-IMAP 协议等）实现与移动邮件系统间的邮件发送功能，随着技术的发展，移动邮件终端与移动邮件系统之间还将支持其他的邮件收发协议。

目前移动邮件系统有多种方式进行邮件到达通知的推送，主要有Push、WAP Push两种。

Push是采用由短信中心发送普通短信的方式把主要内容为发件人、邮件主题、邮件到达时间等信息传递给用户。用户可选择回复一个特定内容的短消息（如回复A到移动邮件系统接入码1000），移动邮件系统收到该短信后将该邮件全部信息（不包括附件）通过短信中心以一条或多条短信的方式发送给用户。

WAP Push请参考本书模块八任务2关于WAP业务的介绍。

2．业务流程

（1）业务信息更改

业务信息更改流程，如图6-13所示。

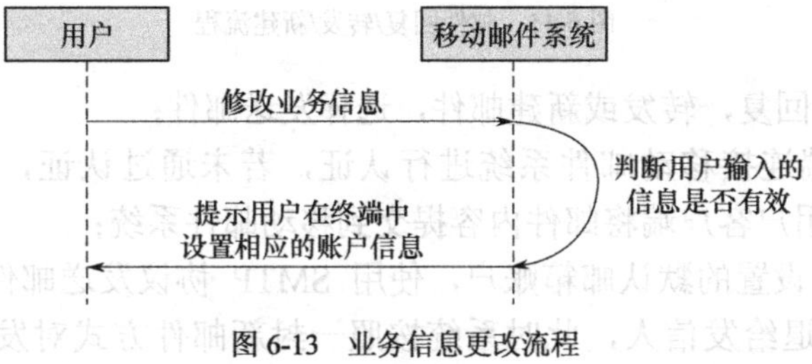

图6-13　业务信息更改流程

① 用户通过WAP/Web浏览器访问移动邮件系统，或者在手机客户端上选择业务更改功能；并更改POP3/IMAP4和SMTP服务器上的用户名和密码及默认邮件账户等信息。

② 移动邮件系统判断用户输入的信息是否有效。

③ 若无效，则提示用户重新输入；若有效，则移动邮件系统修改用户记录中的相关信息，并提示用户在终端中设置相应的账户信息。

（2）接收邮件流程

接收邮件流程，如图6-14所示。

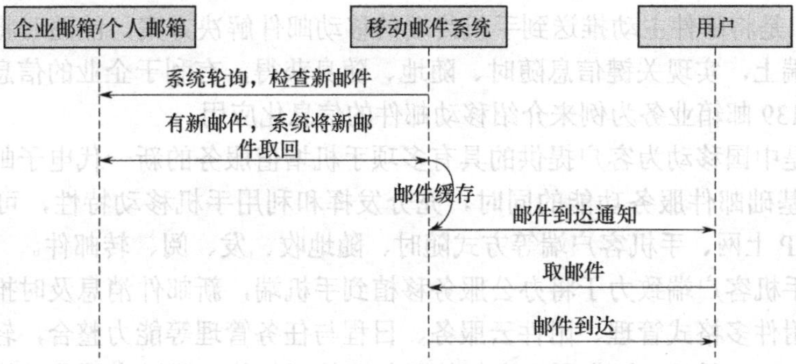

图6-14　接收邮件流程

① 移动邮件系统向企业邮箱或个人邮箱定时轮询，邮箱内是否有新邮件；

② 有新邮件，则系统将邮件取回，放入系统缓存区；

③ 系统推送邮件到达通知给用户；

④ 手机向移动邮件系统请求指定邮件标识的邮件；

⑤ 移动邮件系统将缓存邮件的邮件标题和正文部分发送给用户；

⑥ 接收到指定邮件的标题和正文。

（3）邮件回复/转发/新建流程

邮件回复/转发/新建流程，如图 6-15 所示。

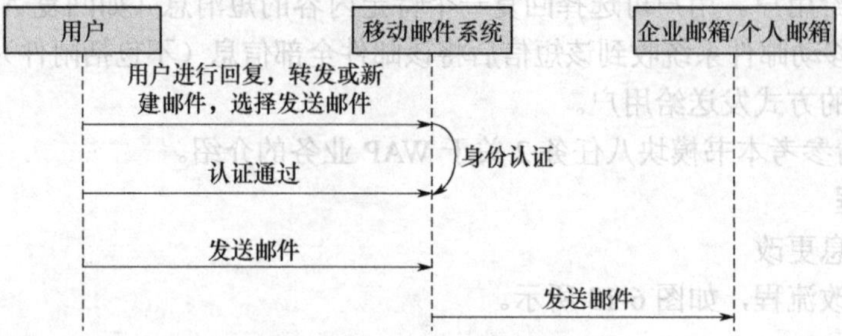

图 6-15 邮件回复/转发/新建流程

① 用户在客户端回复，转发或新建邮件，选择发送邮件；

② 用户在客户端连接移动邮件系统进行认证，若未通过认证，则显示错误信息给用户；若通过认证，则用户客户端将邮件内容提交到移动邮件系统；

③ 系统用该用户设置的默认邮箱账户，使用 SMTP 协议发送邮件到用户目的邮箱，若发送不成功，则把信退给发信人，此时系统按照一封新邮件方式对发信人进行邮件到达通知，发信用户按照接收邮件流程选择接收被退回的邮件。

三、移动邮件的应用

移动邮件采用 Push Mail 技术为移动用户提供手机邮件服务的业务，在 Push Mail 出现之前，常用的接收 E-mail 方式是用户手动拨号上网，收取邮件，这是一种 Pull（拉）技术。如果说以前的 Pull（拉）技术是用户去找信息，那么 Push（推）技术就是将信息主动的送到用户端的技术，用户不用做任何的操作。信息主动的去找用户，简单方便，用户体验非常好。

Push Mail 是将邮件主动推送到手机终端的移动邮件解决方案，能随时将企业邮件推送到用户手机终端上，实现关键信息随时、随地、随身获得，有利于企业的信息化进程。下面以中国移动的 139 邮箱业务为例来介绍移动邮件的信息化应用。

139 邮箱是中国移动为客户提供的具有多项手机增值服务的新一代电子邮箱业务，在具备常规互联网基础邮件服务功能的同时，充分发挥和利用手机移动特性，可直接地通过短信、彩信、WAP 上网、手机客户端等方式随时、随地收、发、阅、转邮件。

139 邮箱手机客户端致力于将办公服务移植到手机端，新邮件消息及时推送，通过多邮箱账号管理、附件多格式管理、附件云服务、日程与任务管理等能力整合，轻松脱离计算机的束缚。如图 6-16 所示，把集团客户邮件服务器的新邮件，通过中国移动推送平台建立的安全连接，主动推送到相应用户手机终端上的业务形式。用户可以在手机上查看邮件正文和附件，还可通过手机终端回复、转发和撰写电子邮件以处理公司事务。能够提高用户工作效率，降低企业信息化成本。

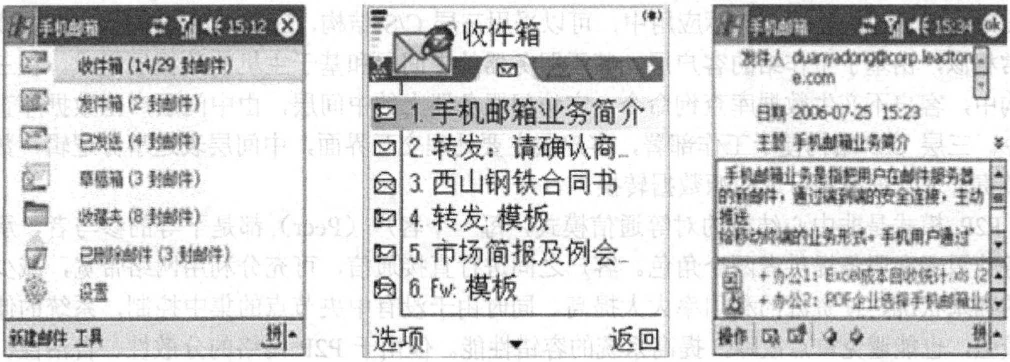

图 6-16　139 邮箱的信息化应用

任务 4　即时通信业务

【学习要求】

（1）识记：即时通信业务的基本定义。

（2）领会：即时通信业务的实现。

（3）应用：即时通信业务的应用。

一、即时通信的基本定义

即时通信又称即时消息（Instant Messaging，IM），是依靠因特网和手机短信，以沟通为目的，通过跨平台、多终端的通信技术来实现一种集声音、文字、图像的低成本、高效率、综合型的“通信平台”。除了基本的文字聊天、多方聊天、语音聊天和视频聊天功能外，IM 的功能日益丰富，逐渐集成了电子邮件、博客、音乐、电视、游戏和搜索等多种功能，多功能和综合化已成为 IM 业务的发展趋势。IM 不再是一个单纯的聊天工具，它已经发展成集交流、资讯、娱乐、搜索、电子商务、办公协作和企业客户服务等为一体的综合化信息平台。

移动通信的即时通信服务就是在传统的基于 Web 的通信系统的基础上，把手机的短信和手机移动互联网结合起来，使用户通过手机终端，也能够方便地与他人以短信、移动互联网来进行即时的信息交流。它突破了传统 Web 界限，把即时信息转移到移动互联网上面，使用户通过短消息或移动互联网，实现更即时的交流。

二、即时通信的实现

即时通信是一种基于网络的通信技术，涉及 IP/TCP/UDP/Sockets、P2P、C/S、多媒体音视频编解码/传送、Web Service 等多种技术手段。无论即时通信系统的功能如何复杂，它们大都基于相同的技术原理，主要包括客户机/服务器（C/S）通信模式和对等通信（P2P）模式。

C/S 结构以数据库服务为核心将连接在网络中的多个计算机形成一个有机的整体，客户机（Client）和服务器（Server）分别完成不同的功能。但在客户机/服务器结构中，多个客户机并行操作，存在更新丢失和多用户控制问题。因此在设计时要充分考虑信息处理的复杂程度来选择合适的结构。实际应用中，可以采用三层 C/S 结构，三层 C/S 结构与中间件模型非常相似，由基于工作站的客户层、基于服务器的中间层和基于主机的数据层组成。在三层结构中，客户不产生数据库查询命令，它访问服务器上的中间层，由中间层产生数据库查询命令。三层 C/S 结构便于工作部署，客户层主要处理交互界面，中间层表达事务逻辑，数据层负责管理数据源和可选的源数据转换。

P2P 模式是非中心结构的对等通信模式，每一个客户（Peer）都是平等的参与者，承担服务使用者和服务提供者两个角色。客户之间进行直接通信，可充分利用网络带宽，减少网络的拥塞状况，使资源的利用率大大提高。同时由于没有中央节点的集中控制，系统的伸缩性较强，也能避免单点故障，提高系统的容错性能。但由于 P2P 网络的分散性、自治性、动态性等特点，造成了某些情况下客户的访问结果是不可预见的。例如，一个请求可能得不到任何应答消息的反馈。

当前使用的 IM 系统大都组合使用了 C/S 和 P2P 模式。在登录 IM 进行身份认证阶段是工作在 C/S 方式，随后如果客户端之间可以直接通信则使用 P2P 方式工作，否则以 C/S 方式通过 IM 服务器通信，如图 6-17 所示。

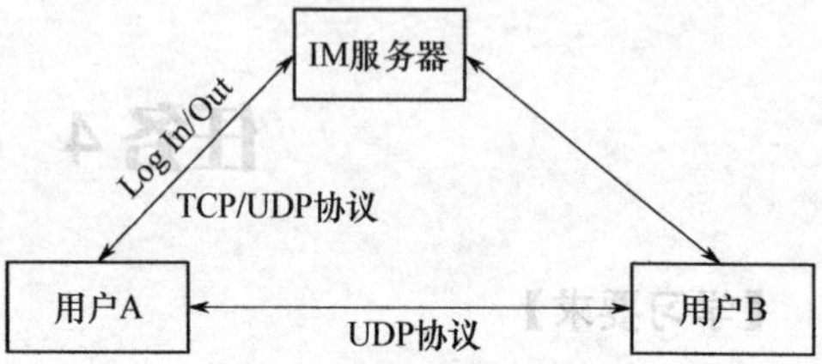

图 6-17　IM 技术原理

三、即时通信的应用

随着移动互联网的发展，互联网即时通信也在向移动化扩张。目前，微软、AOL、Yahoo、UcSTAR 等重要即时通信提供商都提供通过手机接入互联网即时通信的业务，用户可以通过手机与其他已经安装了相应客户端软件的手机或计算机收发消息。

现在国内的即时通信工具按照使用对象分为两类：一类是个人 IM，如腾讯 QQ、腾讯微信、百度 hi、移动飞信等。通过个人 IM 文字消息、音视频通话、文件传输等功能，用户可通过它找到志同道合的朋友，并随时与好友联络感情；另一类是企业用 IM，简称 EIM，如 RTX、EC 企业即时通信软件 UcSTAR、商务通等。

下面就以最近特别流行的腾讯微信为例，详解一下其实现的过程。

微信是腾讯公司于 2011 年年初推出的一款通过网络快速发送语音短信、视频、图片和文字，支持多人群聊的手机聊天软件。用户可以通过微信与好友进行形式上更加丰富的类似于短信、彩信等方式的联系。微信软件本身完全免费，使用任何功能都不会收取费用，使用微信时产生的上网流量费由网络运营商收取。因为是通过网络传送，因此微信不存在距离的限制，即使是在国外的好友，也可以使用微信对讲。

1．微信的特点

特色功能：支持发送语音短信、视频、图片（包括表情）和文字；支持多人群聊，最高 20 人；支持查看所在位置附近使用微信的人；支持微博、邮箱、漂流瓶、语音记事本、QQ 同步助手等插件功能。

多平台：支持 iPhone、Android、Windows phone、塞班平台的手机之间相互收发消息。

省流量：图片、语音和视频优化，1MB 可发约 1000 条文字信息，1000 秒语音信息，约 1 分钟视频信息；后台运行只消耗约 2.4KB/h。

2．微信的实现过程

微信的实现过程如图 6-18 所示。

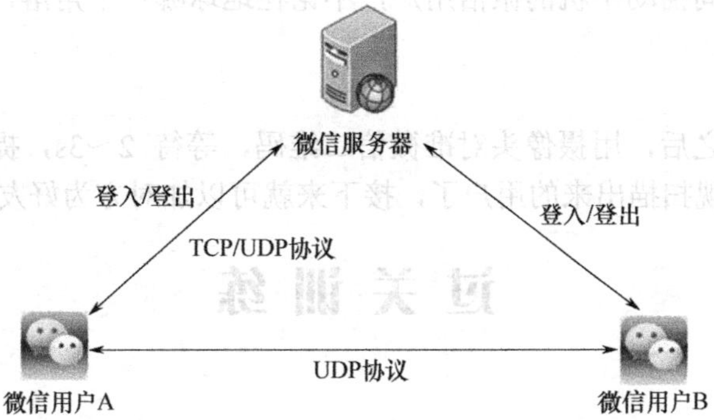

图 6-18　微信的实现过程

（1）登录

不管 UDP 还是 TCP，最终登录成功之后，微信都会有一个 TCP 连接来保持在线状态。

（2）聊天消息通信

采用 UDP 协议，通过服务器中转方式。因此现在的 IP 侦探在用户仅仅跟对方发送聊天消息的时候是无法获取到 IP 的。UDP 协议是不可靠协议，它只管发送，不管对方是否收到，但它的传输很高效。但是作为聊天软件，怎么可以采用这样的不可靠方式来传输消息呢？于是，腾讯公司采用了上层协议来保证可靠传输。如果客户端使用 UDP 协议发出消息后，服务器收到该包，需要使用 UDP 协议发回一个应答包。如此来保证消息可以无遗漏传输。之所以会发生在客户端明明看到“消息发送失败”但对方又收到了这个消息的情况，就是因为客户端发出的消息服务器已经收到并转发成功，但客户端由于网络原因没有收到服务器的应答包引起的。

（3）文件/自定义表情传送

微信可以传送文件，可以发送表情，包括自定义表情和官方表情。先说官方表情，官方表情实际发送的是命令字，而没有发送表情。客户端收到命令字后，会自动解释为对应的表情。自定义表情的传送是以文件传输方式进行的。例如，A 要向 B 发送一个文件，于是 A 发出一个文件传送请求，服务器收到这个文件传送请求后，转发给 B，同时在 B 应答后，将 A 的 IP 地址同时发送给 B，B 这个时候就得到了 A 的真实 IP，这里的 IP 是 A 的本机 IP。也就是说，如果 A 处在内网，B 得到的地址就是一个内网地址。B 得到了 A 的地址之后，就会尝试去连接 A。如果 B 也处于内网，那么显然 A 跟 B 之间的连接是无法建立的。这个时候，客户端就会请求服务器进行文件中转。因为服务器具有公网 IP，处在内网的 A 跟 B 都是可以连接到服务器的，于是 A 跟 B 的文件传送就通过服务器中转的方式顺利进行。

3．特色功能

除了即时通信的功能，微信还具备以下比较有特色的功能：

（1）查看附近的人

微信将会根据用户的地理位置找到附近同样开启这项功能的人，使用户轻松找到身边正在使用微信的他们。这个距离在 100～1 000m，只要是开启了查看附近的人的微信用户，都能在列表中看到。

（2）摇一摇

摇一摇是微信最独特也是最强大的功能，支持通过摇一摇手机找到同时也在摇手机的朋友。只要是在同一时间摇动手机的微信用户，不论在地球哪一个角落，都可以通过这个功能认识彼此，非常强大。

（3）扫一扫

单击扫一扫功能之后，用摄像头对准微信二维码，等待 2～3s，提示“已扫描，正在加载名片”后，就会出现扫描出来的用户了，接下来就可以加对方为好友。

过关训练

一、填空题

1．SMS 是 Short Message Service 的缩写，意思为________，也就是手机之间可相互传送的承载文字、数字和符号的数据流，短消息的长度通常被界定在________字节之内。

2．SMS 通常分为两种类型：Point-To-Point（点对点）和________。

3．MO 表示该短消息是从________端通过 SMSC 发往短消息实体（SME）。SME 可以是其他移动终端，也可以是固网用户、Internet 上的 PC 等。MT 表示该短消息从 SMSC 发往________。

4．MMS（Multimedia Messaging Service）意为多媒体短消息业务，即人们常说的________，是按照 3GPP 的标准（3GPP TS 23.140）和 WAP 论坛的标准（WAP-206 和 WAP-209）开发的新业务，最大的特色就是支持________功能。

5．MMS 可包括以下 4 种传输内容：________、________、________、________。

6．移动邮件业务中涉及的网元主要有________、移动邮件系统和移动邮件代理。

7．目前移动邮件系统有多种方式进行邮件到达通知的推送，主要有________、WAP Push 两种。

8．即时通信又称即时消息（Instant Messaging，IM），是依靠________和手机短信，以沟通为目的，通过跨平台、多终端的通信技术来实现一种集声音、文字、________的低成本—高效率—综合型的“通信平台”。

二、简答题

1．简述 SMS 的特点。

2．简述 SMS 的应用。

3．简述 SMS、EMS 和 MMS 的区别。

4．简述 MMS 的应用。

5．简述手机邮件回复/转发/新建流程。

6．简述即时消息——微信的功能。

模块七

移动视频类相关业务认知及应用

【内容简介】

本模块介绍移动视频类业务移动可视电话、手机电视、无线视频监控的基本定义、业务的实现、业务的应用。

【重点难点】

重点掌握移动可视电话、手机电视、无线视频监控的实现与应用。

【学习要求】

（1）识记：移动可视电话、手机电视、无线视频监控的基本定义。
（2）领会：移动可视电话、手机电视、无线视频监控的业务实现。
（3）应用：移动可视电话、手机电视、无线视频监控的业务应用推广。

移动视频类通信业务是由电信运营商利用移动网络为用户提供的一种集视频和语音于一体的电信多媒体通信业务，随着人们对于随时随地的多媒体访问需求的日益迫切，移动视频需求正呈爆炸式增长。

任务 1　移动可视电话业务

【学习要求】

（1）识记：移动可视电话业务的定义。
（2）领会：移动可视电话业务的实现。
（3）应用：移动可视电话业务的应用推广。

可视电话是利用电话线路实时传送人的语音和图像（用户的图像、照片、物品等）的一种通信方式。如果说普通电话是“顺风耳”的话，可视电话就既是“顺风耳”，又是“千里眼”了。

一、移动可视电话的基本定义

1．可视电话的定义

移动可视电话业务是在无线网络上提供实时视频、音频或数据等媒体格式任意组合的多媒体通信业务，主要是利用移动网络在移动设备上实现可视电话的互通，从而让移动用户之间能够随时随地进行实时音频/视频等的交互。由于移动可视电话对移动网络的带宽要求较高，只有在 3G 网络中才有可能实现真正的商用，因此移动可视电话可以看作是 3G 的特色业务。

可视电话业务按照实现方式可以分为电路域方式和分组域方式。WCDMA 和 TD-SCDMA 一般采用电路域方式。CDMA2000 无法支持电路域可视电话，一般采用分组域方式。目前，成熟商用的可视电话业务都是 WCDMA/TD-SCDMA 网络的电路域可视电话业务。因此，本任务只对 WCDMA/TD-SCDMA 电路域可视电话业务进行介绍。

知识小拓展：目前，中国移动和中国联通都已开通可视电话业务。中国移动 G3 用户和中国联通沃 · 3G 用户默认开通，在手机上输入被叫号码后，按可视电话拨号键或在菜单中选择可视电话拨叫即可进行可视电话呼叫。接到可视电话来电后，按可视电话拨号键或在菜单中选择可视电话接听，即可接听可视电话。

2．移动可视电话的业务功能

电路域可视电话业务按照通信实体不同可分为两种：手机用户拨打手机用户的视频通话和手机用户拨打媒体播放平台进行视频点播。手机用户拨打媒体播放平台即视频 IVR 业务。本任务将重点介绍移动终端之间的可视电话业务。

电路域可视电话业务一般有如下几种具体业务功能。

（1）可视电话呼叫

用户拨完对方号码（或在通讯录中选择被叫用户，或在通话记录中选择对方号码）后按下移动终端设置的可视电话通话键或选择操作菜单上的某个图标，一般只需一次操作即可拨出可视电话。

（2）可视电话通话记录

用户结束可视通话后，移动终端将存储可视电话的通话记录，并且可视电话通话记录带有与普通语音电话不同的特殊标识（包括颜色和图标）。

（3）可视电话来电提醒

用户接到可视电话呼叫时，移动终端通过不同的铃声及显示的图像将可视电话呼叫和语音电话呼叫予以区别。

（4）视频手动切换功能

用户能够通过移动终端设置的切换键或操作菜单上的某个选项，在通话过程中在远端图像和本端图像之间进行切换。

（5）远端、本端图像同时显示功能

在可视通话过程中，移动终端能够同时显示远端图像和本端图像。

（6）通话过程中视频屏蔽功能

可视通话过程中，用户能够通过关闭或打开本端摄像头向远端屏蔽或恢复本端的视频图像。

（7）截屏功能

在可视电话通话过程中，用户能够将对端传送过来的视频进行截屏，并保存到某个文件夹中。

（8）被叫方通话选择

当可视电话用户接收到一个可视呼叫时，可以有以下 3 种选择。

① 接通可视电话呼叫：选择后双方可视互通。

② 拒听可视电话呼叫：选择后即挂断。

③ 选择语音电话方式接听：选择后经主叫方确认，主叫再次发起语音呼叫，接听后双方语音互通，按语音电话呼叫收费。

（9）补充业务

可视电话的补充业务包括呼叫前转、显示类业务、闭锁类（ODB）业务、呼叫等待。可视电话补充业务一般和普通语音业务相似，但是除显示类业务外都要求终端和相应网络设备能够区分可视电话及普通语音电话，并分别进行设置。

① 呼叫前转

呼叫前转是将可视电话呼叫前转到另一个号码。前转原因和前转到的号码可以与同一终端上对普通电话呼叫的设置相同，也可不相同，两者相对独立。

呼叫前转触发条件可以是无条件、遇忙、不可及、无应答，用户可以随时设定或取消。

前转到的用户，可以是一个手机号码，也可以是给 IP 网络用户分配的 E.164 号码（国家码+手机号码，如 86+手机号码）。

② 显示类业务（CLIP，CLIR，CLIROver）

CLIP 业务为主叫号码显示类业务，即如果被叫用户签约了该业务，那么在可视电话通话过程中，被叫用户的终端上就会显示主叫号码。

CLIR 业务为主叫号码限制类业务，即如果主叫用户签约了该业务，当该主叫用户拨打没有签约主叫号码显示超越业务的被叫用户时，在被叫用户的终端上就不能够显示主叫号码。

CLIROver 为主叫号码显示超越，CLIROver 不能称之为业务，它只是 CLIP 业务中的一个属性状态位。当用户在签约 CLIP 业务时，选择了 CLIROver 属性时，那么不管主叫用户是否签约了 CLIR，在被叫用户的终端上都能够显示主叫号码。

③ ODB 业务

ODB 业务是指操作员决定的闭锁类业务。ODB 业务包括：ODB-BAOC、ODB-BOIC、ODB-BORO、ODB-BAIC、ODB-BICROM。

ODB-BAOC 业务为操作员决定闭锁所有呼出，即网络操作员通过在相关设备上配置数据，实现闭锁用户的所有呼出，用户发起紧急呼叫的能力不受影响。

ODB-BOIC 业务为操作员决闭锁所有国际呼出，即网络操作员通过在相关设备上配置数据，实现闭锁用户的所有国际呼出，而本网的呼出不受限制。

ODB-BORO 业务为操作员决定当用户国际漫游时闭锁所有国际呼出，即网络操作员通过在相关设备上配置数据，实现在用户国际漫游时闭锁所有国际呼出，而在非漫游情况下的国际呼出及本网呼出不受限制，且漫游情况下的本网呼出也不受限制。

ODB-BAIC 业务为操作员决定闭锁所有呼入，即网络操作员通过在相关设备上配置数据，实现闭锁用户的所有呼入，但是呼出不受任何影响。

ODB-BICROM 业务为操作员决定当用户处于国际漫游时闭锁所有入呼，即网络操作员通过在相关设备上配置数据，实现当用户处于国际漫游时，闭锁所有的呼入，而非漫游情况下的呼入不受影响，且任何呼出不受影响。

各种闭锁功能能够同时进行，例如，如果对一个用户进行了 ODB-BAOC 和 ODB-

BAIC，则该用户只能进行紧急呼叫。

④ 呼叫等待

呼叫等待业务包括 3 种情况：

a．移动用户正在进行可视通话，再有可视电话呼入；

b．移动用户正在进行可视通话，再有语音电话呼入；

c．移动用户正在进行语音通话，再有可视电话呼入。

对于前两种情况，可视电话需要先挂断，用户才能接入新的呼叫。

对于后一种情况，可以保持语音通话，接听可视电话。但是切回的时候，需要挂断可视电话，再切回。

（10）呼叫回落

呼叫回落指主叫发起一个可视呼叫时，由于某种原因造成可视呼叫回落到普通语音呼叫，并接续成功。呼叫回落时需要给主叫端明确的提示，由主叫端选择是否执行回落。但主叫终端上也可设置成自动回落，这样回落将自动发生而不再提示主叫用户。

二、移动可视电话的实现

电路域可视电话系统结构如图 7-1 所示，主要包括 MSC Server/VLR 和 MGW 两个网元。

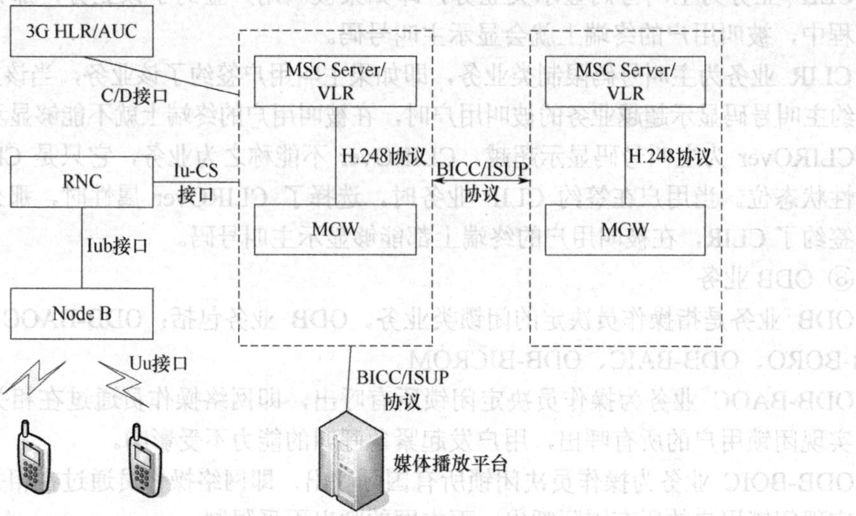

图 7-1　3G 电路域可视电话系统结构图

1．网元功能描述

（1）移动业务交换中心服务器（MSC Server）

对位于它管辖区域中的移动终端参与的呼叫进行控制的功能实体。

（2）媒体网关（MGW）

与 MSC Server 连接，在 MSC Server 的控制下实现对通话的交互。

（3）拜访位置寄存器（VLR）

VLR 是 MSC Server 为所管辖区域中终端呼叫接续所需检索信息的数据库。VLR 存储与呼叫处理有关的一些数据，如用户的号码、所处区域的识别码、向用户提供的业务等参数。

VLR 和 MSC Server 一般都集成在一起，为合一网元。

（4）无线网络控制器（RNC）

RNC 主要负责连接的建立和释放、切换、宏分集合并，无线网络的资源管理控制功能。

（5）Node B

Node B 是 WCDM/TD-SCDMA 制式的基站，它支持 FDD 模式、TDD 模式或双模，包括一个或多个小区。

（6）归属位置寄存器（HLR）

运营商管理部门用于移动用户管理的数据库。每个移动用户都应在其归属位置寄存器中注册登记。

（7）鉴权中心（AUC）

为认证移动用户身份产生相应鉴权参数的功能实体。一般与 HLR 集成在一起。

（8）媒体播放平台

媒体播放平台可以接收 3G 可视手机的拨号，拨不同的号码或拨号后进行按键选择能访问不同的节目内容，系统具备一定的存储容量，并能管理相关的节目内容。

2．接口功能描述

各接口功能描述如下：

（1）Uu 接口

Node B 和手机之间的无线接口。

（2）Iub 接口

RNC 和 Node B 之间的接口，RNC 通过此接口控制多个 Node B。

（3）Iu-CS 接口

MSC Server 和 RNC 之间的接口，主要用于无线接入系统管理、呼叫处理、移动性管理。

（4）C/D 接口

HLR 和 MSC Server/VLR 之间的接口，主要用于交换路由信息、用户签约信息、位置信息、用户状态等。

（5）媒体播放平台与 MSC Server 的接口

媒体播放平台与 MSC Server 的信令接口采用 BICC/ISUP 协议，建立呼叫承载后，通过 3G-H.324M 协议与终端进行交互。

（6）MSC Server 之间的接口

MSC Server 之间的接口采用 BICC/ISUP 协议。

三、移动可视电话的应用

目前，电信运营商都把移动可视电话视为 3G 特色业务，希望通过移动可视电话业务的推广来促进 3G 网络的发展。视频客服是中国联通率先推出的基于 3G 的可视电话新应用之一，相比以往的 2G 语音客服，视频客服给人更直接且有亲和力的感觉，同时配有图表化的数据分析演示图。客服人员做答过程之中，既可以聆听到生动的言语解答，又可以观看到手机屏幕中翔实的图片演示，如图 7-2 所示。视听相结合的立体式、生动型客户服务让我们充分领略到科技的神奇及 3G 的魅力，改变了以前面对客服人员只闻其声、不见其人的局面。

图 7-2 10010 视频客服

任务 2 手机电视业务

【学习要求】

（1）识记：手机电视业务的基本定义。
（2）领会：手机电视业务的实现。
（3）应用：手机电视业务的应用推广。

一、手机电视的基本定义

1. 手机电视的定义

手机电视是指以手机为终端设备，传输电视内容的一项技术或应用。它属于移动视频的范畴，通过移动电信网络实现的，并在点对点或点对多点情况下传送声音、图像和数据文件的实时性交互业务。手机电视业务就是利用具有操作系统和视频功能的智能手机观看电视的业务。随着 3G 商用化的快速发展，手机电视业务已经吸引了人们越来越多的注意，也逐渐出现了新的发展机遇。其用户基础十分庞大，有望成为继报纸、广播、电视和互联网之后的“第 5 媒体”。

目前关于手机电视的定义，一类是从传媒角度将其定义为一种新型的电视传播媒介，认为手机电视是计算机网络的延伸，是利用具有操作系统和视频功能的智能手机作为电视节目接收终端的新型电视传播媒介；另一类定义是将手机电视纳入通信业务范畴，认为手机电视是利用具有操作系统和视频功能的智能手机观看电视的业务，并且是以流媒体方式实现的移动全新业务。

知识小拓展：目前，中国移动和中国联通均已开通了手机电视业务。中国电信则是结合固网和移动网开通了 IPTV 业务。中国移动手机电视，简称 CMMB，是中国移动和国家广电总局合作推出的，利用移动多媒体广播网络，使用带手机电视功能的手机实时收看广播电视节目的业务，采用包月的计费方式，6 元/月，需下载相应的手机电视客户端。中国联通的手机电视业务需要 WCDMA 网络的支持。用户可通过网上营业厅、手机电视客户端、手机上网方式、视频语音方式访问手机电视，可对感兴趣的某个直播频道或者组合直播频道进行包月（天）订购，按月计价。

严格来说，手机电视是一种跨越广电行业与电信行业的融合类业务，两大行业在内容、技术、网络、赢利，以及产业链等环节都有延伸和渗透；同时手机电视具有很强的媒介属性，手机媒体结合了报纸、广播、电视和网络的部分特点，形成了具有自身传播特色和媒体特性的第5媒体。目前国内业界和理论界普遍将手机电视的媒介属性划分到新媒体的范畴。

2．手机电视标准

手机电视的实现方式主要可分为以下3种，一是基于移动网络的方式；二是基于地面广播的方式；三是基于卫星传播的方式。

基于移动网络的手机电视标准：这一方式采用移动流媒体的方式实现，它继承了移动网络的诸多能力，可以实现用户的业务鉴权以及用户管理、计费和业务的个性化定制、点播和互动应用等。主要有3GPP提出的MBMS（Multimedia Broadcast and Multicast Service，多媒体广播组播业务）和3GPP2提出的BCMCS（Broadcast and Multicast Services，广播组播业务）。其中MBMS适用于WCDMA，BCMCS基于CDMA2000网络提供音视频广播业务的技术。

基于地面数字电视广播网的手机电视标准：这一方式通过广播电视网络直接接收数字电视信号，使用的频率一般为广播电视频段，需要在手机终端上安装数字电视接收模块。包括欧洲和北美的DVB-H、韩国的T-DMB、高通公司的Media FLO、日本的ISDB-T以及我国广电总局于2006年10月颁布的中国移动多媒体广播行业标准CMMB。

基于卫星的手机电视标准：此方式是将数字视频或音频信息通过DMB卫星广播，由集成了接收卫星信号模块的移动电话或其他终端来实现移动接收，可满足高速移动环境下视听广播电视节目的要求。

二、手机电视的实现

1．手机电视业务的系统结构

（1）MBMS

MBMS通过将数字广播技术与蜂窝移动通信技术相结合，实现业务的双向互动。即利用数字电视广播网实现节目的下行传输，利用蜂窝移动通信网络实现点播信息的上行传输，其网络结构如图7-3所示。

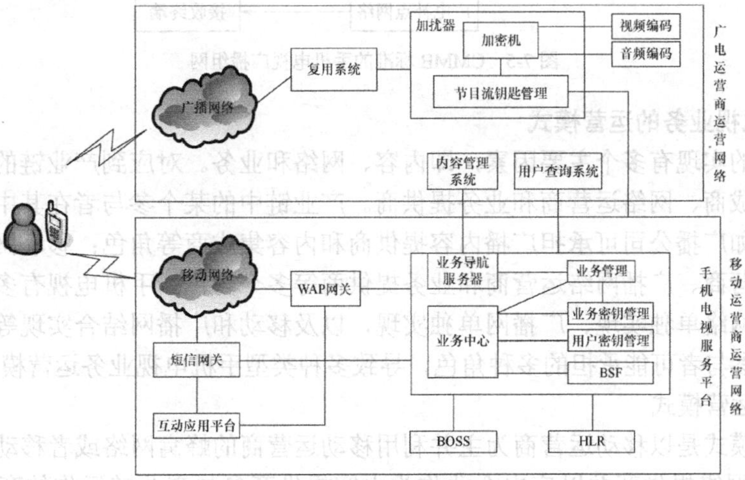

图7-3　MBMS的网络结构

（2）BCMCS

基于CDMA2000网络的BCMCS模式结构如图7-4所示。需要将CDMA2000网络中普通的分组数据网元PDSN替换为具有BCMCS功能的网元。

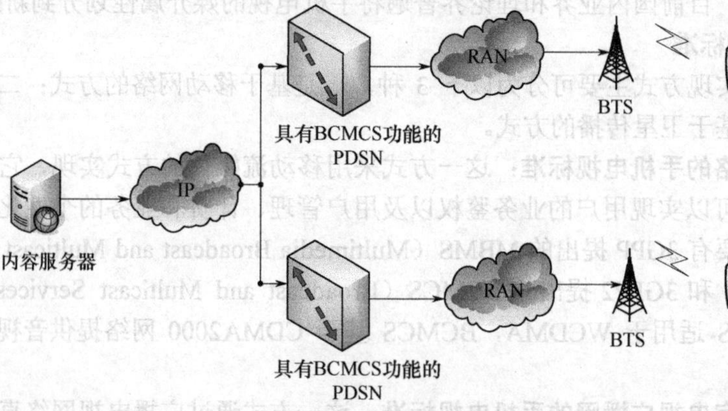

图7-4 BCMCS的网络结构

（3）CMMB

CMMB模式的网络结构如图7-5所示。中国移动通信有限公司和中广传播集团有限公司共同合作，正是利用CMMB技术推出CMMB手机电视，市场推广名为“手机电视”。手机电视业务利用中广传播的广播网络提供音、视频多媒体内容的下行传输，利用中国移动通信网络的鉴权管理系统和中广传播的用户管理系统完成对用户的认证、授权和管理，用户通过支持该业务的手机终端实现业务订购和广播电视节目收看的业务。

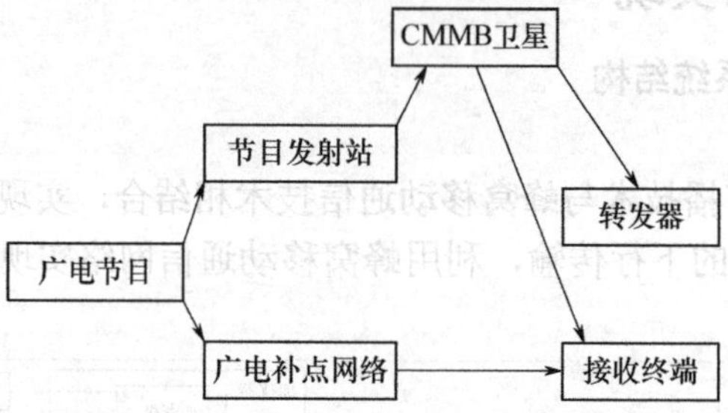

图7-5 CMMB标准的手机电视广播组网

2．手机电视业务的运营模式

手机电视的实现有多个主要因素，即内容、网络和业务。对应到产业链的参与者，则为内容提供和集成商、网络运营商和业务提供商。产业链中的某个参与者在其中充当的角色可能不止一个，如广播公司可承担广播内容提供商和内容集成商等角色；移动网络运营商可承担移动网络运营商、广播网络运营商和业务提供商等多个角色。手机电视有多种不同的实现方式，如移动网络单独实现、广播网单独实现，以及移动和广播网结合实现等。不同的实现方式与产业链参与者可能承担的多种角色，导致多种类型手机电视业务运营模式的产生。

（1）移动运营模式

移动运营模式是以移动运营商为主并利用移动运营商的蜂窝网络或者移动运营商可以控制的广播电视网络提供商并以广电企业作为内容提供商参与产业链运作的商业模式，简称

“移动模式”，如图 7-6 所示。

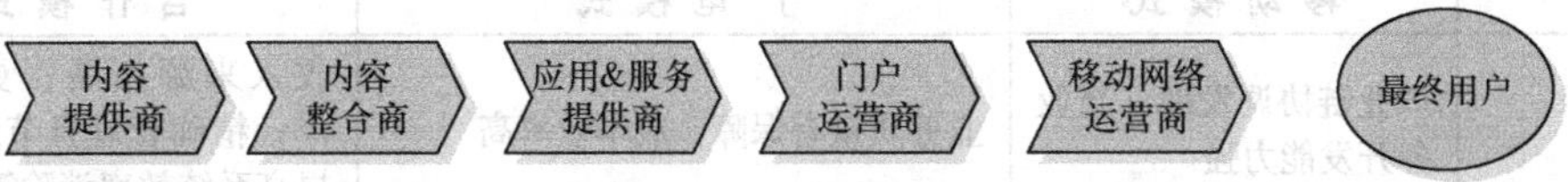

图 7-6　移动运营模式

（2）广电模式

广电模式是指由广电运营商利用已有的数字广播电视网络或新建网络为移动用户提供手机电视业务的运营模式，如图 7-7 所示。

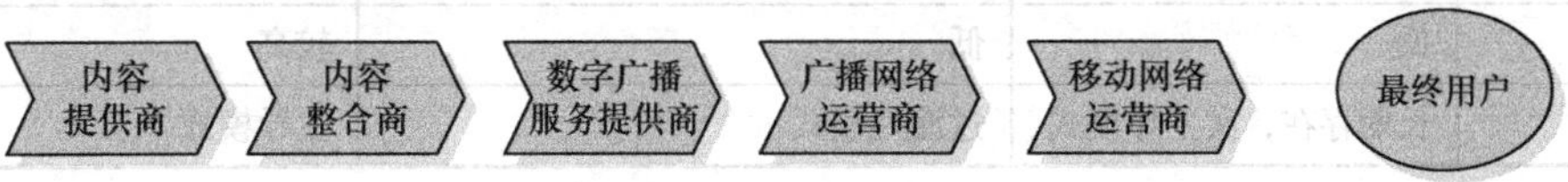

图 7-7　广电运营模式

移动运营商与广电企业的对比分析如表 7-1 所示。

表 7-1　移动运营商与广电企业的对比分析

	广 电 企 业	移动运营商
内容制作	擅长内容制作，拥有大量节目版权，并与娱乐界关系密切	不擅长内容制作，掌握很少节目源
网络建设	拥有广播网络运营经验，但没有全国联网，单向下行	擅长网络建设和运维，网络上、下行均可
资金实力	较弱	强
客户资源	拥有大批家庭客户	掌握个人客户资源
运营经验	拥有电视运营经验	拥有流媒体业务开发经验
计费/客服系统	靠数量很少的营业厅收费或者银行代收	完善的计费系统和客服系统
营销能力	营业厅较少	拥有强有力的营销渠道体系

（3）合作模式

与其他业务不同，由于网络的局限性，单独在移动网络或广播网上实现手机电视业务均存在一定的问题，手机电视最佳的实现方式是利用一个双向大容量的网络为用户提供业务。这种单一的网络目前并不存在，因此结合广播网和移动网络为用户提供手机电视业务是较为实际的实现方式，如图 7-8 所示。

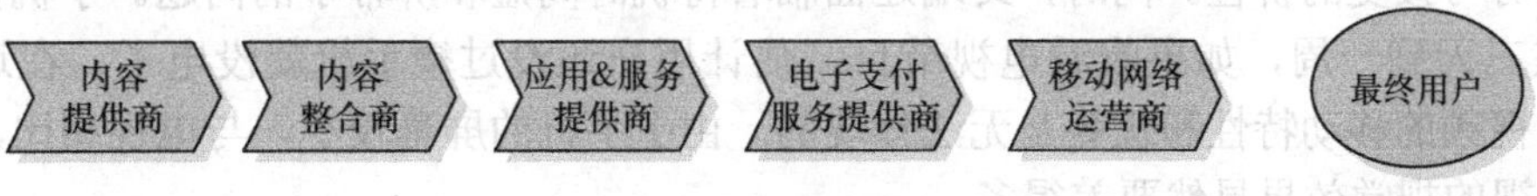

图 7-8　合作运营模式

不同运营模式的对比分析如表 7-2 所示。可以看出合作模式将是手机电视业务发展的最佳模式，未来将成为我国手机电视业务的主导模式。合作模式下的业务内容来源有保障，业务质量有保证，并且破除了手机电视业务发展的政策性障碍，可以通过开发手机电视增值业务最大可能地满足用户个性化的需求，实现整个手机电视产业最大化发展。

表 7-2 不同运营模式的对比分析

	移动模式	广电模式	合作模式
优势	产业链协调发展，新业务开发能力强	业务质量有保障，成本效率高	收入来源拓展，更贴近用户；精确管理且节约成本；提高系统效率消除管制障碍
劣势	业务质量差，频率资源占用多	互动能力弱，商业模式单一，不熟悉个人用户市场和用户认证	商业模式复杂，合作难度增大
主导企业策略	引进新技术提升业务质量，加强产业链合作，提升内容吸引力	增强互动性，多个合作对象和多种合作手段	强调合作并重视业务开发
操作难度	低	低	较高
前景分析	长期存在，次主导模式	过渡性模式	主导模式

三、手机电视的应用

据工信部统计，截至 2013 年 11 月底，我国手机电视用户已达到 4609 万户。但是手机电视业务的发展仍然存在一些障碍。

1．用户认知度较低

据一项调查表明，移动用户对手机电视业务的认知率只有 18.1%，大大低于发展比较快的一些增值业务的认知率，如铃声下载达到 67.2%，图片下载达到 57.8%。收发彩信达到 48.4%。因此，手机电视业务的发展会受到用户对业务认知的制约。但是在所有移动增值业务中，用户兴趣度最高的业务比例是 14.4%，而对手机电视业务的兴趣也达到 10.4%，这说明用户对手机电视业务的兴趣还是比较大的。

手机用户在成为某项新业务的忠实用户之前，一般都会经历 5 个步骤。从认知到认可、从认可到愿意使用、从愿意使用到成为用户、从成为用户再到依赖此项业务。认知乃是 5 个环节之首，也是至关重要的一个环节。如果用户对手机电视业务没有认知，就谈不上认可和使用。所以手机电视运营者应该多渠道、多方式地宣传手机电视业务，尽最大可能提高用户对手机电视业务的认知度，最大程度地扩大手机电视业务的潜在用户规模。

2．需要更换终端

手机电视业务对终端的要求较高，必须具有操作系统和视频功能，手机用户如果想使用手机电视业务就必须更换终端。但市场上支持手机电视业务的手机类型还不多，主要是能够支持视频、音频文件在线播放的手机，平均价格都在四千元左右，远远超出了大众手机用户更换终端时可接受的价位。同时，终端还面临着待机时间短和屏幕小的问题。手机待机时间一般都在三天到一周，如果收看电视节目，估计用户还没过瘾手机就没电了。在这种情况下，移动视频的移动特性和优势是无法体现的。由于手机的屏幕较小，与电视相比，通过手机收看电视的视觉效果显然要差得多。

针对终端价格高的问题，运营商应该加大手机定制的力度，通过规模采购，最大程度地降低终端成本，同时可继续推广积分换终端的销售方式。硬件厂商应该加大研发力度，提高手机电池的待机时间，设计出大屏幕的终端。

3．操作较为烦琐

手机电视业务遇到与手机上网业务发展之初同样的障碍，即操作比较复杂。中国移动的手机电视业务置于移动梦网的多级菜单之下，用户每一次使用手机电视业务都需要在菜单中多次寻找，这对于大多数用户来说都不太方便。

鉴于此，运营商发展手机电视业务时，可要求终端厂商仿照“一键上网”的方式，在终端上设置一个键，只要一按键即可欣赏电视节目。同时根据用户的喜好，此键可以在不同的按键时段设置不同的节目内容，如 12 点是午间新闻。晚 7 点 30 分是娱乐播报等，对于没有特殊设置的时间段则可随机播放节目。

4．内容有待于开发整合

手机电视并非真正的以网络、手机这些终端介质为核心的电视新媒体，而仅仅是以电视节目为核心的播放形式。真正的手机电视业务内容，应该是根据用户需求的差异和终端的特点量身定做的。在这方面，SP 的参与是非常重要的，但由于手机电视业务还处于试验和起步阶段，SP 对手机电视相关内容的开发积极性还不高。应当看到，手机电视业务发展最终还是要落到“内容为王”的经营策略上来的。没有强势的内容，没有目标消费群愿意买单的丰富的内容，手机电视发展的道路将很坎坷。同时，手机电视业务的发展还需要解决好知识产权方面的问题。例如，为凸显 535 型手机强大的视频功能，多普达在 535 型手机的主页面上设置了中央电视台网站央视国际的链接，结果多普达被央视公众公司一纸诉状告上法庭。

为了丰富手机电视业务的内容，运营商应该制订合理的分成模式，充分把电视制片商、电影制片商、MTV 制片商吸引到合作阵营之中。还应该最大程度地调动 SP 的积极性，鼓励他们开发手机电视业务内容。

5．播放软件标准不统一

手机电视业务的产业链主要包括播放软件开发商、手机生产商、业务内容开发商、移动运营商和手机用户等环节。其中播放软件开发商、手机生产商和业务内容开发商都不是唯一的，而是多厂家共存，而各自开发采用的技术不同造成标准不统一。一家手机厂商采用了某种播放软件之后，只能播放特定内容提供商的内容，而对其他内容提供商的内容则不兼容。

对此，运营商应该借手机定制模式发挥主导作用，把播放软件开发商、手机生产商和业务内容开发商团结在一起，形成多赢的产业合作联盟，制订统一的标准规范。产业链各环节必须按照标准规范进行内容开发，规避标准不统一带来的负面影响。

任务 3　无线视频监控业务

【学习要求】

（1）识记：无线视频监控业务的定义。
（2）领会：无线视频监控业务的实现。
（3）应用：无线视频监控业务的应用推广。

随着国民经济的发展和安全需求的提高，我国安防产业迎来了快速的发展。专家预计中国将成为继美国之后全球的第二大安防市场。2010 年我国的安防产业达到了 2000 亿元人民币，其中超过一半以上是视频监控业务的收入。

一、无线视频监控的基本定义

无线视频监控就是指不用布线（线缆）或少量布线，利用无线电波来传输视频、声音、数据等信号的监控系统。有别于有线监控系统，无线视频监控系统应用无线接入和传输技术，摆脱有线线缆束缚，实现监控目标和监控人员的移动性。发展初期，无线视频监控系统主要实现监控目标的移动性，在移动的监控目标上加装前端视频采集设备，通过无线传输单元将视频信号传输到监控中心，实现对移动目标动态、实时地跟踪、监控和调度。随着无线视频监控系统在应急指挥领域的应用发展，监控人员（或指挥员）所使用的视频监视终端也可脱离指挥中心的物理限制，通过无线视频接收终端实时接收并观看视频信号，实现指挥人员在现场或在移动状态下进行实时监控、调度和指挥。

无线监控与有线监控的对比分析如表 7-3 所示。

表 7-3　无线监控与有线监控的对比分析

比 较 项 目	有线电缆传输	无线视频监控
布线	布线烦琐，需要大量人力物力	基本不需要布线
扩展性	较弱。由于一些原因，原有布线所预留的端口不够用，增加新用户就会遇到重新布置线缆烦琐、施工周期长等麻烦	较强。只需要增加微波发射机与接收机及前端设备就可以完成
衰减	由于一些原因，原有的电缆出现衰减现象而无法更换或难以更换电缆，新布线或更换工作烦琐，需大量人力物力	全无衰减，但如设备有老化现象，只需更换老化部分的设备而无需全套更换
施工难度	施工难度高，埋设电缆需挖坑铺管，布线时要穿线排，还有穿墙过壁及许多不明因素（如停电、停水）等问题使施工难度大大增加	施工难度低，免除了许多的不明因素，施工速度快，人力、物力少，工程完成质量高
移动性	非常低，如要移动需再铺设电缆，费事费力，工作烦琐	非常高，在一些特殊情况下，前端设备只需在某一范围内移动
成本	安装成本高，设备成本低，维护成本高	基本不需要布设线缆，安装成本非常低廉，维护成本低使得无线视频监控的整体成本比有线传输有优势

知识小拓展：目前，中国移动、中国电信和中国联通都能为客户提供无线视频监控服务，如中国移动的“千里眼”业务，中国电信的“无线全球眼”业务以及中国联通的 3G 无线视频监控业务。

二、无线视频监控的实现

1．系统组成

无线视频监控的组成如图 7-9 所示，包括采集前端、监控终端和服务机房 3 个部分。

采集前端：采集前端由用户安装在监控场所，包括智能网络摄像机、无线报警触发器等，用于采集报警信息和监控画面。

监控终端：监控终端指用户用于接收报警信息、查看监控画面、控制采集前端的设备，包括了计算机、手机、PDA 等。

服务机房：服务机房是通信公司为了保障系统能正常运行而设置的专用服务器机房，机房包括了寻址服务器、短信服务器、网络硬盘服务器等。

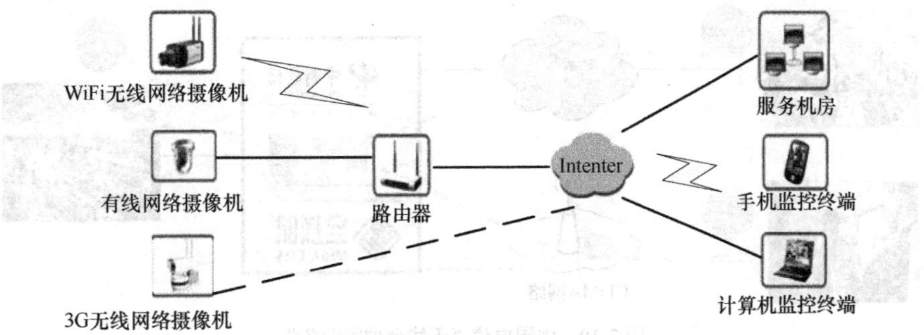

图 7-9　无线视频监控系统组成

2. 系统功能

无线视频监控系统可提供的功能如下所列。

远程实时监控功能：用户使用监控客户端软件，可通过互联网实时观看远程的监控视频。监控客户端软件可以安装在计算机和手机上。

远程报警与远程撤设防功能：远视视频监控单机系统的前端摄像机，能够接收 100m 范围内、多达 80 个以上无线报警探头的报警触发消息，并且在第一时间内将报警信息发送到用户的手机和客户端软件上。用户使用手机短信和客户端软件，可远程方便地对监控场所进行撤设防管理。

网络存储图像功能：远视视频监控单机系统能够网络保存监控图像。在无警或撤防状态下，可按设定时间间隔定时在网络硬盘上保存监控场所图像；在发生报警情况下，能连续在网络硬盘上保存图像，直到解除报警为止。用户随时可以通过客户端软件从网络硬盘中下载监控录像。

具备夜视、云台等操作功能：远视智能网络摄像机带有红外夜视功能，在无光线的环境下也能正常摄像；上、下、左、右的 360°旋转云台，可以使监控范围大为扩展，避免监控死角，使一个摄像机达到多个摄像机的使用效果。

手机互动监控功能：手机是移动性最强的监控工具，智能手机上可以安装功能强大的监控客户端软件；而普通的非智能手机则可以利用手机上的浏览器方便地查看实时和历史的监控图像；当发生报警时，手机会收到带监控图像链接的短信，用户可以直接在短信中打开监控图像；不习惯使用手机浏览器的用户，还可以发送短信到服务号码，系统自动回复当前图像链接的短信，用户可在短信中打开监控图像；同时还可以利用手机短信进行撤设防等操作。

三、无线视频监控的应用

无线监控广泛应用在安全监控、交通监控、工业监控、家庭监控等众多领域。下面以中国电信的“无线全球眼”业务为卖场/商铺提供的商情查看为例来说明无线视频监控的应用。如图 7-10 所示：

① 某商铺客户开通了全球眼业务，并开通无线视频监控业务。

② 该客户在办公室使用 PC，通过互联网观看商铺营销情况。

③ 该客户离开办公室后，途中使用 CDMA 手机，随时随地观看其商铺经营情况。

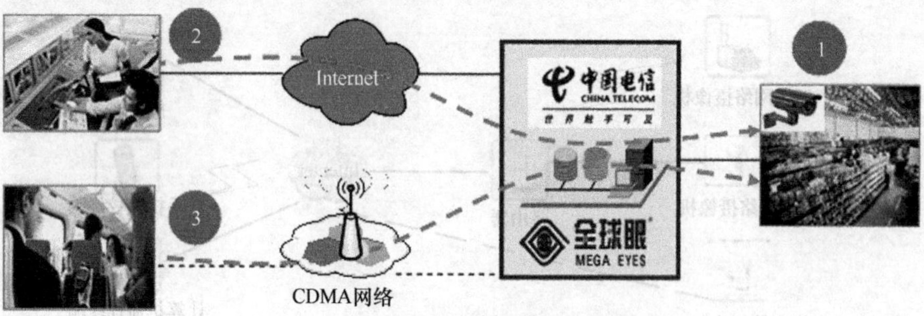

图 7-10 中国电信“无线全球眼业务”

过关训练

一、填空题

1．可视电话业务按照实现方式可以分为________方式和分组域方式。WCDMA 和 TD-SCDMA 一般采用________方式。CDMA2000 无法支持电路域可视电话，一般采用________方式。

2．呼叫回落指主叫发起一个可视呼叫时，由于某种原因造成可视呼叫回落到________呼叫，并接续成功。

3．目前，移动运营商都把移动可视电话视为________业务，希望通过移动可视电话业务的推广来促进 3G 网络的发展。

4．手机电视是指以________为终端设备，传输电视内容的一项技术或应用。

5．手机电视的实现方式主要可分为以下 3 种，一是基于________的方式；二是基于地面广播的方式；三是基于卫星传播的方式，包括韩国的 S-DMB（卫星数字媒体广播）和欧洲的 S-DMB 技术。

6．无线视频监控就是指基本不用布线（线缆）或少量布线，利用________来传输视频、声音、数据等信号的监控系统。

7．无线视频监控的组成包括________、监控终端和________3 个部分。

二、简答题

1．简述电路域可视电话业务的业务功能。

2．简述手机电视业务的定义。

3．简述手机电视业务的运营模式。

4．简述无线视频监控系统的功能。

模块八

移动访问下载类业务认知及应用

【内容简介】

本模块介绍移动访问下载类业务 Wi-Fi、WAP、移动 Web、Java 的基本定义、业务的实现、业务的应用推广。

【重点难点】

重点掌握 Wi-Fi、WAP、移动 Web、Java 的实现与应用。

【学习要求】

（1）识记：Wi-Fi、WAP、移动 Web、Java 的基本定义。
（2）领会：Wi-Fi、WAP、移动 Web、Java 的业务实现。
（3）应用：Wi-Fi、WAP、移动 Web、Java 的业务应用推广。

据工信部统计，2014 年 5 月，全国移动电话用户净增 449.4 万户，总数达到 12.56 亿户，使用手机上网的用户总数达到 8.2 亿户，对移动电话用户的渗透率达到 65.3%。用手机上网已经成为越来越多人的选择。

任务 1 Wi-Fi 业务

【学习要求】

（1）识记：Wi-Fi 业务的基本定义。
（2）领会：Wi-Fi 业务的使用流程。
（3）应用：Wi-Fi 业务的应用推广。

一、Wi-Fi 的基本定义

1．Wi-Fi 的定义

Wi-Fi（Wireless Fidelity）俗称无线宽带。1999 年时各个厂商为了统一兼容 802.11 标准的设备而结成了一个标准联盟，称为 Wi-Fi Alliance，而 Wi-Fi 这个名词，也是他们为了能够更广泛地为人们接受而创造出的一个商标类名词，也有人把它称作“无线保真”。Wi-Fi 实际上为制定 802.11 无线网络的组织，并非代表无线网络。但是后来人们逐渐习惯用 Wi-Fi 来称呼 802.11b 协议。它的最大优点就是传输速度较快，另外它的有效距离也很长，同时也与已有的各种 802.11 直接序列扩频（DSSS）设备兼容。笔记本电脑上的迅驰技术就是基于该标准的。

目前无线局域网（WLAN）主流采用 802.11 协议，故常直接称为 WiFi 网络。802.11 协议家族包括 IEEE 802.11a 协议、IEEE 802.11b 协议、IEEE 802.11g 协议、IEEE 802.11e 协议、IEEE 802.11i 协议、无线应用协议（WAP）。802.11 协议对比如表 8-1 所示。随着 WLAN 标准不断完善，其可运营、可管理性稳步增强，802.11n 已成主流。

表 8-1　802.11 协议比较

标准号	IEEE 802.11b	IEEE 802.11a	IEEE 802.11g	IEEE 802.11n
标准发布时间	1999 年 9 月	1999 年 9 月	2003 年 6 月	2009 年 9 月
工作频率范围	2.4～2.4835GHz	5.15～5.350GHz 5.47～5.725GHz 5.72～5.850GHz	2.4～2.4835GHz	2.4～2.4835GHz 5.150～5.850GHz
非重叠信道数	3	24	3	15
物理速率（Mbit/s）	11	54	54	600
实际吞吐量（Mbit/s）	6	24	24	100 以上
频宽	20MHz	20MHz	20MHz	20MHz/40MHz
调制方式	CCK/DSSS	OFDM	CCK/DSSS/OFDM	MIMO-OFDM/DSSS/CCK
兼容性	802.11b	802.11a	802.11b/g	802.11a/b/g/n

2．Wi-Fi 技术的优缺点

Wi-Fi 技术具有以下优点：无线电波的覆盖范围相对广；传输速度非常快，最快可达 54Mbit/s，符合个人和社会信息化的需求；厂商进入该领域的门槛比较低，设备价格低廉；信号功率小，绿色健康；工作在 2.4GHz 的 IMS 频段，全球统一。

Wi-Fi 技术的不足之处在于：工作在 2.4GHz 的 IMS 频段，容易受干扰；覆盖范围有限；安全性有待提高；缺乏完善的 QoS 与商业模式。

二、Wi-Fi 的实现

Wi-Fi 的工作模式有 2 种，基础设施无线局域网和自组织无线局域网。

1．基础设施无线局域网

基础设施无线局域网如图 8-1 所示，包括若干个基本服务集（Basic Service Set，BSS），即 BSS 是基础设施无线局域网的基本组成单元。一个 BSS 包括一个或多个无线主机、一个接入点（Access Point，AP），AP 也就是基站。无线主机借助 AP 与外界通信。AP 之间利用集线器（Hub）/交换机（Switch）/路由器（Router）互连。

此外，管理员安装 AP 时为该 AP 分配的一个不超过 32 字节的服务集标识符（SSID，就是大家熟悉的 WiFi 热点的名字）。一个 BSS 可以是孤立的，也可以通过其 AP 连接到一个分配系统（Distribution System，DS），然后再连接到另一个 BSS，这样就构成了一个扩展服务组（Extend Service Set，ESS）。

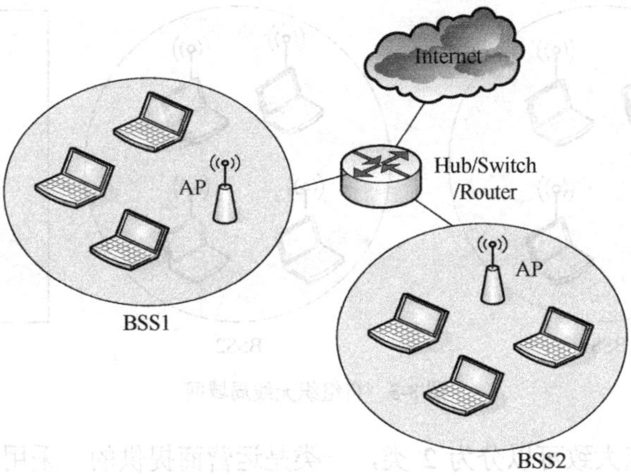

图 8-1　基础无线局域网工作模式

ESS 是指由多个 AP 以及连接它们的分配系统 DS 组成的结构化网络，所有的 AP 共享一个 ESSID，一个 ESS 中可以包含多个 BSS，如图 8-2 所示。

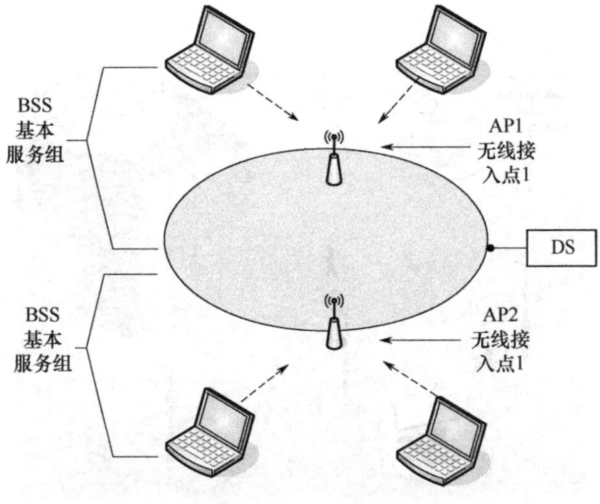

图 8-2　ESS 扩展服务集

分配系统（DS）用于 BSS 互联的逻辑组成单元，由它提供无线站点在 BSS 之间漫游的分配服务。DS 的作用是使 ESS 对上层表现得就像一个 BSS 一样。DS 通常是指以太网、点对点链路或者其他无线网络。

2．自组织无线局域网

自组织无线局域网如图 8-3 所示，与基础设施无线局域网相比较，没有 AP 的中央控制，一般没有到外部网络的连接。包括基本服务集 BSS 和独立基本服务集 IBSS。

三、Wi-Fi 的应用

现在 Wi-Fi 的覆盖范围在国内越来越广泛了，学校、医院、体育馆、咖啡厅到处可见 Wi-Fi 的身影。只要有 Wi-Fi 热点覆盖的地方，用户只要将支持 Wi-Fi 的笔记本电脑等拿到该区域，即可享受高速接入英特网。

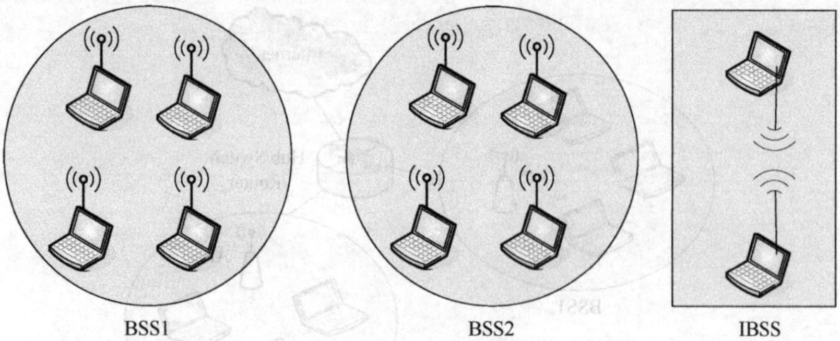

图 8-3　自组织无线局域网

目前的 Wi-Fi 热点大致可以分为 2 类，一类是运营商提供的，采用 WLAN+3G（或 4G）网络覆盖方式，如图 8-4 所示。例如，中国电信的天翼 Wi-Fi（WiFi 热点“Chinanet”），中国移动的随 e 行中的 WLAN 无线上网方式（WiFi 热点“CMCC”）以及中国联通的无线宽带（Wi-Fi 热点“ChinaUnicom”）。移动用户搜索到运营商的 Wi-Fi 热点后，可凭手机号码和相应的登录密码接入互联网。运营商提供的 Wi-Fi 热点覆盖面广，热点数量多，但是一般要收取一定的流量费用。

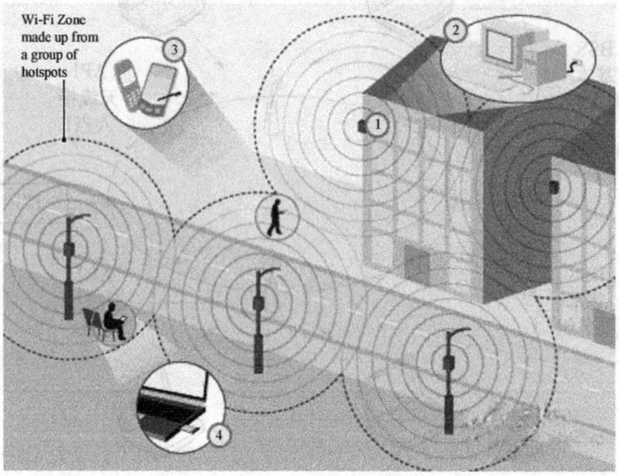

图 8-4　WLAN+3G/4G 覆盖方式

另一类 Wi-Fi 热点则是由非运营商提供的 Wi-Fi 热点，如餐馆、咖啡店等场所提供的免费 Wi-Fi。这类 Wi-Fi 热点大多采用无线路由器，将有线信号转换为无线信号，如图 8-5 所示，覆盖范围有限，一般为几十米到一百米左右。用户搜索到这类免费的 Wi-Fi 的 SSID 号后，如果 SSID 设置了密码保护，用户还得获取该 SSID 的密码才能使用免费的 Wi-Fi 热点。

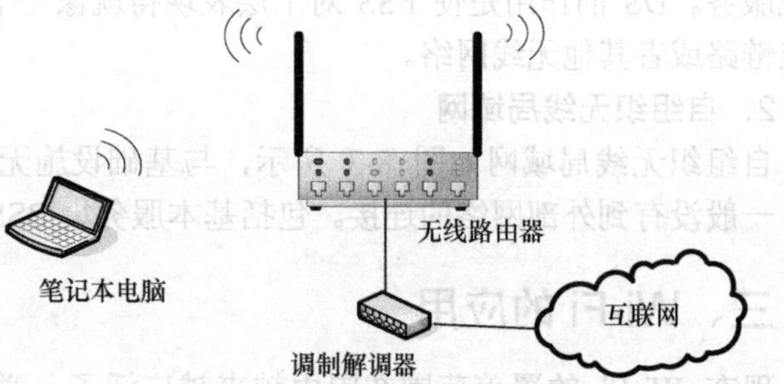

图 8-5　利用无线路由器设置 Wi-Fi

任务2　WAP业务

【学习要求】

（1）识记：WAP业务的基本定义。

（2）领会：WAP业务的使用流程。

（3）应用：WAP业务的应用推广。

由于传统的无线modem接入方式并不能使用户满意，人们希望能够使用类似手机这样小型的无线设备来实现无线接入，WAP恰恰可以满足用户对易用、便携、低成本等特性的要求，因此WAP应用前景广阔。

一、WAP的基本定义

WAP（Wireless Application Protocol）即无线应用协议，是一项全球性的网络通信协议。WAP使得移动Internet有了一个通信的标准，其目标是将Internet的丰富信息及先进的业务引入到移动电话等无线终端之中。WAP定义可通用的平台，把目前的Internet网上的HTML语言的信息转换成WML（Wireless Makeup Language）描述的信息，显示在移动终端的显示屏上。WAP只要求移动终端和WAP服务代理器的支持，而不要求现有的移动通信网络协议做任何的改动，因而可以广泛的运用于GSM、CDMA、WCDMA、CDMA2000、TD-SCDMA及LTE等移动通信网络。

WAP将Internet和移动终端技术结合起来。移动终端安装“WAP浏览器”后，通过“WAP浏览器”接入Internet，可以随时随地访问丰富的互联网资源，浏览WAP站点的服务，可享受新闻浏览、股票查询、邮件收发、在线游戏、聊天等多种应用服务。

知识小拓展：当你用手机上百度网时，访问的网址是wap.baidu.com。当你用计算机上百度网时，访问的网址是www.baidu.com。你注意到了吗？因为Internet的网页是使用WWW协议，不合适移动终端的小屏幕，手机利用WAP浏览器访问的网页是使用WAP协议。

二、WAP的实现

1．WAP协议版本

WAP协议目前有2个版本：WAP1.X和WAP2.0，后者是今后发展的趋势。低端的手机由于硬件条件所限，只能用WAP1.X版本，目前主流的手机都已支持WAP2.0版本。WAP2.0在层次上丰富很多，图8-6左边是WAP1.X，右图是WAP2.0，在展现能力上有很大的差异，单凭视觉效果，也能区分哪些是WAP2.0，哪些属于WAP1.X。有了WAP2.0版本，使用手机浏览的内容更生动，也可以像PC网站一样有背景音乐，有背景图片，使原本单调的手机网页变得丰富起来。

2．WAP的应用结构模型

WAP的应用结构模型如图8-7所示，采用客户机/服务器模式，在移动终端中嵌入一个与PC上运行的浏览器类似的微型浏览器（如WAP浏览器），更多的事务和智能化处理交给

WAP 网关。服务和应用临时性地驻留在服务器中，而不是永久性地存储在移动终端中。

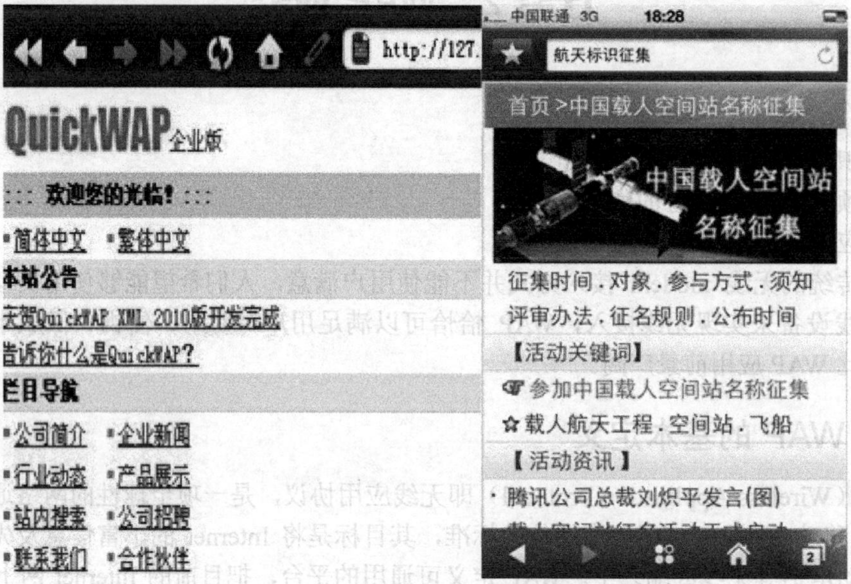

图 8-6 WAP1.X 与 WAP2.0 访问网站的显示效果

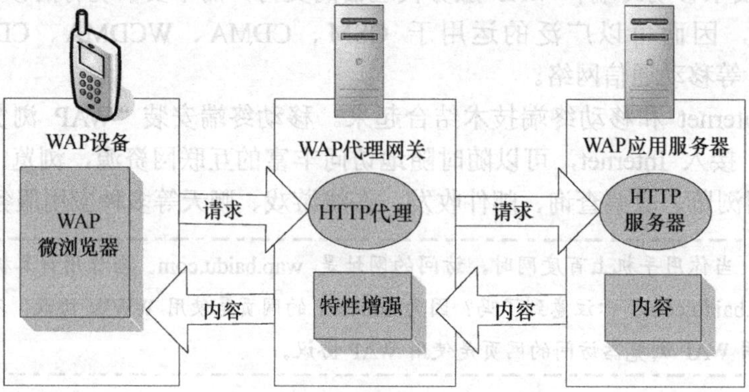

图 8-7 WAP 的应用结构模型

（1）WAP 设备

WAP 设备主要指 WAP 客户端，它是具有支持 WAP 协议及浏览功能的应用软件，即目前手机上的 WAP 浏览器。WAP1.X 浏览器支持无线标记语言（WML）和无线脚本（WMLScript），能够访问支持 WML 的 WAP 网站，显示文字与简单图像。WAP 2.0 浏览器在 WAP1.X 协议栈基础上增加了对互联网协议栈的支持，并支持 XHTML 语言，能够访问内容更为丰富的网站。

（2）WAP 代理网关

WAP 客户端通过 WAP 代理网关（WAP 协议网关）实现与 WAP 应用服务器之间的通信，WAP 代理网关主要实现协议适配与信息编解码的功能。协议适配功能指 WAP 代理网关连接电信运营商的 WAP 网络和外部互联网实现 WAP 协议与 WWW 协议栈间的转换，如将外部 HTML 网站的内容转换为 WAP 客户端所能理解的 WML 内容，并将客户端发出的 WAP

请求转换为 WWW 请求提交给应用服务器。信息内容编解码功能指将 WML 内容转换为适合在无线环境中传输的压缩二进制码，以便尽量减少无线带宽。此外，WAP 还采用误码校正技术来确保无线信道质量变差时的通信质量。

（3）WAP 应用服务器

WAP 应用服务器指支持 WAP 编码和协议的 Web 网站，在支持 WAP 的 Web 网站服务器中存有用无线标记语言（WML）。语言编写的 WAP 应用，这些应用可根据 WAP 移动终端的申请下载。应用服务器还包括仅支持 HTML 的网站，对于不支持 WML，而仅支持 HTML 的网站，WAP 网关将终端发出的 WAP 请求转换为 WWW 请求提交给应用服务器，然后 WAP 网关再将应用服务器返回的响应通过 HTML 过滤器进行 HTML 与 WML 之间的转换。

WAP 客户端和应用服务器通过大量不同的代理通信，或者直接通信。WAP 客户端支持代理选择机制，这可以使用户方便地选择最合适的代理来获得服务，或者直接和服务相连接。WAP 代理网关用来转换 WAP 和 WWW 之间的协议（如 HTTP），从而使得 WAP 客户端可以向起源服务器提交请求。

WAP 代理网关可以置于不同的位置，如无线承载或独立的 ISP（服务提供商）处，这样可以增强到无线网络的连接或优化设备和应用服务器之间的通信（如协议转换），还可以位于安全网络中，用来提供从无线设备到安全网络之间的安全信道。

三、WAP 业务的应用

1．WAP 能干什么

目前来看，WAP 的应用范围主要涉及以下三大方面。

（1）公众服务：可为用户实时提供最新的天气、新闻、体育、娱乐、交通及股票等信息。

（2）个人信息服务：包括浏览网页查找信息、查址查号、收发电子邮件和传真，其中电子邮件可能是最具吸引力的应用之一。

（3）商业应用：除了移动办公应用外，恐怕移动商务是最主要、最有潜力的商业应用了，而股票交易、银行业务、网上购物、机票及酒店预订、产品订购等，可能是移动商务中最先开展的应用。

WAP 能给生活带来极大的便利，在不方便使用计算机的情况下可以通过 WAP 上网下载手机图片、手机软件、手机主题，与世界各地的网友进行无线互动，也可上 BBS 灌水与好友分享自己新拍的照片乃至可以通过 WAP 购买需要的东西。

2．WAP 的商业模式

（1）目标客户

目前，我国三大运营商的 WAP 类业务均对所有用户默认开放。WAP 业务的客户可以分为“年轻成长”型用户和中高端用户。“年轻成长”型用户通常年纪较轻，喜欢尝试新鲜事物，对手机这样的可随身携带的移动终端，通常有着更多的黏性，对各种类型的手机广告和营销手段的接受度也较高。因此，WAP 业务中的娱乐资讯、动漫、生活、图铃、游戏、互动社区等都是瞄准这类用户群。中高端用户指的是对 WAP 业务应用有较高层次的需求、个人收入水平也较高的用户。这类用户目前较多同质化，甚至并不追求与传统互联网业务重合度较高的业务，因此，WAP 业务中的如手机工具、图铃、生活服务等业务可针对这类用户进行推广。

（2）计费

WAP 业务收费内容如下。

信息服务费：用户使用与运营商合作的 SP（Service Provider）提供的 WAP 业务。需要支付使用业务而产生的信息服务费，此部分费用运营商与合作 SP 协商分成。

信息服务费的价格由 SP 制定，并由运营商审核。

流量费：用户使用运营商 WAP 业务产生的流量费按照相关资费标准收取。

目前我国三大运营商 WAP 业务的计费方式包括包月、按次和按流量 3 种。

3. WAP PUSH 短信的应用案例

WAP PUSH 的意思是带链接的短信，它可以引导用户进入 WAP 的网站。WAP 就像因特网是一个内容丰富的网络，用户如何找到自己喜欢的站点，如何在一个站点中找到自己喜欢的业务，往往需要花上很长的一段时间。而 WAP PUSH 可以将某一站点或某一业务的链接通过短信发送到支持 WAP PUSH 功能的手机上，这样用户只需要阅读这条短信（服务信息），打开短信中的链接，就可以直接访问业务了。因此，WAP PUSH 实现了短信和 WAP 业务的结合，节省了用户寻找业务的时间，方便用户直接找到并使用自己喜欢的业务。PUSH 信息无论是否被用户打开，都会保留在手机的“推入收件箱”内，用户可以重复打开。

中国移动利用 WAP PUSH 短信新推出项目——网信业务，是中国移动为集团客户提供的一种移动互联网发布服务，集团客户按照“网信”协议向中国移动提交网信数据，数据由中国移动统一存储在“网信”服务器上，并向用户手机发送带有 WAP 链接的短信，手机用户循此 WAP 链接到网信服务器收取网信。

例如，北京住房公积金管理中心办理了中国移动的网信业务，选取部分已经办理住房公积金联名卡且提供了手机号的缴存职工，试点发放公积金手机电子结息对账单。缴存人收到的是以“106501612329”作为发件人的短信，上面附有收信人的名字，并留下一条域名为“nms139.com”的查询网址。缴存职工在收到提示短信后，通过手机登录 www.nms139.com/bjgjj/a1757284.nms，输联名卡住房公积金查询密码后，即可查询到本人相应年度住房公积金结息对账单，如图 8-8 所示。

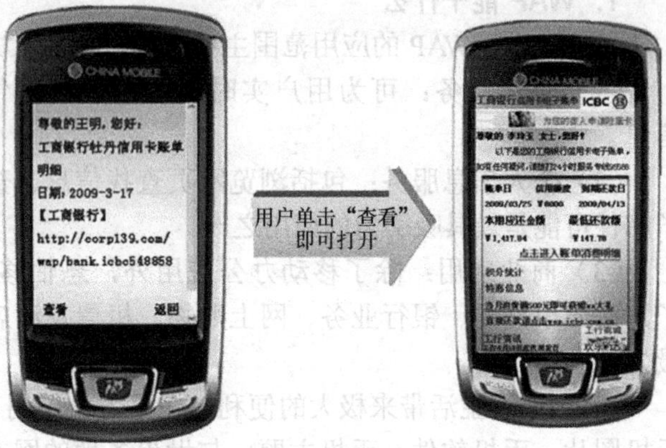

图 8-8　中国移动的网信业务

任务 3　移动 Web 业务

【学习要求】

（1）识记：Web 业务的基本定义。

（2）领会：Web 业务的使用流程。

（3）应用：Web 业务的应用推广。

Web 网站就是我们通常说的互联网网站，它使用 HTML 和 JavaScript 等语言开发。CSS 和 AJAX 等新技术的发展使得 Web 站点的展现能力和业务处理能力得到了极大的提升。

上一个任务介绍的 WAP 是针对处理速度较慢、内存小且屏幕受限的移动终端所开发的协议，也满足了移动网络数据连接较慢的特点。但是随着移动终端及芯片技术的发展，移动终端的处理速度越来越快，终端的智能化与工业性能指标的提高使得移动终端能够展现更为丰富的内容；与此同时 3G/4G 技术可以使移动网络的数据传输速度大大提高，几乎可以与固定互联网的速度相媲美。在这种情况下，完全满足 WWW 标准的移动 Web 浏览器应运而生，它与计算机上用于浏览互联网的浏览器功能几乎相同，并且支持所有 WWW 协议与标准，如 HTML 语言和 CSS 等，包括各种图像、动画甚至视频内容，因此用户可以通过终端中的 Web 浏览器访问互联网的所有内容。

一、Web 的基本定义

Web 的本意是蜘蛛网和网，在网页设计中称为网页。现广泛译作网络、互联网等技术领域。表现为 3 种形式，即超文本（hypertext）、超媒体（hypermedia）、超文本传输协议（HTTP）。

超文本（hypertext）：超文本是一种用户接口方式，用以显示文本及与文本相关的内容。现时超文本普遍以电子文档的方式存在，其中的文字包含有可以链接到其他字段或者文档的超文本链接，允许从当前阅读位置直接切换到超文本链接所指向的文字。超文本的格式有很多，最常使用的是超文本标记语言（标准通用标记语言下的一个应用）及副文本格式（RTF）。我们日常浏览的网页都属于超文本。超文本链接一种全局性的信息结构，它将文档中的不同部分通过关键字建立链接，使信息得以用交互方式搜索。

超媒体（hypermedia）：超媒体是超文本（hypertext）和多媒体在信息浏览环境下的结合。它是超级媒体的简称。用户不仅能从一个文本跳到另一个文本，而且可以激活一段声音，显示一个图形，甚至可以播放一段动画。Internet 采用超文本和超媒体的信息组织方式，将信息的链接扩展到整个 Internet 上。Web 就是一种超文本信息系统，Web 的一个主要的概念就是超文本链接。它使得文本不再像一本书一样是固定的、线性的，而是可以从一个位置跳到另外的位置并从中获取更多的信息，还可以转到别的主题上。想要了解某一个主题的内容只要在这个主题上单击一下，就可以跳转到包含这一主题的文档上，正是这种多连接性把它称为 Web。

超文本传送协议（Hyper Text Transfer Protocol，HTTP）：超文本在互联网上的传送协议。

知识小拓展：当你上网时，眼前出现在显示器上的这个“东西”，就是一个网页。网页实际是一个文件，它存放在世界某个角落的的某一台计算机中，而这台计算机必须是与互联网相连的。网页经由网址（URL）来识别与存取，当我们在浏览器输入网址后，经过一段复杂而又快速的程序，网页文件会被传送到你的计算机，然后再通过浏览器解释网页的内容，再展示到你的眼前。通常我们看到的网页，都是以 htm 或html后缀结尾的文件，俗称 HTML 文件。不同的后缀，分别代表不同类型的网页文件，如以 CGI、ASP、PHP、JSP 甚至其他更多。

二、Web 的实现

图 8-9 所示为移动 Web 浏览业务的模型。从图 8-9 可以看出，由于 Web 浏览器支持 WWW 标准，所以用户通过 Web 浏览器可以直接访问互连网内容，无须再经过 WAP 网关的协议转换及内容压缩等工作。

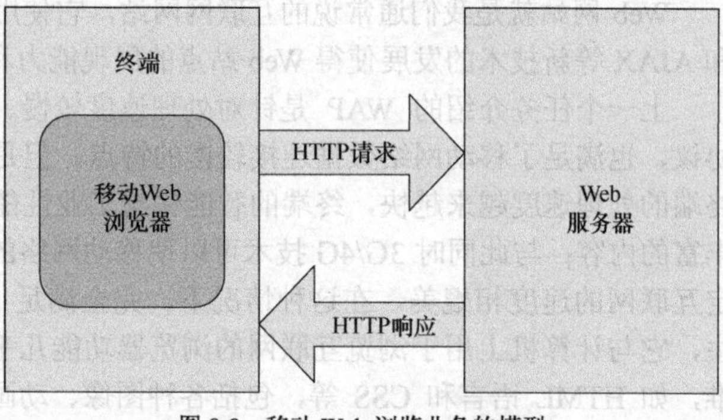

图 8-9　移动 Web 浏览业务的模型

在原来的 WAP 浏览业务中，WAP 网关位于运营商网络中起到为用户接入 WAP 服务器及协议转换的作用；在移动 Web 浏览业务中，运营商也部署了类似 WAP 网关的设备，叫作“Web 网关”。

Web 网关类似原来的 WAP 网关，位于运营商的网络中，作为用户接入互联网的网关正向所有移动终端用户提供 Web 浏览类业务；同时可以实现内容加速、内容适配和内容过滤等功能，以提高终端用户的网页浏览体验。随着 3G 网络的商用，我国 3G 网络运营商已纷纷部署 Web 网关，以提高用户对互联网的浏览体验。

Web 网关具备 WAP 网关的功能，并在 WAP 网关的基础上提供更多的适合于访问互连网的功能。图 8-10 所示为 Web 网关示意。

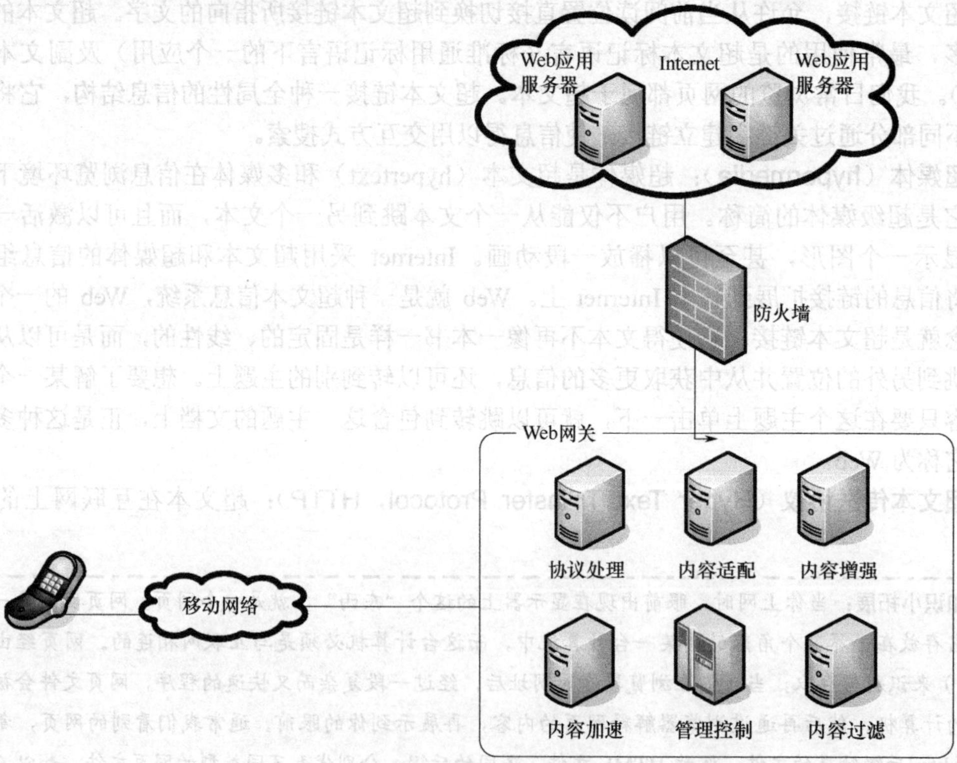

图 8-10　Web 网关示意图

从图 8-10 可以看出，Web 网关位于原来 WAP 网关的位置，实现移动终端的互联网浏览接入功能，并能提供内容适配、内容增强和内容过滤等功能，以更好地满足用户的互联网浏览体验；同时，实现运营商对增值业务的运营需求。

（1）协议处理：Web 网关兼容原 WAP 网关的 WAP 协议功能，并能支持互联网的 HTTP 协议，以同时满足用户访问 WAP 网站和 Web 网站的需求。

（2）内容适配：通过对 Web 页面进行内容重构和优化，实现移动用户在手机终端上访问互联网内容。内容适配功能将原始页面按照终端所能支持的程度重构为单一纵列，并保留原页面中主要对象。对于无法在单页显示的终端，适配后将分为多个子页面展示并提供导航功能便于用户的使用。

（3）内容增强：指 Web 网关增强互联网的内容，以满足运营商的增值业务运营需求，如插入广告，插入定制信息，插入工具栏页面，内容重定向和内容重构等。

（4）内容加速：指 Web 网关通过提高 HTML 内容、WAP 2.0 内容、FTP 以及邮件传输的 TCP/IP 数据传递效率等来提高用户浏览网页和数据下载的速度，以增强用户体验。加速优化功能适用于笔记本电脑和手机等不同类型终端的使用需求。

（5）内容过滤：根据国家和运营商的需求，内容过滤功能可以根据给定的关键字和 URL 等过滤特定内容，将过滤后的内容展现给用户。

（6）管理控制：实现 Web 网关的信息管理和配置等功能，如访问控制、目志管理和用户后息管理等功能。

可以看出，Web 网关能为运营商提供高速、可控且安全的 Web 浏览业务，为用户提供可靠且安全的 Web 服务环境和良好的互联网访问体验，是运营商建设与部署 3G 业务网络的一种主要设备。

通常，运营商的 Web 网关部署按照分省部署，一套 Web 网关可以满足一个省用户的互联网访问需求。目前，中国移动、中国联通和中国电信已在全国部署 Web 网关并已开展商用。

三、Web 的应用

Web 业务的应用主要体现在 Web 浏览器。浏览器是显示网页服器或档案系统内的 HTML 文件（标准通用标记语言下的一个应用），并让用户与此些文件互动的一种软件。个人电脑上常见的网页浏览器包括微软的 Internet Explorer、Mozilla 的 Firefox、Opera 和 Safari，浏览器是最经常使用到的客户端程序。

移动 Web 浏览器支持 WWW 标准协议，除了支持 HTML 语言等，针对移动终端的特点，Web 浏览器还进行了特殊的改进，以更好地让用户在屏幕受限的手机上访问 Intenet 内容。

1．屏幕适配

为将较大的互联网网页展现在屏幕较小的手机上，Web 浏览器通常要进行屏幕适配。屏幕适配的方法有以下两种。

自适应屏幕：即浏览器根据手机屏幕的宽度，将互联网网页内容重新排版，按照从上到下的顺序排列并且显示，用户只需操作手机的上下滚动条或按钮，就可以浏览互联网网页内容。

放大和缩小显示：由于互联网网页内容大，如果全部显示在手机屏幕上，就会使得网页字体、内容过小，不利于用户浏览。因此 Web 浏览器提供给用户放大和缩小网页内容的选择，用户可以通过放大缩小比例来浏览感兴趣的网页内容。

实现以上的屏幕适配，可以由浏览器来进行适配，也可以由专门的网关来实现适配。

浏览器实现适配：终端浏览器可以将 Web 服务器返回的 HTML。页面进行重新解析排版，以达到适合手机屏幕的显示。由终端测览器实现屏幕适配的浏览器有 Nokia 的 SymbianS60 系列浏览器、Opera 公司的 Opera 浏览器等。

网关实现适配：另外一种屏幕适配方式是在网络侧由专门的适配网关来实现适配。例如，UC Web 浏览器就有一个专门的适配网关，用户使用 UC Web 浏览器上网时，浏览器发出的浏览请求首先通过 UC Web 服务器，由 UC Web 服务器去连接 Web 网站。然后 UC Web 服务器将 Web 网站返回的网页数据进行压缩整理，形成适合手机终端显示的页面，再传送给手机浏览器端进行显示。

2. 与手机其他应用的交互

由于手机不同于计算机，有自身独有的功能，因此 Web 浏览器在设计的时候要充分考虑到与手机中其他应用的交互处理，如与电话、短信、彩信等应用的交互。在用户浏览过程中，如有用户来电，浏览器需要中断当前浏览让用户接听电话，用户接听电话结束后还可返回浏览器继续浏览。再如用户在浏览期间接收到短信或彩信，浏览器也需要对用户进行声音或图标的提示，方便用户查看信息。

目前主流的用于手机终端的 Web 浏览器大致可分为两类，一类是手机终端厂商基于手机平台开发的自有浏览器，如 SymbianS60 浏览器，iPhone 的 Safari，基于 Windows Mobile 的 IE Mobile，Palm Blazer 浏览器，BlackJerry 互联网浏览器等。另一类是由浏览器厂商开发的第三方 Web 浏览器，这些浏览器可以预装或通过用户下载安装到手机上。这类 Web 浏览器有 UC Web、Opera、Mozilla 等。移动 Web 浏览器不仅能够浏览互联网 Web 网页，由于智能手机的处理能力与内存的提高，移动 Web 浏览器不仅能支持更为丰富的内容，同时还能实现更多更丰富的功能，如多任务、多窗口浏览，大大提高了用户上网冲浪的体验。同时，很多浏览器也支持数字证书，用户可以方便、安全地通过浏览器访问手机银行，进行移动支付。可以看出，移动 Web 浏览器技术的进步极大地推动了移动互联网业务的发展。

任务4 Java业务

【学习要求】

（1）识记：Java 业务的基本定义。

（2）领会：Java 业务的使用流程。

（3）应用：Java 业务的应用推广。

一、Java 的基本定义

移动网中的 Java 业务是一种移动增值业务。用户通过移动网络环境，访问移动运营商的 Java 业务平台，享受到类似于 Internet 上的方便服务，将平台上由 Java 语言编写的应用程序下载到支持 Java 功能的手机上，下载完成后用户可以对该应用进行正常的安装及使用。

下载得到的 Java 应用程序可以是独立的应用程序，如离线游戏，用户在下载、安装后以离线方式在本地执行。Java 应用也可以是在线应用的 Java 客户端程序，即启动在线应用程序后，程序将连接到应用服务器上互动地执行操作，由终端和服务器配合完成用户的整个业务流程。例如，可以使用手机进行商务活动，可以阅读新闻，查看天气、交通信息等。

Java 业务中的应用程序一般由 JAD 与 JAR 两个文件组成。其中 JAD 文件用于应用程序描述，包括应用的名称、应用的版本、开发商名称、JAR 文件大小等，有些 Java 应用是不需要 JAD 文件的，而是直接下载、安装 JAR 文件。

知识小拓展： Java 是一种可以撰写跨平台应用软件的面向对象的程序设计语言，由升阳（Sun Microsystems）公司的詹姆斯·高斯林（James Gosling）等人于 1990 年代初开发。它最初被命名为 Oak，目标设定在家用电器等小型系统的编程语言，来解决诸如电视机、电话、闹钟、烤面包机等家用电器的控制和通信问题。由于这些智能化家电的市场需求没有预期的高，Sun 放弃了该项计划。就在 Oak 几经失败之时，随着互联网的发展，Sun 看到了 Oak 在计算机网络上的广阔应用前景，于是改造了 Oak，在 1995 年 5 月 23 日以"Java"的名称正式发布。

二、Java 的实现

1. Java 业务网络结构

Java 网络结构图如图 8-11 所示，主要包括 Java 业务平台、WAP 网关、短信网关、DNS、在线服务器等设备。

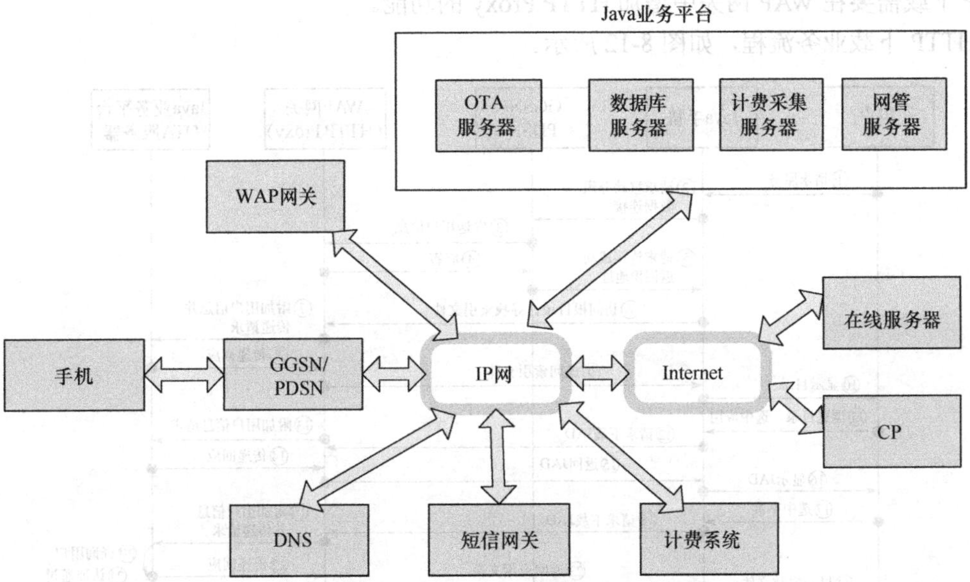

图 8-11　Java 业务的网络结构图

Java 业务平台包括：OTA（Over The Air）服务器、数据库服务器、计费采集器和网管服务器。其主要功能是为用户提供无线下载平台。

WAP 网关支持通过 WAP 和 HTTP 两种方式的 Java 下载应用和在线应用。因此，为了实现 HTTP 方式下载，WAP 网关还需具备 HTTP Proxy 功能。

短信网关在 Java 业务平台网络中提供个性化服务时，向手机用户发送密码和其他确认信息。同时 OTA 服务器还可以通过短信网关向用户发送新业务的宣传信息。

在线服务器提供在线服务的设备，如在线游戏的服务器、证券交易的服务器等。在线服务器可以放在 Intenet 上的服务提供商处或在运营商的网络上。在线服务器与 OTA 服务器之间通过 HTTP 协议进行通信。

另外，Java 业务平台应通过防火墙的控制连接到 Intenet，使内容供应商和手机用户能够通过 Internet 方式访问 Java 业务平台，例如，通过 Internet 向 Java 业务平台进行内容的提交和手机用户的个性化设置。

GGSN（Gateway GPRS Support Node，网关 GPRS 支持节点）/PDSN（Packet Data Serving Node，分组数据服务节点）是移动网络与 IP 连接的网元。

2．Java 业务流程

Java 业务的应用主要分为离线应用和在线应用，下面分别介绍具体的业务流程。

（1）Java 离线应用下载流程

Java 应用的发现可以采用 WAP 方式或 Java 客户端软件的方式。该应用程序安装在手机上以后可以独立运行而不再需要网络的支持。在用户将该应用从手机中删除之前，应用程序将一直存储在手机中。

Java 应用有两种下载方式：WAP+HTTP 下载方式和 HTTP 下载方式。用户使用 WAPl.x 的手机发现一个 Java 应用后，通过 HTTP 方式进行应用程序的下载；如果用户使用 WAP2.0 或专用 Java 客户端软件的手机，则可以直接实现 Java 应用通过 HTTP 方式发现和下载。HTTP 下载需要在 WAP 网关中增加 HTTP Proxy 的功能。

HTTP 下载业务流程，如图 8-12 所示。

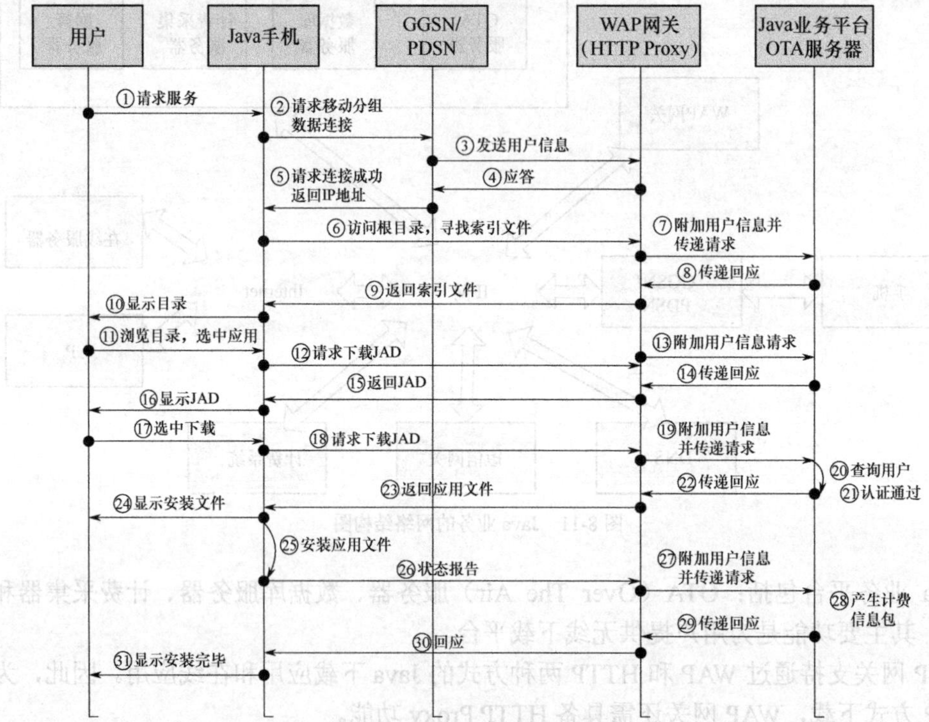

图 8-12　Java 离线应用下载流程

流程说明：

① 用户启动手机的下载功能；

② 手机与移动网络建立分组数据连接；

③ GGSN 向 WAP 网关（HTTP Proxy）发送用户信息；

④ GGSN 或 PDSN 收到应答；

⑤ GGSN 或 PDSN 将 IP 地址返回到手机，手机与移动网络建立数据连接；

⑥ 手机向 Java 业务平台请求下载索引目录网页，请求送到 WAP 网关（HTTP Proxy）；

⑦ WAP 网关（HTTP Proxy）将手机的 MSID、移动网络私网 IP 地址作为 HEADER 加入 HTTP 的请求命令中并向 Java 业务平台请求该网页；

⑧ Java 业务平台向 WAP 网关（HTTP Proxy）返回目录网页；

⑨ WAP 网关（HTTP Proxy）将该目录网页返回给手机；

⑩ 手机显示目录网页；

⑪ 用户浏览网页选择下载应用程序的 JAD 文件；

⑫ 手机向 WAP 网关（HTTP Proxy）请求下载 JAD 文件；

⑬ WAP 网关（HTTP Proxy）将 MSID、IP 地址编号作为 HEADER 内容加入 HTTP 的请求命令中并向 Java 业务平台请求该 JAD 文件；

⑭ Java 业务平台向 WAP 网关（HTTP Proxy）返回 JAD 文件；

⑮ WAP 网关（HTTP Proxy）将该 JAD 文件返回给手机；

⑯ 手机显示 JAD 文件；

⑰ 用户选择下载该应用程序；

⑱ 手机向 WAP 网关（HTTP Proxy）请求下载该应用程序，手机提示用户下载进程；

⑲ WAP 网关（HTTP Proxy）将 MSID、IP 地址编号作为 HEADER 内容加入 HTTP 的请求命令中并向 Java 业务平台请求该应用程序文件；

⑳ 如果需要检查用户权限，Java 业务平台查询用户信息；

㉑ Java 业务平台认证通过；

㉒ Java 业务平台向 WAP 网关（HTTP Proxy）返回 JAR 文件；

㉓ WAP 网关（HTTP Proxy）将该 JAR 文件返回给手机；

㉔ 手机安装 Java 应用程序；

㉕ 手机提示用户安装进程；

㉖ 手机向 WAP 网关（HTTP Proxy）发送状态报告；

㉗ WAP 网关（HTTP Proxy）将 MSID、IP 地址作为 HEADER 内容加入 HTTP 的请求命令中并向 Java 业务平台发送状态报告；

㉘ Java 业务平台产生计费信息；

㉙ Java 业务平台向 WAP 网关返回应答信息；

㉚ WAP 网关向手机返回应答信息；

㉛ 手机向用户显示安装完成。

（2）Java 在线应用下载和使用流程

对于支持在线方式的 Java 应用，应用程序的下载流程与离线应用的下载流程中和 GGSN/PDSN 网关交互的步骤相同，本流程中省略这部分。在线 Java 应用在运行中需要与网络侧的 Java 在线应用服务器进行交互，如在线游戏，或通过服务器与另一个手机用户交互，如支持 IM 的 Java 应用。应用服务可以采用基于 HTTP 连接方式，也可以采用基于 SOCKET 连接方式，下面以 HTTP 连接方式为例对在线应用的下载及使用进行说明，流程如图 8-13 所示。

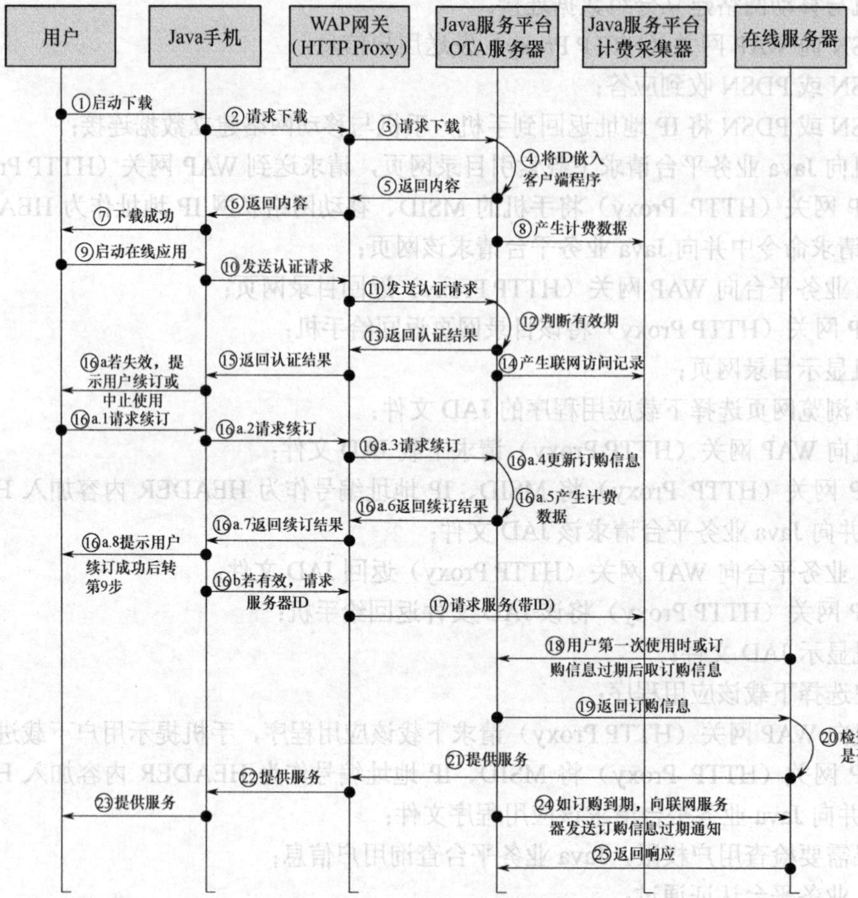

图 8-13　Java 在线应用下载和使用流程

流程说明：

① 用户使用手机下载在线客户端；

② 手机向 WAP 网关（HTTP Proxy）发送下载请求（该步骤与离线应用下载中相同）；

③ WAP 网关（HTTP Proxy）向 OTA 服务器转发下载请求；

④ OTA 服务器将 ID 嵌入在线客户端程序；

⑤ OTA 服务器向 WAP 网关（HTTP Proxy）返回在线客户端程序；

⑥ WAP 网关（HTTP Proxy）向手机返回在线客户端程序；

⑦ 手机向用户提示下载、安装成功；

⑧ OTA 服务器产生一次性的在线服务计费；

⑨ 用户启动在线应用；

⑩ 在线应用向 WAP 网关（HTTP Proxy）发送认证请求；

注：在本流程中，在线应用将发送 ID 给 OTA 服务器进行认证。

⑪ WAP 网关（HTTP Proxy）向 OTA 服务器发送认证请求；

注：在本流程中，WAP 网关（HTTP Proxy）转发用户认证请求给 OTA 服务器，即发送 ID 给 OTA 服务器进行认证。

⑫ OTA 服务器通过 ID 查找本地存储的服务定购信息，判别用户定购是否过期；

⑬ OTA 服务器返回认证结果给 WAP 网关（HTTP Proxy）；

注：在本流程中，如果临近订购期限，向用户提示剩余可用时间。

⑭ OTA 服务器产生在线访问记录并发送到 Java 无线服务平台计费采集器；

⑮ WAP 网关（HTTP Proxy）返回认证结果给客户端软件（在线应用）；

注：在本流程中，在线应用客户端可以显示该客户端的所剩使用时间。

⑯ a 若客户端软件失效，提示用户续订业务；

⑯ a.1 用户请求续订；

⑯ a.2 手机向 WAP 网关（HTTP Proxy）发送续订请求；

⑯ a.3 WAP 网关（HTTP Proxy）将续订请求送到 OTA 服务器；

⑯ a.4 OTA 服务器更新用户的订购信息；

⑯ a.5 OTA 服务器产生计费数据并保存到 Java 无线服务平台计费采集器；

⑯ a.6 OTA 服务器将用户续订结果发送到 WAP 网关（HTTP Proxy）；

⑯ a.7 WAP 网关（HTTP Proxy）将用户续订结果返回给手机；

⑯ a.8 手机向用户显示续订结果，续订成功后，转第⑨步重新启动服务请求；

⑯ b 若客户端软件有效，联网应用向 WAP 网关请求服务（含 ID）；

⑰ WAP 网关向在线服务器请求服务（含 ID）；

⑱ 在用户第一次使用联网服务时或者用户订购过期后，在线服务器向 OTA 服务器请求该用户的订购信息；

⑲ OTA 服务器向在线服务器返回业务订购信息；

⑳ 在线服务器根据取得的订购信息，检查用户是否合法；

㉑ 在线服务器提供服务到 WAP 网关（HTTP Proxy）；

㉒ WAP 网关将服务返回给手机；

㉓ 用户使用服务；

㉔ 用户订购到期时，OTA 服务器向在线服务器发送订购信息过期通知（包含 ID 信息）；

㉕ 在线服务器返回响应给 OTA 服务器。

用户下载在线 Java 应用时，OTA 服务器会在这个应用程序中嵌入一个唯一的标识 ID。在用户成功下载后，OTA 服务器产生计费话单。用户每次运行这个应用程序时，该程序向 OTA 服务器报送自己的 ID，OTA 服务器根据 ID 与 MSISDN 对用户进行鉴权，并根据 ID 找到订购信息，进行用户订购期限检查，如果过期就提示用户续订，用户确认后向 0TA 服务器续订（更新订购信息、计费），然后用户可以继续使用。如果用户使用超过订购期限，OTA 服务器向 SP 发送订购信息过期通知。联网客户端与 OTA 服务器、联网服务器的交互均采用 HTTP 连接方式。

三、Java 的应用

目前全球范围内移动运营商普遍都开展了 Java 业务，同时绝大部分终端支持 Java 应用。Java 手机能够开展的业务如下：

① 游戏，包括离线游戏和在线游戏；

② 娱乐，如卡拉 OK、星象预测、网上聊天、寻找朋友、电子图书；

③ 新闻，如综合新闻及各种专题新闻、股票行情、交通信息、音乐影视、天气预报；

④ 基于定位或位置的服务，如位置及地图、交通指南、周边服务等；

⑤ 金融/交易/博彩类，如移动银行、彩票、电子商务，这类服务需要解密安全机制；

⑥ 企业或商务应用，如移动办公、移动政务、移动警务、石油勘探等。

在国内，中国移动推出了"移动应用商场（Mobile Market，MM）"业务，该业务由中国移动投资建设，通过与国内众多知名手机软件开发商和个人开发者合作，聚合各类开发者及其优秀应用（软件、主题）与数字内容（音乐、游戏、视频、阅读动漫），为移动用户提供跨平台、跨终端实时应用下载、订购、使用需求的综合应用商场，其中不乏手机Java业务的身影。

中国联通也相应的推出了"沃商店"业务。沃商店是中国联通开发的一种新型增值业务。通过聚合应用开发者及其应用，提供宽带互联网、移动互联网等环境下的移动终端等多类型的多媒体信息终端的应用下载服务。

中国电信则推出了"天翼空间"。天翼空间是中国电信的官方应用商店，为用户提供各类手机应用、数字内容的下载服务。应用商店有多种产品形态，包括 Android 系统客户端、BREW 系统客户端、Winphone 客户端、Web 门户、WAP 门户共同构成。目前在天翼空间内共开设有 9 家品牌店铺，包括：天翼软件专卖店、星空软件、百度软件店、360 手机安全中心、极品无限、xFace、3G门户、大头网、长城软件。

过关训练

一、填空题

1．Wi-Fi（Wireless Fidelity）俗称________。1999年时各个厂商为了统一兼容802.11标准的设备而结成了一个标准联盟，称为________，而 Wi-Fi 这个名词，也是他们为了能够更广泛地为人们接受而创造出的一个商标类名词，也有人把它称作________。

2．目前无线局域网（WLAN），主流采用________，故常直接称为Wi-Fi网络。

3．Wi-Fi的工作模式有2种，________和________。

4．WAP（Wireless Application Protocol）即________，是一项全球性的网络通信协议。

5．WAP 的应用结构采用________模式，在移动终端中嵌入一个与 PC 上运行的浏览器（如IE）类似的微型浏览器（WAP浏览器），更多的事务和智能化处理交给________。

6．Web网站就是我们通常说的________，它使用HTML和JavaScript等语言开发。

7．Web 的本意是蜘蛛网和网，在网页设计中称为网页。现广泛译作网络、互联网等技术领域。表现为3种形式，即________、超媒体（hypermedia）、超文本传输协议（HTTP）。

8．Java 网络结构主要包括 Java 业务平台、________、短信网关、________、在线服务器等设备。

二、简答题

1．简述Wi-Fi技术的优缺点。

2．请比较Wi-Fi的工作模式：基础设施无线局域网和自组织无线局域网。

3．简述WAP的应用。

4．简述Web浏览器在屏幕适配方面的改进。

5．简述Java业务的应用。

模块九

移动定位业务认知及应用

【内容简介】

本模块介绍移动定位业务的基本定义、业务的实现、业务的应用推广。

【重点难点】

重点掌握移动定位的实现与应用。

【学习要求】

（1）识记：移动定位的基本定义。
（2）领会：移动定位的业务实现。
（3）应用：移动定位的业务应用推广。

目前，电信行业竞争激烈，移动运营商在不断地寻找新的途径去创造新的利润点或者增长点。在各种移动增值业务当中，移动定位业务是最具市场潜力的一种。

任务1　移动定位业务

【学习要求】

（1）识记：移动定位业务的定义；
（2）领会：移动定位业务的实现；
（3）应用：移动定位业务的应用推广。

一、移动定位的基本定义

移动位置服务（Location-Based Services，LBS）也称为无线定位服务，是由移动网络提供的一种增值业务，通过一组定位技术获得移动台的位置信息（如经纬度坐标数据），提供给移动用户本人或他人以及通信系统，实现各种与位置相关的业务。狭义地说，LBS 业务是通过移动网络获取移动用户的位置信息，在地理信息系统平台的支持下提供相应服务的一种无线增值业务。广义地说，只要是基于位置的信息服务均属于位置服务。有些业务可能与用户本身的位置无关，如固定地点的天气、固定起始终止点之间的公交路线等。

在移动通信网中，LBS 业务应用最多的是与终端持有者本身的位置密切相关的那些业务。

知识小拓展：目前三大运营商都已开通与移动定位业务相关的服务。如中国电信的"天翼导航"为手机用户提供导航服务；中国移动和中国联通为企业提供基于卫星、基站定位技术的综合位置信息服务——车务通业务和手机定位，借助广泛覆盖的移动通信网络，通过手持或车载终端，满足企事业单位对内部车辆、人员的监控调度需求。

二、移动定位的实现

1. 移动定位业务的系统结构

移动定位业务的系统结构如图 9-1 所示。基于移动通信网实现的定位业务系统中，除了移动通信网的基础网络设备外，还包括定位终端、定位业务平台、LBS Client 及地理信息系统（GIS）系统。定位终端通过移动网络与定位业务平台进行定位交互，来获取经纬度，定位业务平台将经纬度信息通过 LBS Client 提供给 SP/CP，SP/CP 利用经纬度信息向用户提供某种位置服务，根据业务需要，SP/CP 可通过 GIS 系统向用户提供地图服务。

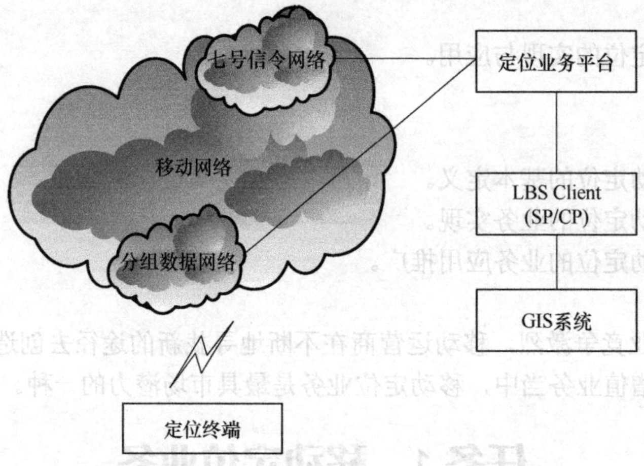

图 9-1　基于移动通信网络实现的定位业务系统结构

2. 移动定位业务的实现要素

实现定位业务主要包含以下 4 项要素。

（1）定位技术：决定了定位的精度和速度。

（2）定位终端：定位终端对地图显示尺寸、色彩的支持，处理能力以及对矢量地图浏览器的支持都影响着用户对定位业务的使用感受。

（3）GIS 系统：GIS 引擎进行导航、路径搜索的处理速度，地图数据提供商提供的地图的质量都影响着定位业务的服务质量。

（4）CP/SP：SP 通过 LBS Client 提供定位业务的接入，CP 提供最终的定位应用内容（POI 信息），两者共同为用户提供多种位置服务。

3. 移动定位业务的流程

（1）自我定位业务流程

进行自我定位时，用户可以通过 WAP 方式登录 WAP 门户发起定位请求，也可以通过定位终端中内置的定位应用（如 Java 应用等）发起定位请求。图 9-2 所示是用户基于 WAP 方式发起的自我定位流程图。

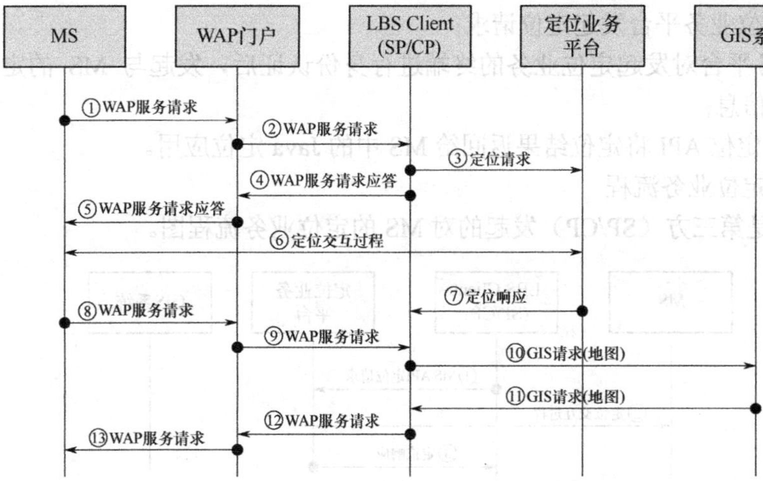

图 9-2　基于 WAP 定位应用发起的自我定位流程图

流程说明：

① 用户通过 WAP 方式登录到 WAP 门户，发起一次自我定位；
② SP/CP 接收用户的 WAP 定位请求；
③ SP/CP 通过 LBS Client 向定位业务平台发起定位请求；
④ SP/CP 对②服务请求的应答；
⑤ WAP 门户对①定位请求的响应；
⑥ 定位业务平台发起与 MS（移动终端，如手机）的定位交互，取得用户的经纬度信息；
⑦ 定位业务平台通过 LBS Client，将用户位置坐标信息转发给 SP/CP；
⑧ 用户通过 WAP 方式发起 WAP 业务请求获取位置信息；
⑨ WAP 门户网站将 WAP 业务请求发送给 SP/CP；
⑩ SP/CP 向 GIS 系统发送 GIS 请求；
⑪ GIS 系统返回相应的 GIS 响应；
⑫ SP/CP 将得到的地图信息返回给 WAP 门户；
⑬ 用户通过 WAP 获取到位置结果，获得最终的位置服务。

图 9-3 所示是用户基于 MS 中驻留的 Java 定位应用发起的自我定位流程图。

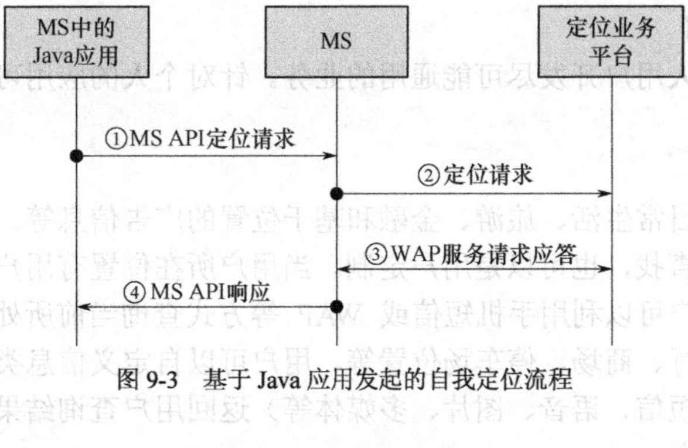

图 9-3　基于 Java 应用发起的自我定位流程

流程说明：

① MS 驻留的 Java 定位应用通过调用定位 API 向 MS 发起自我定位请求；

② MS 向定位业务平台发起定位请求；

③ 定位业务平台对发起定位业务的终端进行身份认证后，发起与 MS 的定位交互，取得用户的经纬度信息；

④ MS 通过定位 API 将定位结果返回给 MS 中的 Java 定位应用。

（2）第三方定位业务流程

图 9-4 所示是第三方（SP/CP）发起的对 MS 的定位业务流程图。

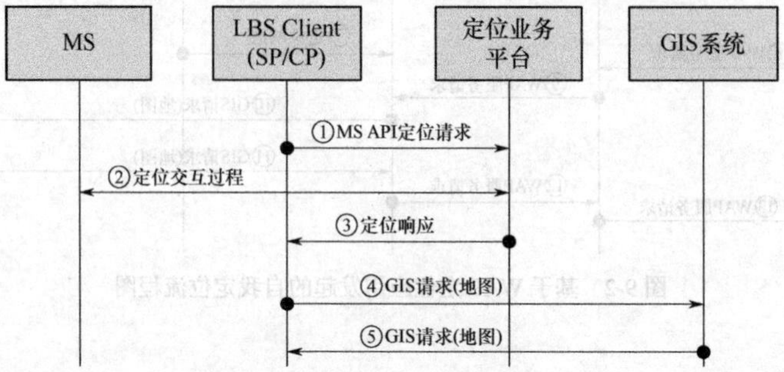

图 9-4 第三方定位流程

流程说明：

① SP/CP 接收到用户的第三方定位查询请求后通过 LBS Client 向定位业务平台发送定位请求；

② 定位业务平台在鉴权通过（验证用户对 SP/CP 的授权关系）后，发起与被定位 MS 的定位交互，取得用户位置坐标信息；

③ 定位业务平台通过 LBS Client 将用户位置坐标信息转发给 SP/CP；

④ SP/CP 将用于位置坐标信息发送给 GIS 系统，请求 GIS 信息；

⑤ GIS 系统返回相应的 GIS 响应（地图），SP/CP 获得最终的位置服务。

三、移动定位的应用

基于 3G 网络的移动定位业务按业务类型可以分为信息、查询、医疗、娱乐等多个方面。

按照应用范围，可以分为水平市场和垂直市场。水平市场针对的是个人用户，垂直市场针对的是集团用户。

1．水平市场应用

水平市场面向个人用户开发尽可能通用的业务。针对个人的应用可以分为信息、定位娱乐等多个方面。

（1）信息类业务

信息类业务包括日常生活、旅游、金融和基于位置的广告信息等。这些信息的提供都可以通过用户直接点播查找，也可以是用户定制。当用户所在位置有用户关心的信息时，将该信息发送给用户。用户可以利用手机短信或 WAP 等方式查询当前所处位置的相关信息，如附近宾馆、饭店、银行、商场、停车场位置等。用户可以自定义信息类型、查询半径，系统可以以多种方式（如短信、语音、图片、多媒体等）返回用户查询结果。这类信息的提供对定位精度的要求不太高。

（2）定位类业务

定位类业务主要是提供对指定终端的位置查找，如查询走失老人/小孩的位置、查找朋友的位置。定位类业务对精度的要求相对较高。用户经指定终端授权后，可以使用手机对指定终端进行位置查询，即用户通过手机向位置服务系统提出定位查询请求后，位置服务系统以短消息或图片等形式返回指定终端当前所处的位置信息。

（3）娱乐类业务

娱乐类业务主要是提供一些基于位置的游戏服务。这类服务对应用提供商的要求较高，需要开发出有吸引力并且系统完善的应用，如寻找宝藏、都市情缘等游戏。这类信息的提供对定位精度的要求根据具体的娱乐内容而定。

2．垂直市场应用

垂直市场针对不同的行业用户来开展不同的业务，如车辆或人员调度、货物监控、报警类应用。垂直市场的挖掘对于绑定集团客户和提高运营商竞争力都有很深远的意义。

（1）车辆或人员调度：可以根据需要实时查询某地域范围内所有符合要求的车辆或人员，从中选择最合适的车辆或人员进行调度。

（2）货物监控：在每辆运输车上安装移动车载台，通过完善的移动通信网络系统对每一辆车进行定位。在为车载台提供实时位置信息的同时，通过移动通信网将定位信息传输到交通管理中心或货物监控中心，以便进行监控。

（3）报警类应用：该业务是水平和垂直应用的结合。当用户遇到抢劫、火灾、车祸、车辆抛锚等意外时，用户拨打报警电话。移动通信网络在将该紧急呼叫发送到救援中心的同时，启动支持移动位置业务的网元，得到用户的具体位置，将该位置信息和用户的语音信息一并传送给救援中心。救援中心接到呼叫后，根据得到的位置信息，就能快速、高效地开展救援活动，大大提高救援成功率。

过关训练

一、填空题

1．位置服务（Location-Based Ser-rices，LBS）也称________，是由________提供的一种增值业务，通过一组定位技术获得________的位置信息（如经纬度坐标数据），提供给移动用户本人或他人以及通信系统，实现各种与位置相关的业务。

2．目前三大运营商都已开通与移动定位业务相关的服务，如中国电信的________为手机用户提供导航服务。

3．基于移动通信网实现的定位业务系统中，除了移动通信网的基础网络设备外，还包括________、定位业务平台、LCS Client（SP/CP）及________。

4．实现定位业务主要包含以下 4 项要素：________、________、________、________。

5．进行自我定位时，用户可以通过 WAP 方式登录________发起定位请求，也可以通过定位终端中内置的定位应用（如 Java 应用等）发起定位请求。

二、简答题

1．简述移动定位业务的自我定位业务流程。

2．简述移动定位业务的第三方定位业务流程。

3．简述移动定位业务的应用情况。

模块十

移动商务类业务认知及应用

【内容简介】

本模块介绍移动商务类业务手机支付、手机二维码的基本定义、业务的实现、业务的应用。

【重点难点】

重点掌握手机支付与手机二维码的实现与应用。

【学习要求】

（1）识记：手机支付与手机二维码的基本定义。

（2）领会：手机支付与手机二维码的业务实现。

（3）应用：手机支付与手机二维码的业务应用推广。

移动电子商务（Mobile Business System，MBS）源自传统电子商务，但不是简单的电子商务移动化，也不是传统电子商务的分支。移动技术的特性赋予了它更广阔的应用空间，巨大的移动用户规模、新型的终端载体、无处不在的网络、安全个性化的服务等都是对传统电子商务的创新。移动电子商务是传统电子商务的延伸和扩展，将传统电子商务的应用向商务活动的各个环节扩展，因此移动电子商务对于降低企业运作成本、提高运营效率、促进传统行业升级改造具有更重要的意义。

移动电子商务是基于移动通信网络，通过移动智能终端和无线通信模块等无线设备所进行的商务活动。它综合利用多种技术，如 RFID、二维码和多信息采集等，与移动信息化、移动互联网及物联网等新兴产业交融发展。

任务 1　手机支付业务

【学习要求】

（1）识记：手机支付业务的定义。

（2）领会：手机支付业务的实现。

（3）应用：手机支付业务的应用推广。

一、手机支付的基本定义

1．手机支付的定义

移动支付是用手机等移动终端实现资金的转移，对所消费的商品或服务进行账务支付。更准确地，我们可以将移动支付定义为：以手机、PDA 等移动终端为工具，实现资金由支付方转移到受付方的支付方式。

移动支付具有方便、快捷、安全、低廉等优点，其有着与信用卡同样的方便性，同时又避免了在交易过程中使用多种信用卡以及商家是否支持这些信用卡结算的麻烦，消费者只需一部手机，就可以完成整个交易。作为新兴的费用结算方式，日益受到移动运营商、网上商家和消费者的青睐。

知识小拓展：目前，三大运营商都已开通手机支付业务，如中国移动的“手机支付”与“手机钱包”业务；中国电信的“翼支付”业务；中国联通的“沃支付”业务。

2．移动支付分类

移动支付存在着多种形式，不同形式的技术实现方式也不相同。不同形式的移动电子支付对安全性、可操作性、实现技术等各方面都有着不同的要求，适用于各类不同的场合和业务。

（1）根据用户账户的不同，移动支付可分为以下几类。

① 银行卡账户支付：手机号码与银行卡绑定，用户操作银行卡账户进行支付。银行卡账户支付业务主要以实物产品为主，应用范围如下。

a．运营商自有业务服务：手机充值缴费，充值卡购买，为运营商中间账户充值。

b．提供购票和商旅等服务，如机票、火车票、小额保险、商旅服务等（交易金额在单笔 30 元以上，需要规避欠费风险）。

c．实物商品交易：各种商户与客户（B2C）或客户与客户（C2C）业务中的实物商品购买，如数码产品、书籍等（考虑税务发票相关规定的限制）。

② 话费账户小额支付：手机号码与手机用户的话费或积分账户绑定，用户操作话费账户进行支付。

③ 中间账户支付：手机号码与用户在运营商或第三方专业支付提供商开通均自有账户绑定，先充值后消费，用户操作自有账户。

话费账户小额支付及中间账户业务主要以电子产品为主，应用范围为：

a．互联网邮箱服务、在线游戏、软件下载、在线杀毒等；

b．数字点卡、影音娱乐、电子图书、电子报刊等；

c．部分票务应用如彩票、演出票、电影票等；

d．其他非实物小额资讯类产品。

（2）根据技术实现方式，移动支付可分为以下几类。

① 运营商为主体的移动支付：移动支付平台由运营商管理、建设和运维，如代收费业务等。

② 银行为主体的移动支付：银行为用户提供交易平台和付款途径，通过可靠的银行金融机构进行交易鉴权，移动运营商只为银行和用户提供信息通道，不参与支付过程。

③ 第三方专业支付提供商为主体的移动支付：移动支付平台由第三方专业支付提供商

管理、建设和运维。

（3）根据支付方式不同，移动支付可分为以下几类。

① 在线支付：如通过短信、WAP、IVR 等方式完成的支付，交易发生在网络侧。

② 离线支付：如通过近距离非接触技术完成的支付，交易发生在手机侧。

二、手机支付的实现

1. 在线移动支付

如图 10-1 所示，在线移动支付的基本网络结构由移动终端（如手机）、移动网络、移动支付管理平台、SP/CP/商家服务器、金融机构服务器等组成。其中移动支付管理平台由支付管理平台和业务管理平台组成。

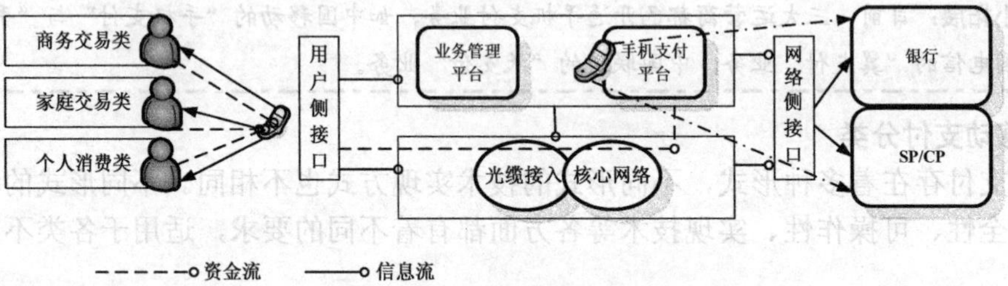

图 10-1 在线移动支付网络结构

移动终端通过短消息、WAP、Java/Brew 等方式接入移动通信网络的运营商建设和运营的移动支付管理平台。对于用户使用话费小额支付账户和中间账户进行支付的业务，移动支付平台将与 SP/CP/商家服务系统相连；对于用户使用银行卡账户进行支付的业务，移动支付平台将通过第三方服务提供商的专业支付平台与银行服务系统相连。

移动支付管理平台由业务管理平台和支付平台两部分组成。业务管理平台对用户、服务提供商、商家进行业务管理，支付平台负责统一的用户支付通知管理、订单支付结果通知管理，并处理话费账户小额支付业务和中间账户支付业务的金融支付。如果是银行卡账户支付业务，支付平台通过第三方专业支付服务提供商的支付平台与银行服务系统相连，不处理用户、商家、银行三者之间涉及的金融支付，而由第三方专业支付服务提供商的支付平台和银行服务系统进行处理。

移动支付管理平台结构如图 10-2 所示，包括业务管理平台和支付平台。

业务管理平台功能包括：门户管理、SP/CP 商家管理、客户管理、交易管理、统计查询、系统管理等。

支付平台功能包括：支付管理、结算管理、订单管理、接口管理、号段管理、路由控制、黑白名单管理、系统管理等。

- 基于 SMS 的移动支付业务流程

（1）普通短消息方式

最简单的普通短消息方式的业务流程为：

① 用户发送购买商品或服务的短信到指定的商家服务器接入号码；

② 商家服务器返回对用户购买商品或服务反馈的消息；

③ 用户发送确认的消息到商家服务器，完成购买交易。

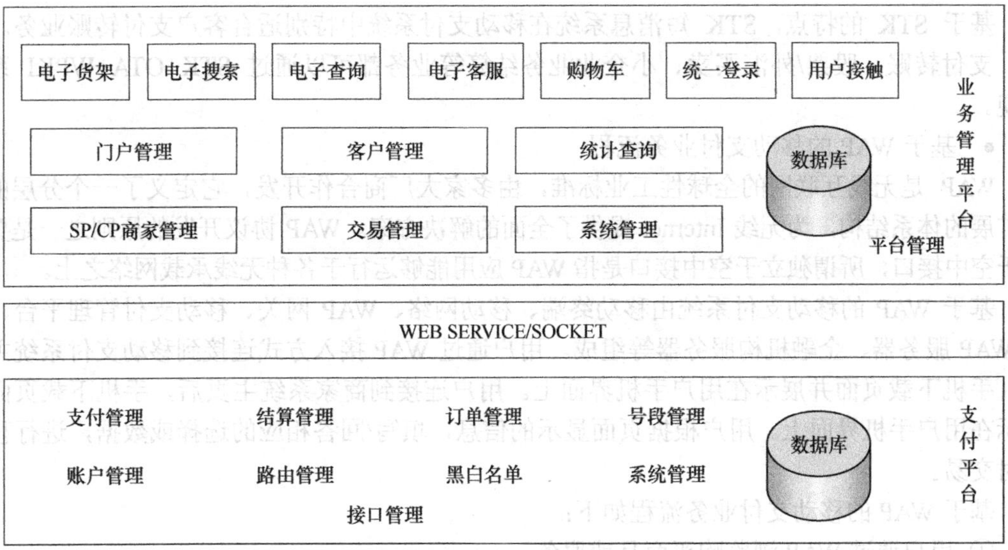

图 10-2　移动支付管理平台

采用短信接入方式的优势为短信技术成熟度比较高，全国范围已经开通，支持所有手机；无需换卡，对各种手机有统一显示，用户使用方便易用。

基于普通短消息的特点，短消息系统在移动支付系统中特别适合短信委托交易和通知类业务。短信委托交易包括娱乐互动，订购天气预报、手机杂志、报纸等交易。另外用户账务变更通知、定期账户到期通知、ATM 取款通知、POS 消费通知、网上交易支付确认、利率变动通知等业务都可以通过短信方式实现。

（2）STK 短消息方式

STK 可以通过空中下载（Over The Air，OTA）技术实现菜单实时更新和菜单管理。STK 卡可以和 WPKI （Wireless Public Key Infrastructure，无线公开密钥体系）技术结合使用，通过在卡内实现的 RSA 算法来进行签名运算，实现不可抵赖性；引进符合 X509 标准的证书，实现身份认证。

知识小拓展：STK（SIM TOOL KIT），简称“用户识别应用发展工具”，可以理解为一组开发增值业务的命令，一种小型编程语言，它允许基于智能卡的用户身份识别模块 SIM 运行自己的应用软件。如中国移动的“移动梦网”SIM 卡，“动感地带”等都是基于 STK 技术的 SIM 卡，该技术可以使 SIM 卡拥有大的存储容量和内置运营商提供的各项服务。

STK 短消息方式的业务流程如下：

① 用户打开菜单；

② 用户选择购买商品或服务，发送短消息到商家服务器；

③ 商家服务器向安全认证服务器提交请求；

④ 用户接收到来自安全认证服务器的请求，通过输入密码确认，并返回；

⑤ 用户与商家进行交易，交易成功。

采用 STK 接入方式的优势为菜单界面简单易用，支持菜单页面的实时更新和管理；安全级别高，适合大额交易和支付转账；投资回报率高。劣势为需要换卡，前期市场推广需要银行、移动运营商、卡商的通力合作。

基于 STK 的特点，STK 短消息系统在移动支付系统中特别适合客户支付转账业务。例如，支付转账、股票/外汇买卖、小企业业务结算等业务都可以通过 STK+OTA+WPKI 系统实现。

- 基于 WAP 的移动支付业务流程

WAP 是无线互联网的全球性工业标准，由多家大厂商合作开发，它定义了一个分层的、可扩展的体系结构，为无线 Internet 提供了全面的解决方案。WAP 协议开发的原则之一是要独立于空中接口，所谓独立于空中接口是指 WAP 应用能够运行于各种无线承载网络之上。

基于 WAP 的移动支付系统由移动终端、移动网络、WAP 网关、移动支付管理平台、商家 WAP 服务器、金融机构服务器等组成。用户通过 WAP 接入方式连接到移动支付系统主页后，手机下载页面并展示在用户手机界面上。用户连接到商家系统主页后，手机下载页面并展示在用户手机界面上。用户根据页面显示的信息，填写/回答相应的选择或数据，进行移动支付交易。

基于 WAP 的移动支付业务流程如下：

① 用户通过 WAP 浏览购买商品或服务；

② 商家服务器向移动支付管理平台提交请求；

③ 用户接收到来自移动支付管理平台的请求，通过输入密码确认，并返回；

④ 请求从移动支付管理平台返回给商家服务器；

⑤ 用户成功购买商品或服务。

WAP 接入方式是面向连接的浏览器方式，可实现交互性较强的业务，可实现支付的全部功能；但缺点在于用户需换用支持 WAP 的手机，设置烦琐，不易使用，交易成本高，不适合做频繁小额支付。

通过 WAP 方式传送业务信息，具有携带的信息内容丰富、信息传送的安全性高等特点，因此它是移动支付业务发展的主要接入方式之一。

- 基于 Java/Brew 的移动支付业务流程

Java/Brew 业务作为一种移动数据业务的增值服务，提供了一种应用环境，能更好地为用户提供全新图形化、动态化的移动增值服务。用户使用支持 Java/Brew 功能的移动终端，通过分组方式接入运营商的 Java/Brew 服务平台，能方便地享受各种服务，如下载各种游戏、动漫画、小说等，还可进行各种在线应用，如联网游戏、收发邮件、证券炒股、信息查询等，在移动终端中集成了 Java/Brew 业务客户端软件，这有利于业务的使用和业务灵活性的提高。

基于 Java/Brew 的移动支付系统由移动终端、移动网络、Java/Brew 业务管理平台、安全认证服务器、商家 WAP 服务器、金融机构服务器等组成。基于 Java/Brew 的移动支付业务流程如下：

① 用户通过 Java/Brew 手机中的浏览器浏览商家或银行的页面，选择购买商品或服务；

② 商家服务器向移动支付管理平台提交请求；

③ 用户接收到来自移动支付管理平台的请求，通过输入密码确认，并返回；

④ 请求从移动支付管理平台返回给商家服务器；

⑤ 用户成功购买商品或服务。

无线 Java/Brew 业务使用图形化界面，可以和用户有良好的交流，提供透明通道，实时通信，响应迅速，提供用户高性能、多方位的业务使用体验。这类业务安全机制较完善，适合电子商务运作。

2．离线移动支付网络结构

（1）NFC 网络

目前，有些离线移动支付采用 NFC 技术，基于 NFC 的网络系统结构如图 10-3 所示。

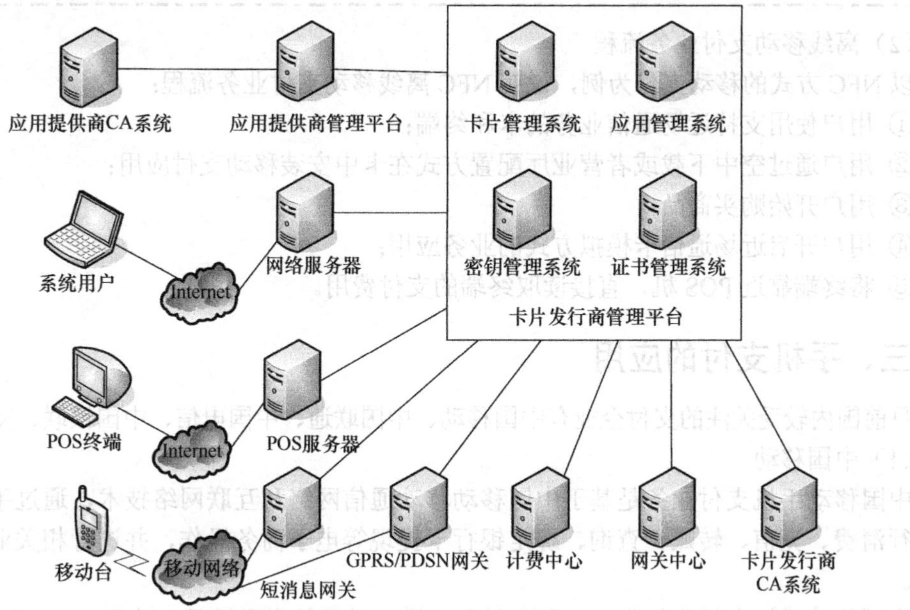

图 10-3　NFC 网络结构

移动终端通过移动网络的短消息网关、GPRS/PDSN 网关连接到 NFC 账务系统的卡片发行商管理平台，通过卡片发行商管理平台对卡片和自有应用进行管理，并将移动支付应用下载到卡中。

NFC 业务系统由卡片发行商管理平台、应用提供商管理平台组成。卡片发行商管理平台由卡片管理系统、应用管理系统（用于自有应用）、密钥管理系统、证书管理系统组成。应用提供方管理平台由应用管理系统、密钥管理系统、证书管理系统组成。其中证书管理系统仅在系统采用非对称密钥安全机制的情况下使用，在采用对称密钥安全机制的情况下不使用。

用户通过使用支持近场通信业务的卡和终端，将移动支付应用安装在卡中，就可以使用移动支付业务，如图 10-4 所示。

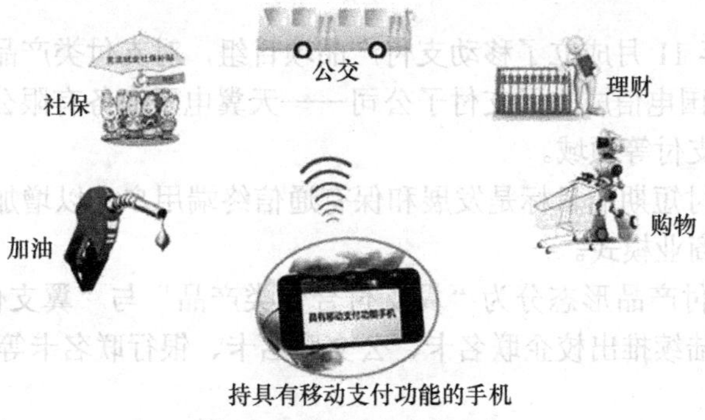

图 10-4　离线移动支付业务

知识小拓展：NFC（Near Field Communication，近场通信）又称近距离无线通信，是一种短距离的高频无线通信技术，允许电子设备之间进行非接触式点对点数据传输，在十厘米内交换数据。这个技术由非接触式射频识别（RFID）演变而来，由飞利浦半导体（现为恩智浦半导体）、诺基亚和索尼共同研制开发，其基础是RFID及互连技术。

（2）离线移动支付业务流程

以NFC方式的移动支付为例，说明NFC离线移动支付业务流程：

① 用户使用支持近场通信业务的卡和终端；

② 用户通过空中下载或者营业厅配置方式在卡中安装移动支付应用；

③ 用户开始购买商品；

④ 用户开启近场通信卡模拟方式的业务应用；

⑤ 将终端靠近POS机，直接读取终端的支付费用。

三、手机支付的应用

目前国内较受关注的支付企业有中国移动、中国联通、中国电信、中国银联、支付宝等。

（1）中国移动

中国移动手机支付业务是基于中国移动移动通信网络和互联网络技术，通过手机支付账户进行消费、充值、转账、查询、绑定银行卡提现等电子商务操作，并进行相关业务管理的业务。

中国移动手机支付业务分为远程支付和现场支付两种应用场景。截至2011年4月份，中国移动手机支付注册用户超过2000万，月均活跃用户200万。2010年全年累计交易额30亿元，2011年3月单月交易额超过4亿，现场商户超过10000家，本地远程商户455家，全网远程商户达1006家。

在2010年认购浦发银行股份后，中国移动将与浦发银行在手机支付领域展开更多合作。

（2）中国联通

中国联通2011年4月宣布已经组建了联通沃易付网络技术有限公司，并于4月18日领取了营业执照，公司注册资本2.5亿。目前中国联通已在北京、上海、广州、重庆4个城市进行手机支付试点。

中国联通已与中国银联、交通银行、广发银行、工商银行、华夏银行、兴业银行等达成合作，在移动支付领域进行更多探索。

（3）中国电信

中国电信2009年11月成立了移动支付产品项目组，对支付类产品进行研究、开发和部署。2011年3月，中国电信成立了支付子公司——天翼电子商务有限公司，业务涵盖移动支付、固网支付及积分支付等领域。

中国电信移动支付短期的目标是发展和保有通信终端用户，以增加用户粘性，最终建立拥有核心支付能力的商业模式。

中国电信移动支付产品形态分为“翼支付合作类产品”与“翼支付自有账户产品”，目前已在全国不同省市陆续推出校企联名卡、公交联名卡、银行联名卡等翼支付产品。

（4）中国银联

中国银联是国内移动支付产业链中的重要一环，其角色定位于负责移动支付业务转接清算，连接电信运营商与金融机构，整合、协调电信运营商与银行等各方面资源。

目前中国银联已经在多个省市进了移动支付的试点，推出了 4 种基于移动支付的产品，包括智能 SD 卡、双界面电信卡、贴膜卡及 NFC 手机，未来将在全国范围内推广银联标准移动支付方式。

之前中国银联还联合 18 家商业银行、中国联通和中国电信、手机制造商等共同成立了移动支付产业联盟。

（5）支付宝

支付宝作为国内在线支付的领头羊，在移动支付领域面临着来自上述国资背景企业的竞争。支付宝目前在移动支付市场的主要动作有，与国内最大手机浏览器——UC 浏览器达成合作，在后者中内置支付宝安全支付解决方案，令用户直接完成网购付费、手机充值等流程。2011 年 4 月，支付宝与中国银行、工商银行、建设银行等 11 家银行达成合作，共推"快捷支付"服务。支付宝还在多个手机平台拥有客户端。支付宝目前在该领域的主要优势在于，拥有庞大的用户规模，并对用户消费习惯十分了解。

任务 2　手机二维码业务

【学习要求】

（1）识记：手机二维码业务的定义。

（2）领会：手机二维码业务的实现。

（3）应用：手机二维码业务的应用推广。

一、手机二维码的基本定义

1．手机二维码的定义

首先要知道手机二维码的一般概念。"手机二维码"是二维码的一种，是用特定的几何图形（按一定规律在平面二维分布的黑白相间的矩形方阵）记录数据符号信息的新一代条码技术。如图 10-5 所示，手机二维码由一个二维码矩阵图形和一个二维码号，以及说明文字构成。用户通过手机扫码，快速获取条码中存储的信息，进行上网、发送短信、拨号、发送邮件等操作。

图 10-5　手机二维码

其中，图标是手机二维码的条码图形，码号由数字组成，每个图标对应一个固定的二维码码号，码号在图标的正下方；使用说明在码号的正下方，内容为"手机发送××××到××××"。

二维码这项业务在国外发展较早。当前所流行的一维条形码最大的问题就是信息只能在一个方向表达，承载的容量太少，造成浪费，一般也只足以表达文字。而二维码以矩阵形式来表达，可以在纵横两个方向存储信息，可存储的信息量是一维码的几十倍，并能整合图像、声音、文字等多媒体信息。

2．手机二维码的类型

目前国内外常见的手机二维码有 U 码（优码）、ColorCode（彩色条码）、MagiCode（魔扣条码）、QuickMark（行动条码）、ShotCode、QRCode、PDF417 码等。

MagiCode 是韩国专门为照相手机研发的二维码，具有体积小、容量大、辨识容易且迅速等特点，现已广泛应用在平面、电子和户外媒体上。通过扫描出现在各种媒体上的 MagiCode，可轻松连接到目标网页或者拨打目标电话号码。

ShotCode 是英国剑桥研制的手机二维码，是一套圆形的类条码图案，具有识别率高、全方位识读、性价比高的优点。圆形的黑白模块序列可以代表任何一个需要的 URL（通用资源定位符），ShotCode 专用识读器可在 3s 或更短时间内把用户手机连接到 URL 指向的相应站点。

ColorCode 是一种彩色二维码，由韩国 Yonsei 大学研制，使用红、绿、蓝、黑 4 种颜色。ColorCode 是世界上第一个集成了在线和离线、模拟和数字成分的二维码系统。在 ColorCode 二维码里仅存储了一个索引信息，经过装有专门识别软件的手机解码后，这个索引信息被识别出来并被发送至服务器，服务器再将该索引对应的相关信息传送给手机。

QuickMark 是金扬科技专门为移动设备而开发的二维码。QuickMark 二维码对手机硬件要求不是很高，任何具有 30 万像素以上分辨率的照相手机都可以对条码进行采集。此外 QuickMark 二维码的识别速度非常快，将镜头瞄准条码后，2 秒内即可自动完成条码内容的识别。此外通过名片上专门设计的 QuickMark 二维码，还可以实现在手机里建立个人通信录或拨打电话的功能，免除烦琐的人工操作。

QRCode 是由日本 Denso 公司于 1994 年研制的，为开放码制，可高效地表示汉字，广泛地应用于文字存储等领域。

PDF417 码于 1991 年由美国 Symbol 公司进行发布，组成条码的每一符号字符都是由 4 个条和 4 个核构成。PDF417 码为开放码制，纠错能力强，无损面积不超过 50%均可正确译码，广泛应用于防伪证件。

3．手机二维码的特点

与一维码相比，二维码的特点为：

（1）信息容量大。二维码所带的信息一般可达到 2～3kbit，是一维码的几十倍，能够将商品名、商品代码等信息放在编码中。

（2）译码质量高。二维码有纠错能力。被撕掉一半或者被污染，所带的信息还可以还原，而一维码则无法做到。

（3）保密防伪性能强。二维码可进行码字压缩和加密处理，更有利于商家防伪。

（4）采集速度快。识读速度可达 300Mbit/s。

二、手机二维码的实现

1．手机二维码的产业链

手机二维码产业链如图 10-6 所示。

运营商：是业务监管者和政策制定者。

读识设备提供商：提供读识设备，搭建读识终端系统。

终端产商：生产二维码识别手机，并预置二维码识别软件。

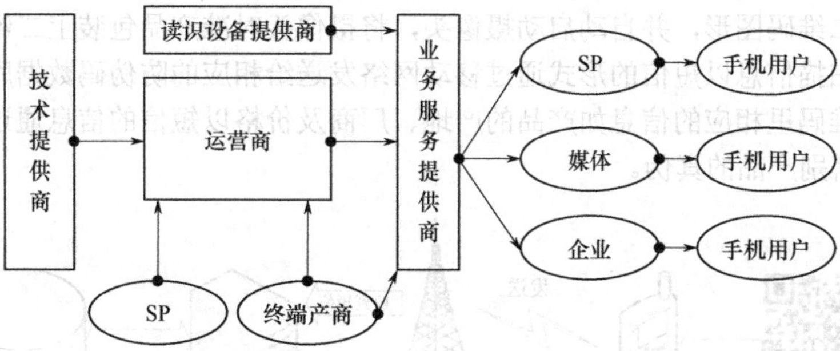

图 10-6　手机二维码产业链

SP：购买二维码作为业务通道，并为运营商提供增值业务内容。

二维码技术提供商：提供技术平台和解决方案。

业务服务提供商：二维码服务运营商，负责业务开发。

企业：二维码业务的购买者，利用它作为广告媒介。

媒体：二维码的使用者，二维码业务的代理商。

2．手机二维码的业务实现

手机二维码的业务类型主要有两种：手机识读业务和手机被读业务。

手机识读业务是指手机通过摄像头扫描二维码图案，由手机内置的二维码识读软件进行识别译码，获得存储在二维码图案中的信息，如图 10-7 所示。

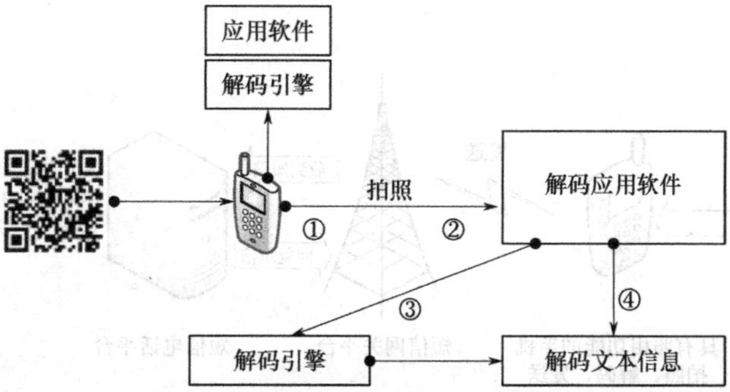

图 10-7　手机识读业务

解码应用软件流程如下：①打开拍照功能；②拍摄二维码；③译码；④处理译码内容，并开启相关应用，如上网、邮箱等。

手机被读业务是指手机作为载体，存储二维码图形作为电子凭证，再通过安装在商家的二维码扫描识读设备对二维码凭证进行识别，并完成相关业务。如电影票，用户在手机上订购电影票后，系统下发二维码电影票给用户，存储了电影名、场次时间、座位号等信息，用户到影院时，只需出示二维码电影票，在专用识别设备上扫描便可确认。

三、手机二维码的应用

1．防伪码查询

手机二维码在防伪码查询的应用如图 10-8 所示。

首先客户用手机里面的二维码识别软件（手机可下载相应软件），如快拍二维码软件。

手机启动快拍二维码图形，并自动启动摄像头，将摄像头对准产品包装上二维码图形，进行扫描识别，将扫描信息以短信的形式通过移动网络发送给相应的防伪码数据库，防伪码数据库将包含在二维码里相应的信息如产品的产地、厂商及价格以短信的信息通过移动网络发送给手机，由此辨别产品的真伪。

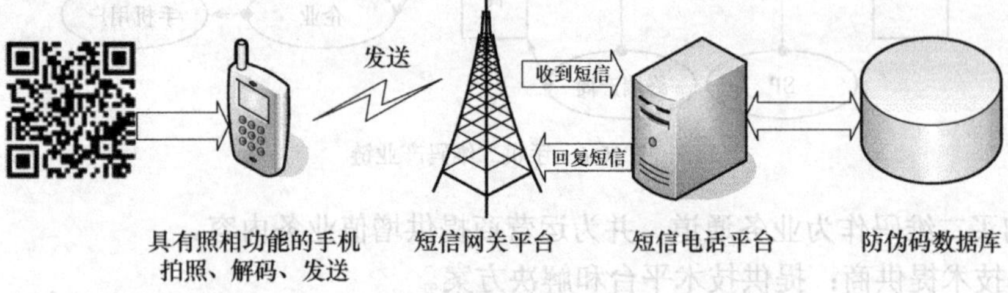

图 10-8　防伪码查询原理图

2．物流的应用

手机二维码在物流的应用如图 10-9 所示。

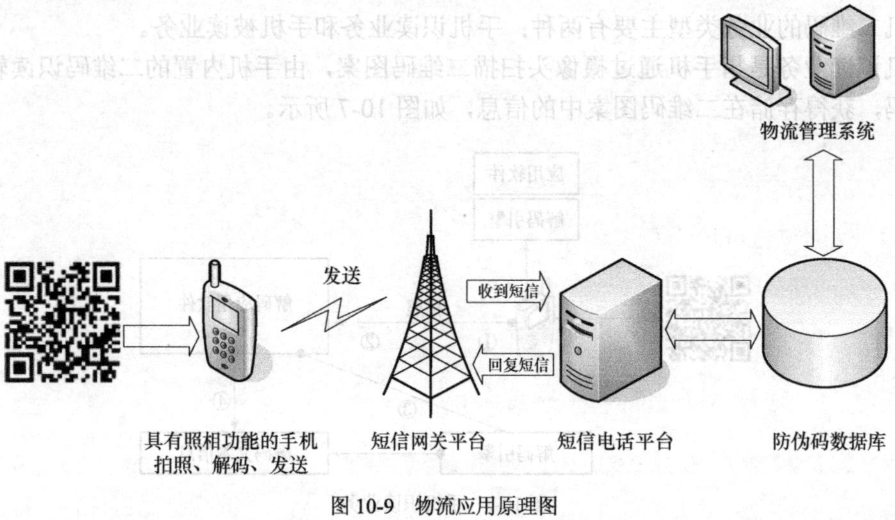

图 10-9　物流应用原理图

二维码产品可进行产品物流管理且与企业目前应用的物流管理系统对接使用。首先对产品生产线上的单品、二级包装、三级包装等各级包装进行赋码，且多级包装间相互有对应关系，在生产线上将此数据上传至服务器。进入到物流阶段后通过手持终端扫描设备对相应的产品外包装上的二维码进行扫描，完成出库、入库、移库等操作并上传数据到服务器，在服务器管理系统中即可查询产品的流通走向，并可以查询各仓库的产品库存信息。二维码的内容根据业务需要可包含产品信息、生产线信息、生产时间、生产批号、生产班组、包装级别、产品编号等。

3．利用手机进行小额支付

支付宝在 2011 年 7 月 1 日推出了能为小卖铺、便利店等微型商户提供收银服务的支付产品——手机条码支付，交易的过程如图 10-10 所示。

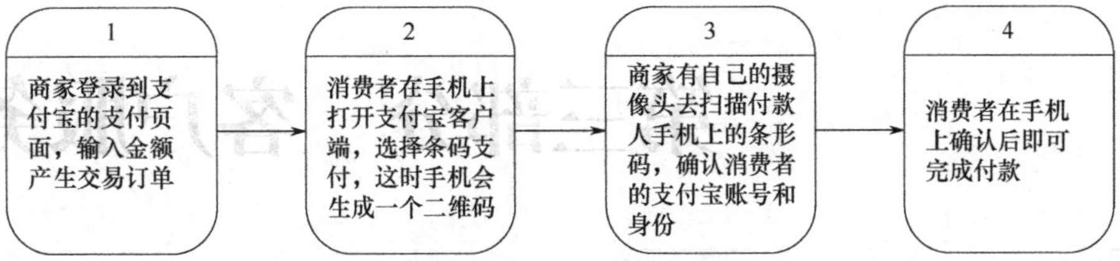

图 10-10　手机二维码小额支付

过关训练

一、填空题

1．移动电子商务是基于________，通过移动智能终端和无线通信模块等无线设备所进行的商务活动。它综合利用多种技术，如 RFID、二维码和多信息采集等，与移动信息化、移动互联网及物联网等新兴产业交融发展。

2．移动支付是用手机等移动终端实现资金的转移，对所消费的商品或服务进行账务支付。更准确地，我们可以将移动支付定义为：以________等移动终端为工具，实现资金由支付方转移到受付方的支付方式。

3．在线支付：如通过短信、WAP、IVR 等方式完成的支付，交易发生在________；离线支付：如通过近距离非接触技术完成的支付，交易发生在________。

4．目前国内外常见的手机二维码有 U 码（优码）、________、MagiCode（魔扣条码）、QuickMark（行动条码）、ShotCode、QRCode、PDF417 码等。

5．手机二维码的业务类型主要有两种：________和手机被读业务。

二、简答题

1．简述移动支付业务的分类。

2．简述离线移动支付业务流程。

3．列举你所知道的手机支付软件。

4．简述手机二维码的特点。

5．简述你所了解的手机二维码的应用。

第三部分 客户服务篇

模块十一 客户服务

【内容简介】

本模块主要介绍客户服务基础知识，内容包括认识客户服务、客户调查与开发、大客户维护等3个任务。

【重点难点】

重点掌握电信客户服务特点、客户细分、大客户管理等内容。

【学习要求】

（1）识记：客户服务、客户细分、电信大客户管理等概念。
（2）领会：客户划分与开发、大客户管理。
（3）应用：客户调查方法。

任务1 认识客户服务

【学习要求】

（1）识记：客户服务的概念、特点。
（2）领会：电信客户服务的特点。

一、客户、客户服务

1. 客户

客户是企业所提供的产品或服务的直接购买者或使用者。客户是企业利润的源泉，在现代市场经济条件下，客户及其需要是企业建立和发展的基础。任何一个组织、机构都有自己的服务“客户”。客户是企业交易的对象，也是企业赖以生存发展的基础，客户服务管理在现代营销中占有日益重要的地位和作用。牢记客户的存在并把客户的需求与发展作为搞好优质服务的基础。“使顾客满意”已成为现代企业的经营哲学，以“客户为中心”的新的经营方式正在得到广泛的认同。如何更好地满足客户的需求，是企业成功的关键。如今，在现代激烈竞争的环境下，适应客户的需求，给客户自己选择产品的权利，让客户得到自己真正想要的东西，是竞争的关键需要。

2. 服务

服务是指具有无形特征却可给人带来某种利益或满足感的可供有偿转让的一种或一系列活动。服务通常是无形的，并且是在供方和顾客接触面上至少需要完成一项活动的结果。

在顾客提供的有形产品上所完成的活动，在顾客提供的无形产品上所完成的活动，无形产品的交付，为顾客创造氛围。

① 无形性，服务是由一系列活动所组成的过程，而不是实物，这个过程不能像感觉有形商品那样看到、感觉或者触摸到。

② 异质性，服务是由人表现出来的一系列行动，而且员工所提供的服务通常是顾客眼中的服务，由于没有两个完全一样的员工，也没有两个完全一样的顾客，那么就没有两种完全一致的服务。

③ 生产和消费的同步性，服务生产的时候，顾客是在现场的，而且会观察甚至参加到生产过程中来，顾客和服务人员都了解整个服务传递过程。

④ 易逝性，是指服务不能被储存、转售或者退回的特性。

个性化服务也称为差异化服务，是指针对客户的不同需求，在业务开发与推广上，重视对目标市场的研究和需求的细分，努力提供多种业务应用，满足不同目标客户群的个性化需求，对客户的不同需求而提供的个性化服务与资费选择，是一种市场细分的营销策略。

差异化服务的策略的3种方式：

① 以客户群为基础的差异化策略：根据目前市场情况和特点，在普遍提供基本通信服务的基础上，针对不同客户群体的不同特点和需求，提供具有可行性的、外延的差异化服务。如中国电信将客户分为政企客户、家庭客户和个人客户。

② 以年龄为基础的差异化服务策略：应该说，以目标客户的年龄为基础的差异化策略是运营商的最好选择，客户的年龄不同，需求也会不同，其支付能力也不相同，运营商可以开发出不同的业务，以不同的价格向客户提供差异化的服务。

③ 客户根据付费方式可分为预付费客户及后付费客户，预付费是客户在使用业务之前，必须预先支付费用，此费用在客户成功使用业务之后，再给予实际扣除；后付费是客户在使用业务之后，再按计费周期支付相应费用。

3. 客户服务

简单地说，客户服务就是企业为客户提供各种各样的服务。其含义在不同的人和站在不同的角度看有着不同的理解。一般认为，客户服务的含义为：企业在适当的时间和地点，以适当的方式和价格，为目标客户提供适当的产品或服务，满足客户的适当需求，使企业和客户的价值都得到提升的活动过程。

开展客户服务工作必须考虑客户在时间和地点上的便利性；提供的服务必须以客户能接受的方式进行；收取的服务费用必须是客户能接受的、公平的；为客户提供的产品或服务必须能满足客户实际和适当的需要，最终通过为客户提供优质的、令客户满意服务的服务使企业和客户的价值都得到提升。

客户服务的意义并非只限于接受咨询查询、处理投诉抱怨、受理业务等服务。就最广泛的意义而言，任何提高客户满意程度的因素，都属于客户服务的范畴。

4．客户服务的特征

企业的客户服务工作贯穿于产品或服务售前、售中和售后的全过程，包括企业向客户提供与产品或服务相关的技术、信息等方面的各项专业化活动。它具有以下特征：

（1）双向互动性

一方面，企业和客户服务人员要主动了解和掌握客户的实际需要，在客户没有提出来之前主动为客户提供其需要的满意服务；另一方面，在客户主动提出需要服务时，要尽可能地满足客户的要求，令客户满意。

（2）无形性

企业提供的服务贯穿于售前、售中和售后的全过程，它是无形的。但是客户在获得服务的过程中却可以感受到它的存在，客户会通过自身的感受对企业的服务质量进行评价；并且，优质、满意的客户服务能使客户得到精神上的满足和体验。

（3）不可分性

企业为客户提供的无形商品在销售过程中与服务是同时进行的，而有形商品的销售和服务在售前、售中、售后也是同时进行的，因此产品和服务具有密不可分性。

（4）不确定性

服务的不确定性包括两个方面：一方面指客户向企业提出需要的服务项目和程度、时间、地点等具有不确定性；另一方面指企业客户服务人员的服务态度、服务技术水平以及服务人员的调配等方面存在着不确定性。服务的不确定性会导致客户产生不安全感，因此，企业一方面要精心选拔和严格培训客户服务人员，提高服务人员的服务意识、服务水准和管理水平；另一方面，要针对客户服务需要，在时间、地点等方面的不确定性，采取全天24小时服务等措施，消除客户的不安全感。

（5）时效性

服务具有一定的时效性，不可储存，容易消失，必须及时享用，如保修期内的各项服务。企业应该在服务的有效期内，主动为客户提供其应该享受的各项服务，从而使客户得到最大限度的满足。

（6）有价性

服务的有价性表现为两个方面：一方面指客户获得的服务是有代价的，包括购买商品、服务时的一次性付出以及购买商品、服务后享受各项服务时的费用支出；另一方面指通过为客户提供服务能够提升客户和企业的价值。

（7）独特性

服务的独特性也包括两个方面：一方面指不同的企业为客户提供的服务具有不同的特色；另一方面指不同的客户对企业的服务要求具有独特的个性特征。

（8）广泛性

所有的客户在购买商品或服务的前、中、后都需要企业为其提供各种各样的服务，所有的企业也都要为企业的所有客户提供力所能及的服务。

5．客户服务的目标

客户服务的目标是：企业通过对客户的关怀，为客户提供满意的产品和服务，满足客户的个性化需求，在与客户的双向互动中取得客户的信任。从本质上讲，企业为客户提供优质、满意的客户服务，其核心是为客户创造价值。因此客户服务的重点是：便利性、及时性、信息（价格、内容、技术等）公开性和平等性。它从下面几个方面体现：

（1）客户关怀

企业对客户的关怀贯穿于客户购买企业产品或服务的全过程。在客户购买产品或服务前，企业要及时掌握和预见客户的实际需要，及时、主动地将企业产品或服务的信息与客户进行有效的沟通；在客户选购产品或服务的过程中，企业销售人员要礼貌、专业地接待客户，热情地介绍产品或服务，让客户充分了解企业提供的产品和服务，并根据客户的实际需要，站在客户的立场为客户着想，当好客户的参谋，解决客户的实际问题；在客户购买产品或服务后，企业售后服务人员要及时、高效地跟进，为客户提供产品的安装、使用、维护等方面的服务、指导和培训，主动为客户消除各种后顾之忧。

（2）客户满意

客户满意是指客户对企业和员工提供的产品和服务所作的正面、肯定的评价，是客户对企业的客户关怀的认可。客户满意是人的感受，其产生源于客户对产品或服务的实际价值与客户的期望所进行的比较。如果产品或服务的实际价值与客户的期望相符，那么客户就会认为可以接受；如果产品或服务的实际价值超出客户的期望，那么客户就会感到满意；如果产品或服务的实际价值达不到客户的期望，那么客户就会产生不满或失望。

（3）客户信任

客户满意不等于客户信任，客户满意是客户的一种价值判断，而客户信任则是客户满意的行为化，客户满意可以导致客户信任。客户信任是指客户对某一企业、某一品牌的产品或服务认同和信赖。它是客户满意不断强化的结果，与客户满意倾向于感性感觉不同，客户信任是客户在理性分析基础上的肯定、认同和信赖。客户满意是客户对某一产品、某一服务的肯定评价，即使客户对某企业满意也只是基于客户所接受的产品和服务令其满意，但如果某一次的产品和服务不完善，客户就会对企业不满意，可见，它是一个感性的评价指标。但是，客户信任是客户对该品牌产品以及拥有该品牌企业的信任感，他们会理性地面对品牌企业的成功与不利，即使某一次企业为客户提供的产品或服务不能令其满意，客户仍然会继续购买企业的产品或服务，甚至会主动为企业出谋划策使其改进。

二、电信企业的客户

在竞争激烈的电信市场中，对于电信企业来说，客户已经不再仅仅是销售和服务的对象，而是商战中拥有的资本，是在竞争中取胜的关键因素之一。

1. 电信客户的定义

激烈的市场竞争，逼迫企业也了解市场、占领市场；真正了解客户，真正了解“上帝”的需求。谁了解了客户，谁就拥有了市场。电信市场的开放，就意味着竞争的引入，竞争就是争取客户的竞争。所以对于电信企业来说，判断谁是企业的客户是首先要明确的问题。

电信客户是指电信企业所提供的电信业务的购买者和使用者。购买者可能是电信业务的使用者，也可能不是电信业务的使用者。原因在于，客户购买的目的，有的是为了使用，有的则不是。如商业性采购者，就是为了进一步转卖产品，参与到电信业务的销售渠道，他们是企业的重点客户，却不是电信业务的使用者。

电信企业要准确认识自己的客户，首先要界定电信客户的内涵。如果电信企业不将客户的范围认识清楚，就难免要对客户资源开发、客户管理、客户政策制定等问题产生模糊和偏差。当今全球范围内的竞争，与其说是企业之间的竞争，不如说是一系列以核心企业为中心的供应链之间的竞争，对于一个核心企业，它处于供应商、分销商、零售商及最终消费者的链条上，它的客户不但有最终消费者，而且还包括它的分销商和零售商，而后者往往对它来说更为重要。所以客户关系管理中的“客户”应该包括分销商、零售商和最终消费者在内的企业外部客户。电信代理商（或电信零售商）是电信企业的分销渠道的建立和维护者。电信企业分销渠道按其是否包含及包含的中间商层次的多少可以分为多个层级。电信终端客户是电信业务价值的购买者和使用者，是电信企业利润的主要实现者。终端客户是企业的最重要的资源，也是市场竞争的主要对象。

2. 电信客户的特点

（1）电信客户类别多元化

电信运营市场有其独特的市场特性和客户特性。首先，电信业务是为全社会提供服务的，电信企业的客户具有多元性，从党政机关、经济组织、社会团体直到居民个人都是其客户；其次，电信客户身份具有多元性，从团体到个人，从城市到农村，从“金领”“白领”到低收入家庭对电信产品服务都有需求；再次，电信终端客户年龄段及支付能力不尽相同，从在校学生到老年人，支付能力从“补贴收入”群体到稳定收入群体，从潜在培养客户到在线忠诚客户。

（2）电信客户价值集中化

目前，电信企业大力推进和改善服务工作、进行产品创新、创建学习型组织、实施大客户发展战略、回报老用户、加大通信外服务力度等，其所做的一切都是为了与顾客建立和谐、持久的关系，以赢得顾客的信赖与拥护。越来越多的电信企业利用亲缘关系、地缘关系、业缘关系、文化习惯关系、偶发性关系等关系密切联系客户，特别是大客户，某种程度上导致了大客户市场的“巷内拥挤”。

（3）电信客户需求个性化

在市场需求这一方面，随着电信行业的发展，客户的消费观念也日益成熟，无差异的总量需求正在日益下降，电信客户需求个性化趋势越来越显著。故总量需求的不断下降和电信企业无差异的战略，共同导致了电信企业竞争力的下降。这主要表现在以下几个方面：第一，电信企业的竞争目前仍建立在成本优势的基础上。我国绝大多数的电信企业没有绝对的、独创的领先技术，基本是模仿国外同行的现成技术。各个企业的模仿能力是大致相同的，在技术趋同的背景下，电信企业只能设法降低经营成本，利用我国廉价的劳动力，在企业中实行低成本控制，取得经营上的效率优势，但随着竞争对手的快速模仿，经营效率的轻微差距越来越小。低成本的竞争虽然使得整个行业的生产可能性边界向外推动，但却使得单个电信企业在经营效率上的竞争越来越难以为继。第二，低成本的竞争使电信企业的利润空间越来越窄。低成本的竞争需要市场份额的支持，但在目前电信市场总量需求不断下降的情况下，低成本的竞争必然会转化为价格的竞争，赢利就会下降。电信企业只好把更多的销售作为目标，开始新一轮的价格调整，长此以往，最终损失整个行业的竞争力和赢利水平。实施个性化服务战略，增强电信企业竞争力，提升客户满意度是解决这一“瓶颈”问题的切入点。对于 3G、4G 业务市场而言，由于用户接入速率大大提高，运营商有能力也必须为用户提供个性化的业务服务。通过组合业务形式、业务功能和业务资费，电信运营商向市场推出了形形色色的业务套餐。

（4）电信服务产品之间的替代性强

替代是竞争的实质表现，也是争夺市场份额的一个过程。替代还有一种情况是供求失衡严重，产品短缺或供不应求，也要有产品弥补。现代商品经济的发展为人类生活提供了前所未有的物质便利，厂商在商海逐浪中也饱尝了竞争的艰辛，特别是当商品在供过于求阶段的时候，完备的品牌竞争力才是制胜的法宝，投机取巧行为已经钓不到商海中的大鱼。

三、电信企业客户服务

服务是电信企业的基本特征，是电信企业的永恒主题。

电信企业客户服务就是在合适的时间、合适的场合，以合适的价格，通过适合的渠道，为适合的电信客户提供合适的产品和服务，使电信客户的合适需求得到满足，加之得到提高的活动过程。其中，为适合的电信客户提供合适的产品和服务，以合适的方式提供产品与服务，满足客户事先合适的需求是客户服务的核心。合适的客户是指不是所有的客户都是企业的客户，有些客户对于企业来说是无利的甚至是有害的。客户服务的前提是有区别地为客户提供服务。

- 合适的产品与服务是指产品为客户所真正需要。如同一种电信套餐产品，价格敏感性的客户关注的是其价格，而安全关注性的客户更强调其安全性与及时性。
- 合适的价格是指价格应该适合客户的愿望，不是越高越好，更不是越低越好。
- 合适的时间是指客户的需要是一定时间的需要，在客户需要的时候能够满足客户的需要就是提高了客户价值。
- 合适的场合是指在客户需要的地方、合适的情境中为客户提供服务会使客户感动。
- 合适的渠道，对于喜欢上网的人来说，让他们自己去挑选会令他们感到满意，而对于那些不愿意上网申请电信服务的人或条件不允许的人来说，客户热线或营业厅是最好的方式。
- 合适的方式要适合客户的性情和满足客户的便利需求。
- 合适的需求是指客户的需求有不同种类、不同层次。不同客户在不同时间、不同地点、不同环境下有不同种类、不同层次的需求。企业寻找到合适客户之后还应该找准客户的合适需求。

电信企业做好客户服务工作有以下几个原因：

① 竞争的日益激烈迫使电信企业重视客户服务工作。

综观电信历史，过去很长一段时期，电信市场处于竞争不充分阶段。随着 3G、4G 牌照的发放，3 家电信运营商都成了全业务提供商，呈现三足鼎立的格局。在这种市场格局下，各电信企业的客服等方面的竞争优势便成为其市场制胜、挽留客户和吸引客户的关键因素。由于市场竞争因素的驱动引发的各电信企业的利润危机、收入危机、客户危机乃至生存危机，无疑将成为电信企业今后很长一段时期内其关注客户服务、改善客户服务的重要力量。

② 政策法规的出台将成为电信企业重视客户服务工作的外在力量。

有关政府主管机构的重视、相应标准规定的出台、电信消费者维权意识的觉醒等都构成了电信企业提升客户服务的外在力量。因为在一个法制社会和信息发达的社会里，任何企业侵犯消费者权益的事情都会受到相应法规条款的制裁，而企业的这一不光彩行为又会通过媒体的传播迅速扩大，对企业的形象和声誉造成恶劣影响，进而会对企业的物质收益造成负面影响，甚至对企业的生存构成威胁。为了避免这一切，电信企业必然要重新思考自己的客户服务工作，重新修订自己的服务合同，提升客户的满意度。

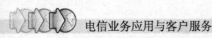

电信行业服务的特点是按照客户在服务过程中参与程度的高低分类，电信行业提供的服务属于低接触性服务，即客户与服务提供者——电信企业不直接接触，仅通过通信终端传递服务。电信企业实施客户服务管理，就是要加强与用户的联系和沟通，因此提高客户服务质量有着重要的意义。

四、服务意识的培养

1．服务意识

服务意识是指企业全体员工在与一切企业利益相关的人或企业的交往中，所体现的为其提供热情、周到、主动的服务的欲望和意识。即自觉主动做好服务工作的一种观念和愿望，它发自员工的内心。

服务意识有强烈与淡漠之分，有主动与被动之分，这是认识程度问题。认识深刻就会有强烈的服务意识。有了强烈展现个人才华、体现人生价值的观念，就会有强烈的服务意识。有了以公司为家、热爱集体、无私奉献的风格和精神，就会有强烈的服务意识。

服务意识的内涵是：它是发自客户服务人员内心的；它是客户服务人员的一种本能和习惯；它是可以通过培养、教育训练形成的。作为电信从业人员，必须时刻提醒自己，用服务意识来指导自己的工作。

2．如何提高服务意识

（1）需要比客户更了解客户

我们要加强主动服务意识，首先要清楚产品的定位，要了解客户的需求，不要给客户不想要的东西。因为每一个客户的需求都会不一样。

（2）积极主动服务客户

客户比以前更重视客户服务人员的主动服务意识，希望每时每刻都在关心他们使用电信产品的感受，客户渐渐不满足于没有错误的服务，更期望带给他们惊喜。所以在解决问题时，更应积极主动，灵活而且有弹性，总是为客户想出更好的办法。在和客户沟通时需要摆正自己的位置，客服不是被动的服务提供者，而是主动的意见贡献者。

（3）做好常规服务，再做增值服务

客户对服务的期待在变化，我们需要打破以往的框架，在认真做好常规服务的基础上还需为客户提供更好的增值服务。好的增值服务可以给客户带来惊喜，同时在客户心目中会留下更深刻的印象。但是做任何事情都要有个度，增值服务也有可能会给客户留下不好的印象。

（4）客户永远是对的

“对我们而言，客户是全世界最重要的东西！客户是商业链中的最重要的环节；客户是我们的衣食父母，一切业绩与收入的来源；客户永远是对的。”因此：

- 情绪低落时要进行自我调节，以免使客户不悦；
- 对自己讨厌的客户，也要从内心感激，否则你的言行会不自觉的流露出你的反感；
- 在客户不讲理时，要忍让，因为客户永远是对的；
- 绝不要逞一时口舌之快而得罪客户，因为他们是衣食父母，不是斗智斗勇的对象。

任务 2　客户调查与开发

【学习要求】

（1）识记：客户区分与客户开发的概念知识。

（2）领会：电信企业客户识别、客户细分、客户调查方法及服务渠道建设。

一、客户选择

客户的选择实际是提出一个适合本企业的客户的标准、准则，为识别和寻找客户提供条件和基础。

1．客户选择的影响因素

影响客户选择的因素主要有以下几个方面。

（1）产品性质（工业品、消费品、保健品）。企业的产品由于其性质、用途等方面的不同，其客户是不同的。

（2）目标市场（区域）。企业不同的目标市场，具有不同的消费群体。如在不同的国家，有不同的消费需求、消费习惯，以及不同的购买力和购买方式，其客户当然是有所不同的。

（3）竞争对手。竞争对手的渠道策略与客户选择，必然会影响到本企业的选择。

（4）社会、经济、文化环境及人员素质因素等。根据不同的社会、经济、文化环境，企业应选择相应的客户，这与企业的营销环境是密切相关的。而企业营销人员和管理人员本身的素质，也会影响到所选择的客户。

（5）渠道策略（分销、直销）。不同的营销渠道需要不同的客户，如分销的客户与直销的客户是完全不同的。

（6）营销战略（长期、短期）。企业的营销战略不同，如是以市场占有率为目标，还是以树立品牌为目标，或以回收资金为目标，所选择的客户也是不同的。

（7）成本与企业资源。选择不同的客户，需要不同的资源相配置。如果资源不够，会影响对客户的管理；而如果成本过高，则会影响企业的收益。

2．一般客户选择的要点

一般客户选择的要点主要有以下几个方面的内容。

（1）消费者：年龄、地点、职业、阶层、爱好

这里实质是对企业消费目标群体的分析与确定。不管是直销还是分销，都必须考虑最终的消费者。

（2）销售终端（零售）：地点、实力、规模、行业

直接面对消费者的终端，是很多企业的选择。如沃尔玛的大多数商品来自制造商的直接供货。

（3）经销中间商：财务能力、产品品种、信用、人员素质

经销中间商主要指分销商。

（4）品牌情况

品牌情况包括客户原来是否有品牌？是其他厂商的还是自有的？有冲突否？“品牌”策略如何？是否是补充产品品牌？对交易及销售额的影响有多大？

（5）选择优质客户

优质客户是指那些与企业建立了相互信任关系、能够为企业提供稳定的现金流的客户。具有以下特征的客户是企业优先考虑和开发的合适客户。

① 办事牢靠、为人诚实、喜欢稳定而长期业务合作关系的客户。

② 购买量较大或习惯于在某处集中购买、付账及时的客户。

③ 认为本企业的产品或服务比竞争企业的产品或服务更加可靠、更好、更加物有所值的客户。

企业吸引符合以上一种、两种或三种情形的客户越多，那么企业可拥有的优质客户就会越多，客户保持率就会越高，客户群体生命周期就会越长。这样，企业客户的终生价值就会越高，为企业创造的利润就会越多。企业把利润的一部分再用于回报客户，在产品质量和服务质量有保障的同时，加上日积月累的价值回报，必然会使原来忠诚的客户更加忠诚。

（6）确定对企业具有长远利益影响的战略客户

确定对企业具有长远利益影响的战略客户，首先需要确定客户质量评价标准。尽管不同的企业有不同的特定标准，但以下是比较通用的共同标准。

① 客户与企业进行交易的规模。如果企业以客户产生的收入数量为基础来定义客户，那么识别为企业提供收入占重大比例的群体，应该说是相当容易的。80/20 原则同样适用于客户选择，由 20%的客户产生出企业 80%的收入，该原则常常用来确定哪些客户为企业提供了最有意义的那部分业务。

② 对其他客户群体的影响。重要客户能够用两种方式影响其他的客户群体：一种是，重要客户可能被看成是他们那个领域里的市场领头人，因此他们的竞争对手以他们作为基准；另一种是，重要客户能够影响到相应的供应企业，从而影响其他的客户。

③ 客户的稳定性。为了确保企业所关注的客户有着像企业一样长期的、持续性的业绩，能成为持久的客户，企业必须清楚地了解客户的财务结构以及他们的现金流动状况。

④ 同类企业为争取相同的目标客户而竞争的激烈程度。

⑤ 独特的增值机会。有些客户有特殊的要求，而这些要求又恰恰是企业能够用其他企业所不具备的独特方式予以满足的，企业的独特方式很难被其他竞争对手模仿和复制，于是企业就获得了增加客户感受价值的机会。而那些特别愿意接受和欣赏企业独特方式的客户当然是企业的重要客户。

⑥ 节约成本的机会。某些客户与其他客户相比，为其服务要付出更大的代价。研究发现，为回头客服务的成本要远远低于为新客户服务的成本。

⑦ 客户未来的可能性。随着时间的推移，不同的客户群体对于企业可能越来越重要或者越来越不重要。为了保留那些具有较大开发价值的客户，企业必须以多种不同的方式去考虑企业的客户未来可能发生的变化。这有助于企业识别在一个不确定的环境里，可能的威胁和机遇会来自何方。

二、电信企业客户识别

1. 客户识别

从理论上说，所有的消费者都有可能成为企业的客户，但在现实中，某一具体企业的客户或者客户群体是有范围限制的。因为每个企业都有其特定的经营范围，所生产的产品或提供的服务有相对应的、特定的客户群体。因此，只有识别企业自身的客户，企业的客户服务与管理工作才能有的放矢。

客户识别是一个全新的概念，它与传统营销理论中的客户细分与客户选择有着本质区别。传统营销理论是以选择目标市场为着眼点，对整个客户群体按照不同因素进行细分，最后选择企业的目标市场（客户）。而客户识别是在已经确定好目标市场的情况下，从目标市场的客户群体中识别出对企业有意义的客户，作为企业实施客户服务管理的对象。由于目标市场中客户的偏好等个性特点各不相同，不同客户与企业建立并发展客户关系的倾向也各不相同，因此他们对企业的重要性是不相同的。客户识别与客户选择区别的根源来自于客户关系管理与传统营销理论之间的区别。

客户识别对企业客户服务管理的实施有着重要意义，主要体现在对企业的客户保持和客户获取的指导上。

（1）客户识别对客户保持的影响

客户保持是企业实施客户服务管理的主要目标之一，它对企业的利润有重要影响。客户保持率增加 5%，行业平均利润增加幅度为 25%～85%。客户保持对公司利润的影响之所以如此之大，是因为保持现有客户比获取新客户的成本低得多，一般为获取新客户的 1/6～1/4。但是客户保持也是需要成本的，在现有的客户群体中，并不是所有的客户都会同企业建立并发展长期合作关系。如果不加区别地开展对所有客户的保持努力，势必会造成客户保持成本的浪费。如果事先通过客户识别方法，识别出具有较大概率同企业保持关系的客户，并有区别地开展客户保持服务活动，就会起到事半功倍的效果，大大节省企业的客户保持成本。

（2）客户识别对新客户获取的影响

尽管客户服务管理把重点放在客户保持上，但由于客户服务管理的发展是一个动态的过程，企业还是需要获取新客户的。新客户的获取成本大大高于老客户的保持成本，其主要原因就是在新客户的开发过程中，客户的反馈率太低，导致获取每个客户的平均成本居高不下。如果能够有效识别最有可能成为企业客户的潜在客户，并有针对性地开展新客户的获取努力，势必能够大大节省企业的新客户获取成本，其节省幅度比在客户保持中使用客户识别时的节省幅度还要大。这样就可以杜绝新客户开发中无谓的投入，用尽可能少的客户获取成本获取尽可能多的客户。通过客户识别可以有效降低企业 CRM（客户关系管理）的实施成本，为企业创造竞争优势。

2. 客户群体的识别

企业可以以自身的角度从以下 4 个方面来对客户群体进行识别。

（1）企业的收入来自哪里？在流通领域的企业，是零售商驾驭着供应链，因此对收入来源的分析，企业应倾向于从零售商开始。而对制造商来说，如果不能将最终消费者的需求刺激起来（最终消费者为零售商提供了收入），他们就可能会失去对零售商客户的吸引力。同时，为了扩大零售商的交易量，他们必须了解零售商的商品类别是如何产生的以及是如何销售的，以便发现和利用新的机会。对于批发商来说，刺激零售商至关重要，因为他们是批发商收入的提供者。而对于零售商来说，收入的提供者则是购买商品的消费者。

（2）购买产品或者服务的决策者是谁？在客户购买企业产品和服务的过程中，对是否购买产生影响的决策者将起到至关重要的作用，他们往往左右着客户的行为，进而影响到企业的产品销售和服务的提供。

（3）产品和服务的受益者是谁？一般情况下，产品和服务的受益者往往就是企业的直接客户，但有的时候并不定如此。无论如何，只有找出受益者，企业的产品或服务才能确定针对性的目标。

（4）客户在渠道的位置如何？是中间商、终端零售，还是消费者？

3. 识别最佳客户的流程及方法

最佳客户是从推销人员或企业的角度来进行分析的。识别最佳客户的流程如下。

（1）确认本企业的赢利产品和服务，包括那些以后将会赢利的。

（2）尽可能多地找出购买那些产品和服务的人：他们是谁？他们的购买模式如何？他们多久才会购买？他们购买的数量是多少？他们会对什么样的产品和怎样的服务产生反应或兴趣？

（3）找出最有可能成为潜在客户的那一类人。

（4）找出企业不赢利或亏本的产品，特别是那些花钱多又占用时间且不合适的产品。这些产品往往是已超过其实际利用价值的老产品。

（5）找出会购买那些不赢利产品或服务的人，并且停止对他们的营销活动，或者将其变为更加有利可图的产品。这样虽然可能会离开一个较为舒适的市场，但却可以转向一个更有利润的市场，在可接受的利润基础上创造并满足最佳客户。

识别最佳客户的一个最直接的方法是：对最赢利产品的资料与购买这些产品的市场细分并加以比较，若能明白客户购买的原因，并能找到类似特征的其他客户群体，有足够的数量，那这些新的客户群体就会成为可能性最大的潜在客户；然后再经过一番努力，他们就极有可能成为最佳客户。这是一个不间断的过程，目标市场随时都在变化，产品线和产品组合也将随之变化，因此业务也就一直在变化。

三、电信企业客户细分

1. 客户细分

要真正了解客户，必须对企业所有的客户进行分类，找出其中对企业真正有价值的客户，使企业能够有的放矢，不断地提升客户价值，实现客户和企业的双赢。

从企业的角度来看，不同的客户能够为企业提供的价值是不同的。举个简单的例子，同样是移动用户，经常打国际长途的和整天不开机的两种用户对企业的价值肯定不一样。事实上，很多公司已经意识到这一问题，不再简单地追求客户的数量，而是更多地寻求客户的“质量”。那么，你的“质量”最好的客户是哪些人？要回答这一问题，就必须进行客户细分。

具体来看，企业进行客户细分主要有以下几个原因。

（1）资源的有限性

市场上的资源是有限的，一个企业自己拥有的资源也是有限的。这就决定了没有一个企业能够囊括整个行业的每个角落，为所有的消费者服务。因此，企业必须通过客户细分，寻求自己想要的客户群体，才能使企业用最少的资源取得最大的经营效益，提高资源的使用效率。

（2）单一产品的局限

人是不同的，需求也是不同的，世界上没有哪一种商品能够满足所有顾客的需要。既然只能满足一部分顾客，那么针对整个市场的营销就是一种浪费，这样企业就必须知道哪些顾客群体对自己来说是最有价值的，他们的特征是什么？他们需要什么？怎样才能让他们买自己的东西？这样，企业就必须要进行客户细分研究。

（3）客户细分的好处

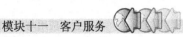

客户细分是企业进行营销的基础，使得企业对于每一群体客户的特征更加明了，需求更加清楚，使得企业更容易做出决策，取得更好的业绩。企业通过客户细分，可以发现最佳的市场机会，提高市场占有率。客户细分可以让企业确定合适的位置，识别出已经成熟的客户需求和正在成长的客户需求，找对企业在市场中的定位。客户细分有利于掌握客户的潜在的需求，使企业不断开发出有针对性的新产品，开拓新市场，取得最佳效益。

2．客户细分的方法

一般而言，我们可以参照以下一些因素进行客户分类：客户的个性化资料（性别、年龄、职业、收入等），客户的消费行为（消费习惯、数量及频率），客户的购买方式，客户的地理位置，客户的职业，客户的关系网，客户的需求层次，客户的规模，客户对企业的贡献，客户的忠诚度，客户的信誉度，客户是否会流失，新客户还是老客户等。

上面介绍的是客户细分的一般方法，但是由于各企业经营实力、产品特点和客户状况等方面的差异，其在客户细分时对这些标准的运用必然不同。对新兴客户市场，用少量标准来对客户进行粗略细分就可满足企业需要；而在成熟市场中，则需要利用多项标准来详细细分客户，只有这样，企业才可能在激烈的竞争中找到比较有利的位置。总的来说，从细分客户时选用标准的内容、数量和难易程度考虑，可把客户细分的方法分为以下 3 类。

（1）单一因素法

单一因素法即选用一个因素对客户进行细分。例如，中国电信利用人均收入标准将全国电信客户分为 3 类，并分别推出相应的产品和服务：对低收入的客户，主要发展固定电话业务；对中等收入的客户，在发展固定电话业务的同时，还积极发展移动电话；对高收入的客户，由于他们绝大多数已经在使用固定电话业务，因此主要大力发展移动电话和宽带数据业务。利用单一因素细分市场比较简单、易行，但是很难反映出客户复杂多变的需求。

（2）综合因素法

由于客户需求的千差万别，原因十分复杂，只有从多个方面去分析，才能更准确地找出他们的需求差别。综合因素法是指运用两个或两个以上的标准，同时从多个角度进行客户细分。

（3）系列因素法

这是对上述两种方法的综合运用，指采用两个或两个以上的标准，分层次地进行市场细分。具体做法是，首先选用某项指标细分客户，并从中选择某个细分过的客户群体作为大致的目标客户群，然后再利用另一项指标对之进行细分……如此地逐次细分，客户越来越细化，客户需求也越来越明确、具体。

3．电信企业的客户细分

每个电信企业的客户成千上万，企业对如此多的客户又了解多少呢？不了解客户就无法对客户加以区别。应该采取措施来细分客户，对细分客户应采取相应形式的市场活动和恰当的关怀方式，才能够不断地提高客户的满意度。

通过信息技术管理客户的一个关键环节就在于定义客户的类型。进行客户分类的标准有很多，下边是几种常见的电信企业的客户分类方式。

（1）根据客户与电信企业的关系进行分类

电信企业产品的众多的购买者中，其购买目的并不相同，因而与企业的关系也就不尽相同。这一点可以作为对客户进行分类的依据，这样的分类可以帮助企业充分认识到自己客户的特点，从而可以对不同的客户采取不同的策略，更大限度地实现资源最优化和有效的管理运营。

① 个人购买者

他们一般是个人或家庭，主要购买电信企业的最终产品和服务。这类客户数量众多，但消费额一般不高，往往是企业最为关注的、花费精力最多，却总是“吃力不讨好”的客户类型。

② 中间商客户

中间商客户包括渠道、分销商和代理商，这是一些不直接为企业工作的个人或机构，通常无需企业为他们支付工资。他们购买电信企业产品和服务的目的是进行销售，或是作为该产品在一个地区的代表或者代理。

③ 企业客户

企业作为一个整体购买电信企业的产品和服务，为自己企业进行形象宣传、对外商务、内部服务等，其消费量往往比较稳定。

（2）根据客户在限定时间内的交易次数、交易数量和交易金额进行分类

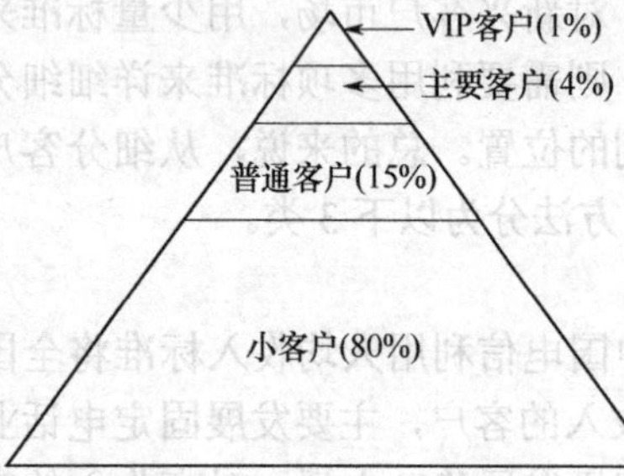

图 11-1　客户金字塔模型

按照上述的方法以及各类客户所占企业总客户的比例，可以将他们分为以下几类，并构成一个“金字塔”式的客户模型，如图 11-1 所示。

① VIP 用户

这些客户数量不多，但购买金额在企业的销售额中占有的比例很大，对企业贡献的价值最大。他们位于金字塔的最顶层。例如，可以将购买金额所占最多的前 1%的客户作为企业的 VIP 客户，即如果客户总数为 1000 人，那么 VIP 客户所指的即是花钱最多的前 10 位客户。

② 主要客户

主要客户指的是除去 VIP 客户后，消费金额所占比例较多，能够为企业提供较高利润的客户。

如在客户金字塔中，除了 VIP 客户，在特定期间，消费金额占最多的前 5%的客户可以作为主要客户。即如果所有的客户数为 1000 人，那么主要客户就是扣除 VIP 客户之外，花钱最多的 40 位客户。

③ 普通用户

这些客户的消费金额所占比例一般，能够为企业提供一定的利润。可以将总客户中前 20%的客户扣除前两类后的客户作为普通客户。即总客户为 1000，那么普通客户就是 150 位。在这里，我们只是假定比例为 20%，当然这其中因为产业或具体情况的差异，不同的企业所选取的比例会有所不同，但是从营业收入的角度来看，建议比例应该定在 10%～30%的范围之内。

④ 小客户

这类客户人数众多，但是能够为企业提供的赢利却不多，甚至使企业不赢利或是亏本，他们位于金字塔的最底层。例如，可以将扣除上述 3 类客户后的 80%的客户当作这类小客户。即总客户 1000 人，则小客户为扣除 VIP 客户、主要客户和普通客户后的 800 人。

按照一定的标准将客户进行分类，识别出每一类客户的基本消费特点，可以获得客户的真实价值和消费特征，对客户进行有针对性的营销、销售和服务提供依据。以中国电信为例，它的客户细分体系为：

- 政企客户，突出信息的安全、高效、稳定，以商务、管理、信息等需求为主，为提

升企业的管理与运营效率而提供个性化的信息解决方案，帮助政企客户成就价值，树立合作共赢伙伴的客户品牌形象。

- 家庭客户，注重共享性、便利性、舒适性，以娱乐、生活管理等需求为主，以生活信息管理类、信息查询类为卖点，逐步改善各种功能和填充娱乐内容，使沟通更便利、更愉快、更有效。
- 个人客户，注重信息的移动性、独占性、个性化，以娱乐、学习、生活等需求为主，逐步向娱乐应用、信息查询和生活支付类拓展。

针对企业客户，还可以按如下方式进一步细分：

① 按重点行业特征及聚类特性进行划分。根据企业客户所属的重点行业及聚类来划分客户，如网吧、专业市场、商务楼宇、学校、餐饮服务、制造业等，针对客户行业特征或聚类特性开展营销策划。同时，各地结合本地企业客户特征，通过内部数据挖掘及市场调研等手段对客户细分及聚类进行更深入的探索。

② 按区域进行划分。根据客户所在地理区域进行划分。通过地理区域划分，有效落实收入服务责任。

③ 按客户对电信的消费贡献进行细分。根据客户使用中国电信业务月收入进行等级细分。

客户“五分”法——中国电信客户细分的主要维度包括：按 ARPU 分级、按用户预存款分档、按用户协议期限或在网时长分期、按用户的电信消费行为分群、按用户的人口统计学或社会属性分类。

知识拓展：【客户是上帝？】2002 年有则新闻报道：某城市有 170 万固定电话用户，在这年的 7 月里零次话费用户有 2 万户，50 元以下的用户占 50%以上，超过 100 元话费的用户不足 10%。

客户都是上帝吗？你是如何看待的？

四、客户调查

1. 市场调查与客户调查

（1）市场调查

市场调查是对市场的情况与信息进行收集与分析，得出结论。市场调查是企业在市场营销活动中的一个重要环节，一般在企业进入市场之前必须进行，而且在整个市场营销过程中不断开展，以便为企业经营提供客观、可靠的信息。市场调查包括市场的各个方面：宏观环境（人口、政治、法律、经济、社会文化、科学技术、自然地理）和微观环境（企业自身、供应商、营销中介、顾客、竞争者、社会公众），既有历史的和现实的、个别的和一般的，又有基础的、广泛的，也有专门的、针对性的，但一般较注意其时效性。

（2）客户调查

客户调查是对潜在客户和现实客户的情况、信息进行收集与分析。客户调查的目的是为企业的市场推销和客户管理提供可靠的信息资料，它主要侧重于企业现在的客户和潜在客户的基本情况，具有专门性、全面性和隐密性。

市场调查与客户调查的目的都是为企业营销工作服务。但是二者的区别比较明显：在调查范围上，市场调查大于客户调查；在调查内容上，市场调查比客户调查广泛；在调查对象上，客户调查的重点是与企业现在或将来有业务来往的组织和个人，尤其是个人的情况，而市场调查的对象是所有构成或影响市场的因素。但从企业的整个市场营销活动过程来看，客户调查也可以说是市场调查的组成部分。

2．市场调查的主要内容

（1）外部环境调查。包括对政治环境、经济环境、社会文化环境、科技环境的调查。

（2）市场需求调查。包括现实的和潜在的电信业务量调查。在调查中，要了解与本企业有关的市场需求量及其影响因素，特别要重点进行购买力、购买动机和潜在需求调查。

（3）竞争对手调查。竞争对手调查主要是调查市场上有哪些同类产品和同类企业。这些企业产品的市场分布和市场占有率，这些企业的现实生产力、潜在生产能力及发展趋势，还要注意潜在的竞争对手。

（4）企业经营执行情况调查。本企业经营执行情况调查的内容，包括调查本企业的市场占有率，客户情况调查，销售渠道调查，本企业产品在质量、品种、包装规格及价格上处于优势还是劣势，本企业产品处于哪个阶段，新技术新产品的发展情况等，以便客观评价本企业在市场中所处的地位。

3．客户调查的基本内容

客户调查一般可分为对个体客户的调查和对企业客户的调查，这两者的调查内容有所不同。

（1）个体客户调查

个体客户调查的基本内容包括客户的基本资料、教育情况、家庭情况、人际情况、事业情况、与本公司的关系情况、生活情况、个性情况、阅历情况和其他可供参考的资料，等等，具体如下。

① 基本资料。个体客户的基本资料主要包括姓名（绰号、小名）；身份证号码；所服务的公司名称；职位职称；家庭住址、电话及传真、手机、电子邮箱、QQ；公司地址、电话及传真、注册编号；户籍、籍贯；出生日期、血型；身高、体重；性格特征，等等。

② 教育情况。教育情况包括高中（起止时间）、大学（起止时间）、研究生（起止时间）；最高学历、主修专业、主要课程；在校期间所获奖励；在校期间参加的社团（职位）；最喜欢的运动项目；对“文凭”的看法。

③ 家庭情况。家庭情况主要包括已婚或未婚；配偶姓名、配偶教育程度（学校、院系）、配偶兴趣专长、配偶生日及血型；结婚纪念日、如何庆祝各种纪念日；有无子女、子女姓名（生日）、子女教育程度；对婚姻的看法、对子女教育的看法。

④ 人际情况。人际情况主要包括亲戚情况（人数、生活）；与亲戚相处的情况；接触最频繁、最要好的亲戚；朋友情况（人数、生活）；与朋友相处的情况；最接近、最要好的朋友；邻居情况（人数、生活）；与邻居相处的情况；最亲近、最要好的邻居；对人际关系的看法。

⑤ 事业情况。事业情况主要包括以往就业情况（起止时间）、公司名称、公司地点、职称（年收入）；目前公司职位（年收入）；在目前公司中的地位；对目前公司的态度；是否参加公司内部社团；对事业的态度；长期事业目标；中期事业目标；现在最开心的个人成就或公司福利；重视现在或未来的发展（理由）。

⑥ 与本公司的关系情况。与本公司的关系情况主要包括与本公司初次业务往来的日期；与本公司业务往来情况；与本公司关系如何；本公司中哪些员工认识这位客户。

⑦ 生活情况。生活情况主要包括过去的医疗病史；目前的健康情况；是否喝酒（种类、数量），对喝酒的看法；是否吸烟（种类、数量），对吸烟的看法；喜欢在何处用餐；喜欢吃什么菜；是否反对别人替他付餐费；生活态度是什么，有没有座右铭；休闲习惯；度假习惯；喜欢的运动、比赛，对职业足球与篮球的看法，拥戴的球队；经常乘坐的交通工具；

喜欢的聊天活题；希望给谁留下好印象，留下什么印象；对哪种成就感最骄傲，对哪种失落感最沮丧；个人中期目标；个人长期目标。

⑧ 个性情况。个性情况主要包括曾参加的俱乐部或社团，目前所在的俱乐部或社团；是否热衷政治活动；在所住社区与地方参与的活动；宗教信仰（态度）；忌讳（不能提到的事情）；重视哪些事；特长；喜欢看哪些类型的书；喜欢看哪些类型的电影；专业能力如何；自认为自己的个性如何；家人认为他的个性如何；朋友认为他的个性如何；同事认为他的个性如何。

⑨ 阅历情况。阅历情况包括对于目前经历的综合看法；十年后的目标；人生的最终目标；目前最想完成的事；目前最满足的事；目前最遗憾的事；目前最想强化什么；目前最想克服什么。

⑩ 其他可供参考的资料。其他可供参考的资料主要包括与这位客户交谈有哪些道德顾虑；客户对本公司或竞争对手的看法；是否愿意接受他人建议，改变自己；是否重视别人的意见；是否非常固执；待人处事的风格；是否管理上有问题；是否与管理层有冲突；本公司能否协助解决问题，如何协助；竞争者能否更好地解决以上问题。

了解以上资料相当重要。举例来说，可以根据这些资料，在某个客户的纪念日前，送他两张电影票，让他惊喜；也可以寄一份与客户有切身关系的报告给他，如为他提供“如何治疗失眠”的报告（前提是已知道他正为失眠困扰）；还可以利用客户的业余爱好，与他进行沟通，如陪他去看北京国安队或者北京首钢队的比赛。企业要以对待朋友之心去运用这些资料，而不能刻意去笼络客户，功利性地讨好，只在他购买成交时才去拜访或送礼，平时则音信全无。

（2）企业客户调查

企业客户调查包括以下内容。

① 基本资料。企业客户的基本资料主要包括企业客户的名称、地址、电话；企业的所有者、经营者、管理者、法人代表及他们个人的性格、兴趣、爱好、家庭、学历、年龄、能力；创业时间、与本公司交易的时间；企业组织形式、业种、资产等。

② 客户的特征。客户的特征主要包括服务区域、销售能力、发展潜力、经营观念、经营方向、经营政策、企业规模、经营特点等。

③ 业务状况。业务状况主要包括销售实绩；经营管理者和业务人员的素质；与其他竞争者的关系；与本公司的业务关系及合作态度等。

④ 交易现状。交易现状主要包括客户的销售活动现状；存在的问题；保持的优势；未来的对策；企业形象、声誉、信用状况；交易条件及信用问题等。

五、潜在客户开发

1．潜在客户

（1）MAN 法则

你打算把产品或者服务销售给谁，谁有可能购买产品，谁就是你的潜在客户。潜在客户至少具备以下 3 个条件，即“MAN”法则。

M：Money，代表货币。潜在客户必须有一定购买能力，这是最为重要的一点。营销人员找到准客户就要想：他有支付能力吗？他买得起这些东西吗？一个月收入只有 1000 元的上班族，向他推销一部奔驰车是否合适？

A：Authority，代表“购买决定权”。潜在客户对购买行为有决定、建议或反对的权力。

很多营销人员最后未能成交的原因就是找错人，找的是没有购买决定权的人。

N：Need，代表“需求”。潜在客户应有相关方面（产品、服务）的需求。推销的对象除了购买能力和决定权之外还要看他有没有需求。如刘先生刚买了一台空调，再向他推销空调，尽管他具备购买能力和决策权，但他没有了那样的需求，自然不是要寻找的人。

（2）潜在客户的简易判断法

- 对商品有需求的客户。
- 有意付款或有能力付款的客户。
- 有可能见面的客户。

2. 寻找潜在客户的基本方法

在明确了潜在客户后，接下来要做的是千方百计寻找潜在客户，常用的寻找潜在客户的方法有如下几种。

（1）缘故法

我们日常生活不会在隔绝的状态下进行，这说明我们会认识一大批人，这批人有可能成为产品或服务的潜在客户。即使是一个社交活动很少的人也有一群朋友、同学和老师，还有家人和亲戚，这些都是潜在的客户资源。告诉身边的人你在干什么，你的目标是什么，获得他们的理解，你会很快找到你的潜在客户，因为身边的人都会帮你，并愿意帮你。在缘故法中，常用到的有亲戚关系、同事关系、朋友关系、师生关系、老乡关系等。

（2）专业人士的帮助

刚刚迈入一个新的行业，很多事情可能无从下手，因此需要获取有经验人的帮助。多数企业让新员工与富有经验的员工共同工作，通过这种方法以老带新，有助于培训新员工。

另外，还可以委托代理企业或者其他企业为你寻找客户，这方面需要企业的支持。代理商多种多样，他们可以提供很多种服务，这要根据实力和需要寻求合适的代理商。

（3）其他客户关系

- 你的直接客户。
- 你的间接客户。
- 你直接结交的商家或主顾。
- 你间接结交的商家或主顾。

我们生活在一个经济社会里，不可避免地会与其他人发生交易关系。这种交易关系在你成为营销人员之前就已经发生了，可能是工作交易，当你从事其他商业活动时，会有一些不同的客户；也可能是生活交易，你作为社会中一员，因为生活的需要与形形色色的商业机构发生过各种交易，如买菜、购书、添置家电等，通过这些活动你成为别人的客户，即使你是别人的客户，你也有机会与他们沟通、了解，并发展下一步的客户关系。

（4）调动内部资源

① 企业广告。企业某时期订货增加是因为他们做了大量电视和广播广告，或是在报纸、杂志做了大量宣传，要么就是在特定区域寄送了大量优惠卡。人们对这些措施的反应值得注意——他们为什么会有这样的反应呢？一般来说，有这些反应的人被称为活跃的潜在客户，所以要在销售过程中尽量发挥公司广告所带来的作用。

企业推出广告之后，往往会有许多买主打电话来询问等。企业就可以把这类客户当作准客户，因为这类客户对商品已有兴趣，其购买率会很高。

② 展销会。每年有成千上万次展销会举行，公司要记下每个来展销柜台的参观者的姓

名、地址和其他有关信息，然后把这些信息交给营销人员，以便进行跟踪联系。公司一定要迅速找到、结交、吸引这些潜在客户，因为展销会上的其他公司同样也会同这些潜在客户联系。

③ 电话和邮寄导购。很多公司寄出大量的回复卡片，或是雇人进行电话导购联系，用这一方法可以获得大量潜在客户。而且几乎是所有的公司都可以用这一方法吸引感兴趣的潜在客户。

④ 财务部门。企业的财务部门能找到那些不再从企业买东西的从前的客户。如果能确定他们不再购买的原因，那么就有机会重新赢得他们。这些潜在客户熟悉企业提供的商品或服务，而且企业的财务部门对其信用度也有所掌握。另外，企业的财务部门可能还有与这些潜在客户签订信用合同的各种记录，所以这也是极好的可利用资源。

⑤ 售后服务部门。企业售后服务部门的人员能提供潜在客户的信息。因为他们经常与从企业购买产品并需要维护或维修的客户进行接触，因此他们更容易识别出需要新产品的客户。

（5）开发外部资源

除了企业内部资源外，还有很多途径可以寻找潜在客户。选择何种方式取决于所销售的商品或服务。

① 其他营销人员

其他非竞争企业的营销人员经常可以提供有用的信息。在与他们的客户接触时，可能会发现对本企业产品感兴趣的客户。

② 各种名单名录

凡是这一类的东西，不管社会上已经发行过还是尚未发行，只要能够拿到就要加以利用。如职业分类电话簿、已有的顾客卡、工商企业名录、政府单位所保存的注册簿等，都可以用来找出准客户。利用这种方法时，只要能够确实把握顾客阶层，其利用效率会很高。

很多企业名录将公司规模、地理位置和商业性质进行分类，这些名录是寻找新的潜在客户的一个绝好出发点。包含企业管理人员姓名和地址、财务数据及其相关产品的名录在大型公共图书馆或大学图书馆中都可以找到，还有不要忽略地方上出版的名人录或企业名录。

③ 社团和组织

产品或服务是否只针对某一个特定社会群体，如青年人、退休人员、银行家、广告商、零售商、律师或艺术家，如果是这样，那么这些人可能属于某个俱乐部或社团组织，因此从这些机构获得他们的名录将十分有效。

④ 报纸和杂志

只需留意一下宣传印刷品，就会发现许多潜在客户的线索。如报纸刊登的工厂或商店扩建的新闻对营销人员会很有帮助；在商业杂志以及其他一些杂志上，可以找到更多的商业机会；专业杂志对于许多产品的营销人员有重要意义，因为从报纸和杂志中是能寻找到潜在客户的线索的。

任务3　大客户维护

【学习要求】

（1）识记：大客户的概念、通信大企业的特点及分类。

（2）领会：大客户工作方法。

一、大客户

大客户也称重点客户、关键客户，是企业的伙伴型客户，是为企业创造大部分利润的客户，是为企业带来高收益而企业只需支付低成本的客户，因为他们与企业建立的是长期的可赢利关系。这部分客户为企业节省了开发新顾客的成本，为企业带来了长期利润，并且帮助企业开发潜在顾客。

越来越多的企业开始谈论大客户管理，并且开始尝试大客户管理。大客户管理是卖方采用的一种方法，目的是通过持续地为客户量身定做产品或服务，满足客户的特定需求，从而培养出忠诚的大客户。大客户在服务行业有的也叫 VIP 客户。大客户是企业收益的主要来源。针对这群客户，企业不仅要花心思维护，而且要有针对大客户管理的方法和策略。

知识小拓展：【二八定律】19 世纪意大利的经济学家维尔佛雷多·帕累托 （Vilfredo Pareto）发现帕累托定律（即著名的 2/8 定律，也称 80/20 法则）。这一定律应用在客户管理中表明，企业 80%的销售收入和利润来自仅占客户总数 20%的客户，通常情况下，这部分客户就是大客户。另外，这一定律还可应用在其他领域，你知道吗?

电信企业大客户的概念是发达国家在 20 世纪 80 年代中期提出来的，当时许多发达国家的基本电话业务市场日渐饱和。为了保持经营规模和市场份额，电信企业纷纷在服务质量上做文章。随着电信市场竞争的加剧，越来越多的电信企业会把目光聚集在大客户上，把主要的精力花在对大客户的争夺上。

大客户是电信企业收益的重要支柱。由于大客户的市场地位十分突出，在有的发达国家，从数量上说，大客户所占比例很小，大约只占全国各类电话总用户的十万分之一，而他们的电话服务费用却占全国电话业务收入的 10%，甚至更多。大客户对电信企业的价值包括三层含义：一是大客户的当前（现实）价值，二是大客户的潜在价值，三是大客户经营工作的社会价值。

从基本层面上看，判断一个客户是否是你的大客户可以有以下几个标准：

① 他们对于你要达到企业目标来说是十分重要的；

② 他们占了你目前收入的很大一部分；

③ 失去他们将严重影响到你的业务并将在短期内难以恢复过来；

④ 你往往与他们有着长期稳定的关系，而他们对你未来的业务来说具有巨大的潜力；

⑤ 尽管他们只占现有客户和可能成为客户企业总数的 10%，但你仍应该把 60%的销售时间和精力投放在他们身上；

⑥ 正因为他们对你的企业来说是那么重要，所以应该让企业中能力最强的人来处理与他们的关系。

二、电信运营企业大客户

大客户也称为最有价值的客户，它是根据消费水平、社会地位及其发展潜力等对电信市场进行细分的结果，是指公司所辖地域内使用产品量大或单位性质特殊的客户，主要包括经济大客户、重要客户、集团客户与战略客户等。

（1）经济大客户

经济大客户是指通信产品使用量大，使用非常频繁的客户。这些客户的月消费额基本稳定在一个较高的水平。他们中的有些是身处企业的重要位置，需要利用通信产品处理企业大量的日常业务；也有些为营销人员，他们经常出差，话务繁忙，而且有很强的漫游需求；还有些为公司白领、公务员或时尚人士，他们愿意尝试新事物，对增值业务需求比较明显。

（2）重要客户

重要客户是指满足党政军、公检法、文教卫生、新闻等国家重要部门的客户。这些客户对于维护国家和社会的稳定，并给电信企业营造良好的发展环境等方面具有极其重要的作用。电信企业作为社会性较强的服务性企业，有义务对这些客户的通信需求给予足够的重视。同时，这些客户中的一部分本身对电信产品的消费也有很强的需求，符合一般大客户的经济特征。更重要的是，与这些客户搞好关系，有利于电信企业形成良好的社会口碑，是电信企业进行关系营销要搞好的首要关系。

（3）集团客户

集团客户是重点大客户，即使用电信业务量大、电信消费额高的工商企业等与本企业在产业链或价值链中具有密切联系、使用本企业产品的客户。如证券、保险、金融等行业的客户，他们的数据专线网络地域覆盖广，要求数据传输高稳定性和高传输速率。因此他们大量租用电信企业的数据专线和专网。又如一些工商企业，他们可能根据自身发展和企业形象的需要，要求电信企业提供一些特殊的通信设备和通信业务，有时候还要委托电信企业为他们进行专业的培训，这不仅可以给电信企业带来很大的赢利空间，而且这些工商企业的转网成本也因此提高，有利于电信企业锁定这部分客户。

（4）战略客户

战略客户是指经市场调查、预测、分析，具有发展潜力，会成为竞争对手的突破对象的客户。这些客户虽然目前消费不足，但是其消费潜力巨大。他们有的身处新兴行业，有的还处于企业的起步期，电信企业要在资源和精力允许的条件下，对他们的需求给予必要的关注。一方面可以立足培养他们的消费习惯，引导其消费电信产品；另一方面，搞好与他们的关系，培养他们对企业的忠诚，以便日后发展他们成为企业的集团客户。

三、大客户管理

1．大客户管理内容

（1）基础资料

基础资料即大客户的最基本的原始资料，主要包括客户的名称、地址、电话，与本企业交易时间，企业组织形式和企业资产，以及客户企业的所有者、经营管理者、法人代表及其个人性格、兴趣、爱好、家庭、学历、年龄、能力、经历背景等。这些资料是大客户管理的起点和基础，主要是通过营销人员进行的大客户访问搜集来的。

（2）大客户的特征

大客户的特征主要包括市场区域、营销能力、发展潜力、经营理念、经营方向、经营政策、企业规模、经营特点等。

（3）业务内容和业绩状况

业务内容和业绩状况主要包括营销实绩、经营管理者和营销人员的素质、与其他竞争者的关系、与本企业的营销关系及合作态度等。大客户的营销内容和业绩变化，是最重要的信息。如果没有这些信息，本企业的营销活动就难以开展。

（4）交易现状

交易现状主要包括大客户的营销活动现状、存在的问题、保持的优势、未来的策略，企业形象、声誉、信用状况，交易条件以及存在的信用问题等方面。由于营销活动不是无利息、无担保的贷款行为，所以在收回货款后才算结束。因此，营销人员要依据业绩变化信息，及时检查客户的业绩是否不佳，防止客户长期欠款，确实做好资金回收工作。而营销方针的信息，是关于大客户今后重点发展的产品及流通渠道的选择等方面的信息。如果了解到客户的营销方针，就可使具体提案更易于被客户接受，谈判也可顺利进行。

（5）满意程度

大客户满意程度的调查是指营销人员要了解大客户对本企业具有何种程度的满足即对企业的评价，尤其是对本企业的服务是否满意。因此，商品本身及营销活动，以至于整个企业，必须满足客户的需求，这样才能切实维持和客户的贸易关系，使客户继续购买本企业的商品。

客服经理将收集的大客户信息可以制作成大客户管理卡，即将大客户的各项情况在一张卡片中简明地记录，并按一定的标准加以排列，力求使大客户状况一目了然。如果利用客户资源系统来作管理，则更加便捷、科学。

2．大客户信息的分析整理

客户服务人员将与自己接触过的大客户资料进行分析处理，将有利于日后的进一步服务工作。具体要求做到以下几点。

① 记录打出去的每一个电话，包括时间、商谈的简要内容等，这样可以避免不必要的重复工作，也能为下一步工作提供充分的资料。

② 尽量在打完电话后明确大客户的需求、态度以及是否有拜访的机会。简单说就是打电话目标完成情况，这部分内容可以放到记录的最后面，以便下次快速检阅。

③ 明确大客户的地址。尽可能将同一地区的客户拜访活动安排在一起，以节省时间和精力。

④ 对于每一个拜访过的大客户，都要制作一张客户概况表，表格中要尽可能包含大客户最充分的信息。

⑤ 每天在做完该做的事情后，一定要对相关的大客户情况进行梳理，如给已经成交的大客户写感谢信，预约明天的拜访等。

3．大客户管理技巧

（1）建立大客户管理环境

① 创造大客户管理的条件

是否每个企业都有必要建立大客户管理部门，要视企业的规模而定。对于规模小一点的企业，客户数量较少，大客户则更少。如果建立大客户管理部，就要增加人手和开支，会成为企业的负担，因此可由营销主管兼任处理相关事务；对大一点的企业来说，要求进一步地发展和壮大，设立大客户管理部则很有意义。如果企业大客户有 20 个以上，就应该建立大客户管理部。

② 对大客户的管理

设置专门的大客户服务机构，如大客户服务中心或大客户市场部等。制定大客户服务工作管理方法，为大客户提供专业的、及时的、人性化的优质服务，以建立起企业与大客户之间长期的合作关系。

（2）大客户管理策略

① 优先保证大客户货源充足

大客户的需求量较大，优先满足大客户对产品数量及相关的要求，是大客户管理部的首要任务。尤其是在销售上存在淡、旺季的产品，大客户管理部应主动出击，随时了解大客户的销售与库存情况，及时与大客户就市场发展趋势、合理的库存量及客户在销售旺季的需货量等问题进行商讨，在销售旺季到来之前，协调好生产及物流等部门的工作，保证大客户在旺季的货源需求，避免出现因货物断档导致无现货可销的情况。通过这些方式，既可以有效安排本企业的生产，又可赢得大客户的好评。

② 充分调动大客户相关资源

充分调动大客户一切与营销相关的资源，包括最基层的营销人员。许多营销人员往往容易陷入一个误区，那就是认为只要处理好与客户的中、上层主管的关系，就等于处理好了与客户的关系，产品营销就畅通无阻了，而忽略了对大客户的基层营业员、营销人员的工作。虽然大客户的中、上层主管掌握着产品的进货、货款的支付等权力，处理好与他们的关系固然重要。但产品是否能够推销到客户手中，销量能否提高，却取决于基层的工作人员，如营业员、营销人员、仓库保管员等的努力，特别是对一些技术性较强、使用复杂的大件商品，大客户管理部更要及时组织对客户的基层人员进行产品培训工作，或督促、监督营销人员加强这方面的工作。充分调动大客户与营销相关的资源，是提高大客户的营销业绩的一个重要举措。

③ 新产品的试销

新产品的试销应首先在大客户当中进行。大客户相对于其他的客户，有较强的实力和较强的商业影响力。大客户在对一个产品有好的营销业绩之后，很容易带动当地的营销工作。新产品由大客户试销，对于搜集客户对新产品的意见和建议，具有较强的代表性和良好的时效性，便于生产企业及时做出决策。在新产品试销前，大客户管理部应提前做好与大客户的前期协调与准备工作，以保证新产品试销能够在大客户当中顺利进行。

④ 充分关注大客户

大客户作为企业市场营销的重要一环，它的一举一动都应该给予密切关注，利用一切机会加强与客户之间的感情交流。如客户的开业周年庆典、客户获得特别荣誉、客户的重大商业举措等，大客户管理部都应该随时掌握信息，并报请上级主管及时给予支援和协助。

⑤ 安排企业高层主管对大客户拜访

一个有着良好营销业绩的企业的营销主管每年大约有 1/3 的时间是在拜访客户中度过的，而大客户正是他们拜访的主要对象。营销主管和大客户高层管理人员进行交流，有助于统一思想，协调工作，取得更好的业绩。所以大客户管理部的一个重要任务就是为营销主管提供准确的信息，协助安排合理的日程，以使营销主管有目的、有计划地拜访大客户。

⑥ 帮助大客户设计促销方案

每个客户都有不同的情况，如区域的不同、经营策略的差别、营销专业化程度的高低等。为了使每一个大客户的营销业绩都能够得到稳步地提高，大客户管理部应该协同营销人员、市场营销策划部门，根据客户的不同情况与客户共同设计促销方案，使客户感受到他是被高度重视的，他是营销渠道的重要成员。

⑦ 征求大客户意见

营销人员是企业的代表，是企业与大客户联系的前沿，他们工作的好坏，是决定企业与客户关系的一个至关重要的因素。由于市场营销人员的文化水平、生活阅历、性格特点、自我管理能力等方面的差别，也决定了营销人员素质的不同。大客户管理部对负责处理大客户业务工作的营销人员，不仅要协助，而且要监督与考核，以提高其服务水准。对于工作不力的人员要据实向上级主管反映，以便人事部门及时安排合适的人选。

⑧ 对大客户制定适当奖励政策

营销的最终目的在于赢利，企业和大客户合作要达到的也是双赢。企业对客户采取适当的激励措施，如各种折扣、合作促销让利、营销竞赛、返利等，可以有效地刺激大客户的营销积极性和主动性，作用尤其明显。大客户管理部应负责对这些激励政策的落实。

⑨ 保证与大客户信息传递

大客户的营销状况事实上就是市场营销的“晴雨表”，决定着企业产品是否应该调整。把握了大客户营销情况就可及时做出决策，减少损失。大客户管理部很重要的一项工作就是对大客户的有关营销数据进行及时、准确的统计、汇总、分析，上报上级主管，通报生产、产品开发与研究、运输、市场营销策划等部门，以便针对市场变化及时进行调整。这也是企业以市场营销为导向的一个重要前提。

⑩ 与大客户组织座谈会

每年组织一次企业高层主管与大客户之间的座谈会，听取客户对企业产品、服务、营销、产品开发等方面的意见和建议，对未来市场的预测，对企业下一步的发展计划进行研讨等。这样的座谈会不但对企业的有关决策非常有利而且可以加深与客户之间的感情，增强客户对企业的忠诚度。

过关训练

一、填空题

1．从本质上讲，企业为客户提供优质、满意的客户服务，其核心是________。

2．电信客户是指电信企业所提供的电信业务的________和________。

3．客户服务的目标实现可以从________、________和________3个方面来体现。

4．确定对企业具有长远利益影响的战略客户，首先需要确定________。

5．在所有客户群中，根据20:80法则，________价值贡献极为重要。

6．客户识别对企业客户服务管理的实施有着重要意义，主要体现在对企业的________和________的指导上。

7．根据客户金子塔模型，客户细分为________、________、________和________。

8．电信运营企业大客户包括________、________、________和________。

二、简答题

1．简单说明电信客户的特点。

2．电信客户服务的特征有哪些？

3．怎样树立服务意识？

4．什么是差异化服务？

5．简述电信企业客户细分的原因。

6．说明MAN法则的含义。

7．简单说明大客户对电信企业的价值。

模块十二

客户服务管理

【内容简介】

本模块介绍客户服务管理知识，内容包括客户服务质量、客户满意与客户忠诚管理和客户关系管理 3 个任务。

【重点难点】

重点掌握电信客户服务质量的要求、保障客户服务质量的方法。

【学习要求】

（1）识记：客户服务标准、客户满意、客户忠诚、客户保持及客户关系管理等概念。

（2）领会：客户服务质量管理、客户满意与忠诚管理及客户关系管理等工作策略和方法。

（3）应用：客户服务质量提升方法。

任务 1 客户服务质量

【学习要求】

（1）识记：客户服务的正确理念、客户服务标准概念知识。

（2）领会：客户服务标准制定步骤、提高客户服务质量的途径。

一、树立正确的客户服务理念

企业必须牢固树立“企业所做的一切都是为客户提供最优质的服务”的理念。企业和其每一位员工只有树立起正确的客户服务理念，企业的客户服务工作才能最大限度地发挥作用。这一服务理念体现在以下几个方面。

1. 以客户的需求为导向

企业为客户提供的服务内容是什么？服务的标准如何确定？企业所做的一切服务工作都应该紧紧围绕着客户的需求而展开，满足客户的需求既是企业开展客户服务工作的出发点，同时也是企业开展客户服务工作的最终目的。

客户需求可分为以下几类。

（1）从客户需求的形式来看，它表现为潜在需求和明确需求。客户购买一台冰箱，制冷性能好是客户对冰箱的明确需求；而当冰箱不制冷时，客户才发现冰箱压缩机质量的重要性，这就是客户对购买冰箱的潜在需求。潜在需求通常与产品和服务的特色有关，而明确的需求则与利益关系更为密切。

（2）从客户需求的内容来看，它包括以下几个方面，也是客户服务工作的重点内容：客户对购买产品或服务便利性的需求；客户对产品或服务的价格确定过程的了解需求；客户对产品制造和物流过程透明度的了解需求；客户对与企业平等接触的需求；客户对及时获得专业信息的需求；客户对选择分销渠道的需求；客户对企业提供的服务内容和标准的了解需求；客户总想在购买到满意的产品的同时能获得最多、最高水准和最满意的服务。因此，企业和企业员工要将企业为客户提供的具体服务项目、详细的服务内容和服务标准，尤其是有别于其他企业的特色服务、出色服务适时地告知客户，使客户消除购买的后顾之忧，坚定购买的信心。

2．为客户创造价值

客户价值是企业价值实现的前提和基础。没有良好的客户服务就不能实现客户价值最大化，没有客户价值最大化就没有利润的来源，而没有利润，企业也就没有了存在的基础。因此，企业经营的根本就是通过客户服务为客户创造价值。

（1）客户价值

客户价值是指整体客户价值与整体客户成本之间的差额部分，而整体客户价值是指客户从给定产品和服务中所期望得到的所有利益，它由产品价值、服务价值、人员价值和形象价值组成；整体客户成本由货币价格、时间成本、体力成本和精神成本组成。因此，客户价值实质上就是指客户总价值与客户总成本之间的差额。客户总价值是指客户购买某一产品与服务所期望获得的所有利益，而客户总成本是指客户为获得某一产品或服务所花费的时间、精力及支付的货币等。

对客户而言，客户价值就是企业所提供的使其感到满意的价值。在购买商品时，客户总希望把有关的成本降到最低限度，同时又希望从中获得最多的利益，以使自己的需要得到最大限度的满足。因此，客户往往从价值与成本两个方面进行比较分析，选择对自己来说价值最大的产品或服务。

客户价值是一种相对价值。不仅不同客户对某一产品的期望价值会不同，而且同一客户在不同时间对同一产品的期望价值也会不同。第一，客户价值的大小是客户购买该产品和服务时付出的成本与得到的价值之间的比较，付出的成本越小，得到的价值越大，客户就会越满意；第二，客户在得到某种产品和服务时，他们会将这种产品和服务与其他企业提供的产品和服务进行比较，如果他们认为自己得到的产品和服务比其他企业的产品和服务要好，那么他们就会感到满意，否则，就会认为不值得；第三，在产品技术品质相同的情况下，客户更关注产品附加值和服务质量，在更多情况下，客户更愿意获得附加值高和服务质量高的产品；第四，从企业的角度来看，企业也会根据其收益指标和成本指标来衡量客户价值，一般来说，客户的价值就是企业的成本构成因素，而客户的成本就是企业的价值构成因素。因此，企业在评估客户价值时，既会考虑到产品和服务本身的成本和价值因素，也会考虑到企业与客户之间的平衡因素。

总而言之，企业为客户创造的实物价值或服务效用价值一定要超过客户付出的成本。

（2）增加客户价值的方法

由于现代生产技术的普遍应用，产品成本差别在缩小，客户获得产品的货币成本、时间成本和精力成本已相差无几。在构成客户价值的因素中，产品的有形价值同质化使得客户价值的差别集中到无形的服务上来，因此增加客户价值的核心方法就是改善企业的服务，通过客户服务来提高客户价值。

① 强化客户感知

客户价值是客户的一种感受和体验，很难精确计算其数值。强化客户感知关键是要强化有形证据在客户服务中的作用，要求的一致性、产品的适宜性、价格的合理性、品牌的优异性、服务的完美性及关系的密切性是决定客户感受强弱的主要因素。

② 提供个性化服务

客户不要求千篇一律的产品，而要求企业提供有个性的产品，所以许多企业提出可以为客户提供量身订制，根据客户的需求来订制客户的产品；同时，每个客户的情况和个性都不一样，因此，企业要根据客户不同的个性提供令客户满意的服务，这才是最佳的客户服务。

③ 协助客户成功

企业在提供客户购买的产品或服务的同时，要为客户提供额外的辅助服务，帮助客户解决生产、经营过程中的问题，使客户获得成功。如客户购买了企业的生产设备，企业在提供生产设备及相关服务的同时，额外地为客户提供市场信息、联系其他客户，甚至帮助客户销售其产品等。

④ 让客户快乐

企业为客户提供良好的产品或服务，使客户认为自己得到了大实惠，从而对企业感激不尽，身心获得愉悦、欢乐、快活；在产品或服务出现问题时，采取积极、有效的补救措施，使客户能够尽快重新使用和享受产品或服务带来的快乐。

二、客户服务标准

制定一套有效的、可行的优质服务标准，是企业开展客户服务工作的基础和开始，而确保标准得到贯彻和实施，则是企业保持较高客户满意度的前提。

1. 确定客户服务标准的重要性

企业确定优质客户服务标准，可以使企业和其员工开展客户服务有了依据，同时对企业和其员工开展客户服务的质量好坏也有了评价的标准，而且还能使客户对企业起到重要的监督作用。

（1）为企业和企业员工明确目标

规范的优质服务标准为企业的服务团队和员工设定了一个明确的目标，使企业员工清楚他们努力工作的意义和必须达到的要求，使他们有了工作的目标感和方向感，从而瞄准目标，向着正确的方向共同努力。

（2）向企业员工传达期望

清晰、简洁、量化和可行的优质服务标准构成了对所有服务行为期望的共同基础，通过确定优质服务标准，企业向员工传达了这样的信息："这就是企业所期望的，是我们所有客户都想要的，是企业出色的客户服务工作的归宿。"

（3）评价员工服务质量的依据

企业制定的一整套客户服务标准，是企业进行客户服务人员的选拔和录用决策的文件，也是企业客户服务人员工作职责的具体描绘，它将贯彻到企业员工的培训工作中，进而将这些服务标准转化为客户服务人员更为具体的、更细小的操作标准。同时，企业制定的这些清晰、简洁、量化和可行的优质服务标准又可成为对客户服务人员工作行为和服务质量评价的依据，从而使企业服务团队的水平得以不断提高。

（4）使客户对企业客户服务起到监督作用

企业制定的优质客户服务标准，不仅对企业和其员工开展客户服务工作起到指导作用，同时也对企业和员工起到监督和约束作用。客户通过企业公布的客户服务标准对照企业和客户服务人员的服务行为，对他们的服务质量进行评价，把他们的满意和不满意告知企业，从而使企业不断改进服务，使企业的服务质量跃上一个新的台阶。

2. 客户服务标准的内容

优质客户服务标准包括三大要素，即服务硬件、服务软件和服务人员。这 3 个要素相辅相成，缺一不可。

（1）服务硬件

服务硬件是指企业开展客户服务所必需的各种物质条件。它是企业客户服务的外包装，起到向客户传递服务信息的作用；它是企业开展客户服务工作必须具备的基础条件，也是客户对企业形成第一印象的主要因素；它为客户的服务体验奠定了基础。服务硬件一般包括以下几个方面。

① 服务地点。客户在购买产品和获得服务时希望更方便、更快捷，因此，企业距离客户更近，更方便地使客户获得企业产品和服务方面的信息，更方便地使客户能够购买到企业的产品，更方便地使客户获得企业及时、高效的服务，成为客户选择企业的重要因素。这一因素在零售行业表现得尤为突出。

② 服务设施。服务设施主要是指企业为客户提供产品或服务所必需的基本工具、装备等，如运输车辆、行李寄存处、停车场等。服务设施包括质量和数量两个方面，设施的质量决定了企业为客户提供的服务好坏，而设施的数量决定着企业提供服务的能力大小。

③ 服务环境。服务环境主要是指企业为客户提供服务的空间环境的各种因素，包括服务场所的内外装修、环境的色彩、空间大小、光线明亮程度、空气清新度、环境卫生清洁度、温度与湿度、空气气味、家具的风格与舒适度、座位的安排，等等。它是客户购买产品或接受服务过程中的服务体验的主要因素。

（2）服务软件

服务软件是指开展客户服务的程序性和系统性，它涵盖了客户服务工作开展的所有程序和系统，提供了满足客户需要的各种机制和途径。

（3）服务人员

企业的服务硬件和软件是理性的、规则的，而这些规则是靠服务人员来执行的，服务人员的服务意识、服务精神以及他们在服务过程中的一言一行等个性化的东西决定着服务质量的好坏。服务人员的个人因素包括以下几个方面。

① 仪表。客户服务人员在为客户提供服务时，服务人员形象的好坏对客户的心理活动产生着积极或消极的影响。企业要制定能使客户留下良好印象、制造和谐气氛、产生良好情绪的符合仪表要求的外在指标，如男士服务人员头发长短不能盖过耳朵，不能留奇形怪状的发型，不能染发，不许留胡子，指甲不能过长；女士适当化淡妆，着装要统一，佩戴服务牌等。

② 态度、身体语言和语调。客户服务人员的态度体现在服务人员的表情、身体语言以及说话的语气、语调等方面，它是客户对企业客户服务质量评价的重要方面，也是客户对企业提供的服务满意与否的重要指标。企业要制定在开展服务工作时客户服务人员的态度、身

体语言以及说话语气、语调等方面的可观测指标，如服务人员在为客户提供服务时要微笑，说话时眼睛要注视对方，语气要平和、委婉，站立时手势摆放要得体等。

③ 关注。关注是指满足客户独特的需要和需求，这种关注或关心是敏感的，它认同客户的个性，从而以一种独特的方式对待每一位客户。企业要制定出以何种方式向客户表示关注，如何才能使客户感觉受到了特别对待，哪些不同的客户需要保持不断变化的、敏感的关注，企业和服务人员为满足这些独特的需要具体做什么等方面的标准。

④ 得体。得体不仅包括如何发出信息，还包括语言的选择运用。某些语言会把客户赶跑，因此要注意避免使用这些语言。企业要制定客户服务人员在开展客户服务时的具体语言要求，如在不同的环境下，说哪些话比较合适；在与客户打交道的过程中，哪些话是必须要说的；应该怎么称呼客户；应该在什么时候称呼客户的名字，频率是多少等。

⑤ 指导。指导包括服务人员如何帮助客户；他们如何指导客户做出购买决定，为客户提出劝告和提供建议；在为客户提供帮助的过程中，应该配备什么资源；服务人员需要具备什么知识水平才能为客户提供正确的指导；企业如何了解服务人员的知识水平是否达到标准；如何衡量这个标准等。

⑥ 销售技巧。无论是销售产品还是销售服务，销售都是服务不可分割的一部分。服务的功能是培育、推进和积累销售，因此，有效销售的可观测或可衡量的指标是什么，企业的销售标准是什么，都是销售应关注的问题。

⑦ 有礼貌地解决问题。客户不满时怎么办；如何使客户转怒为喜；如何对待粗鲁、难以应付的客户；如何理解“客户总是对的”；如果客户永远都是对的，企业在保持这个标准上能做到什么程度；应该由谁负责处理客户的不满和问题，他们的权力范围有多大；企业如何指导客户的问题得到妥善解决；有哪些相应指标，如何观察和衡量这些指标，这些都是解决问题时应全面考虑的问题。

3．贯彻实施客户服务标准

企业制定服务标准不是为了制定而制定，也不仅仅是为了给客户和社会公众看的。企业制定出服务标准后，必须将之贯彻和实施，为客户提供最优质的服务，使客户获得最大的利益，从而也使得企业获得最大的经济效益。

电信服务质量是指电信服务能够满足明确目标和隐含需要的全部特征和性质，是指服务工作能够满足客户需求的程度。它是电信企业为使目标顾客满意而提供的最低服务水平，也是电信企业保持这一预定服务水平的连贯性程度。服务质量同顾客的感受关系很大，可以说是一个主观范畴，不同的客户对相同的服务过程有不同的感受与理解。

电信服务质量包括两层内涵：通信服务质量和服务功能质量。通信服务质量主要包括网络接通率、网络传输质量（传输损耗、误码率）、拨号时延（接入时延）、计费准确率（计费差错率）和网络可靠性（网络故障发生率和清障平均时间）等。

通信服务质量的评价较为客观。信息产业部在2005年发布了《电信服务规范》，在《电信服务规范》中，对各项通信服务质量指标做出了详细的规定，是电信企业的最低服务标准。

电信的服务功能质量主要包括方便快捷受理客户装、移机申请，合理设置营业服务网点，服务态度热情周到，业务精通，电信资费明码实价，提供免费咨询和资费查询服务，及时修复通信终端设备故障等。服务功能质量的评价较为主观。

要提高电信服务质量，通信服务质量和服务功能质量两者缺一不可。对于电信企业而言，技术质量是基础，但只有提高服务功能质量才能有助于确立电信企业的长期竞争优势。

因此各电信运营商都制定了内部《全业务客户服务标准》和《服务规范》等，来提高和保证电信服务质量。表 12-1 为中国电信公示服务质量标准。

表 12-1　　中国电信公示服务质量标准

<table>
<tr><th colspan="6">中国电信公示服务标准</th></tr>
<tr><th>类型</th><th>编号</th><th colspan="2">服务项目</th><th>标准</th><th>说明</th></tr>
<tr><td>业务办理</td><td>1</td><td colspan="2">增值业务办理/查询/退订</td><td>提供</td><td>您可以通过营业厅，拨打 10000 号，登录网上营业厅、掌上营业厅，发短信等方式办理/查询/退订增值业务</td></tr>
<tr><td rowspan="2">装机修障</td><td>2</td><td colspan="2">宽带固化装机</td><td>1 天</td><td>我们会在 1 天时间内和您预约上门装机时间或资源具备预计时间
（注：不含业务受理当日）</td></tr>
<tr><td>3</td><td colspan="2">宽带固化故障修理</td><td>3 天</td><td>如果您的宽带或固话业务出现故障，我们会在 3 天内维修完毕
（注：城镇用户遵循此服务标准）</td></tr>
<tr><td rowspan="2">客户关怀</td><td>4</td><td colspan="2">新入网用户关怀服务</td><td>提供</td><td>如果您刚刚成为我们的客户，我们将为您提供必要的帮助辅导，包括账单说明、各类业务办理渠道、积分、宽带服务说明、3G 业务说明</td></tr>
<tr><td>5</td><td colspan="2">业务体验到期提醒</td><td>提供</td><td>在您使用的免费体验业务、优惠促销业务即将到期时，我们会及时提醒您（提醒方式为手机短信或电话提醒），在您确认继续使用时，才会收费，如果我们未收到您的确认，该业务体验会自动取消</td></tr>
<tr><td rowspan="3">账户服务</td><td>6</td><td colspan="2">套餐使用提醒</td><td>提供</td><td>每月定期我们会将您的通话、短信、上网使用情况，通过短信发送给您。如果您不需要，可以通过短信、上网、登录 WAP 或拨打 10000 取消</td></tr>
<tr><td>7</td><td colspan="2">自助缴费</td><td>提供</td><td>您可以通过上网、WAP、自助终端、短信、网上银行、手机银行、充值卡等方式便捷的进行充值缴费</td></tr>
<tr><td>8</td><td colspan="2">缴费/充值/账单历史查询</td><td>提供</td><td>（1）您可以查询到 3 个月以内的缴费/充值记录。
（2）您可查询到 6 个月以内已出账单历史记录</td></tr>
<tr><td rowspan="3">渠道服务</td><td>9</td><td colspan="2">一台清服务</td><td>提供</td><td>中国电信县级以上实体营业厅为您提供一台清式的咨询、业务受理、缴费等服务，各服务做到首问负责、及时响应您的需求</td></tr>
<tr><td rowspan="2">10</td><td rowspan="2">渠道服务时间</td><td>营业厅</td><td>8:30—18:30</td><td>营业厅在 8:30-18:30 为您提供所有服务（注：各营业厅的营业时间会根据季节、节假日等因素进行调整）。</td></tr>
<tr><td>10000/1001 号、网上营业厅、掌上营业厅和短信营业厅</td><td>7×24 小时</td><td>10000/1001 号、网上营业厅、掌上营业厅和短信营业厅在 7×24 小时为您提供咨询、查询、受理等服务。</td></tr>
</table>

三、提升客户服务质量的手段与途径

客户服务对电信企业而言有着非常重要的作用，它是电信企业对外的窗口，能够为用户免费提供 24 小时全天候服务，包括：业务咨询、业务受理、投诉处理和话费查询等服务，是电信企业和用户之间沟通联系的纽带。因此，电信企业要不断改进、完善服务设施和方法，提高客户服务质量。

1．树立以客户为中心的服务理念

企业的所有员工必须首先要树立和不断地强化为客户服务的理念，为客户提供优质服务。电信企业构建起将包含这种理念的企业文化，建立起完善的以客户导向的服务体系和机制。

客户的消费过程是一个与企业互动的过程。客户与员工对企业经营活动的参与程度和积极性，很大程度上影响着客户满意度。高素质的、充满活力和竞争力的员工队伍，比再好的硬件设施更能创造客户满意，进而创造优异的业绩。企业应铭记，只有动机出于对客户的信任和尊重，永远真诚地视客户为朋友，给客户以“可靠的关怀”和“贴心的帮助”，这才能赢得客户，才能让客户真正体验到“上帝”的感觉。

2．加强一线员工的教育与培训，树立企业服务品牌

一线员工提供的服务对客户消费行为影响很大，进而可影响到客户对企业的形象看法。因此，对于一线员工的培训，要对员工的外表、提供服务时的态度、行为和语言的使用进行指导；要提高员工和客户沟通的技巧以及处理应急情况的能力，从一定程度上来说“员工就是企业的品牌”。

3．提高客户满意度，追求客户零流失率

企业要始终将客户满意度作为企业经营重点指标，运用各种手段加强售前售后服务、提高服务质量和管理质量，以此提高客户的口碑、客户保留率，培养并提高客户忠诚度。

（1）建立标准化的服务流程。企业提供的每一项服务不应是孤立的和随机的行为，它应是一个系统的、标准化的服务过程。服务系统一方面要有合理的工作流程，另一方面要用的技术来保障工作流程的实现。

（2）提供最高客户附加价值。在现代市场营销观念指导下，企业应致力于为客户提供尽可能满意的服务，管理大师彼得•德鲁克早就提出，公司的首要任务就是“创造客户”。客户满意是和客户判断哪些产品和服务能够提供最大价值紧密相关的，客户将从他们认为提供最高客户价值的公司购买商品和服务。客户追求的是“客户附加价值”最大的产品或服务。

（3）提供个性化的服务。现在市场消费需求越来越个性化，服务也要随之个性化，否则企业就会处于被动的境地。企业不仅要进行产品市场细分，还应进行服务市场细分；不仅要“一对一”销售，还要“一对一”服务，向客户提供个性化的服务。

（4）积极应对客户投诉。客户投诉是加强客户品牌忠诚的一次契机。在客户选择企业的，客户对企业的态度极大程度地决定着企业的兴衰成败。正是深谙此奥妙，麦当劳和 IBM 的最高主管亲自参与客户服务，阅读客户的抱怨信，接听并处理客户的抱怨电话。因为他们心中有一笔账，开发一个新客户的成本是留住一个老客户的 5 倍，而流失一个老客户的损失，只有争取 10 个新客户才能弥补！

（5）进行客户资料整理，实施“精细化”的人性服务。现今有一些公司在客户生日时发送别致的生日贺卡，还会根据不同客户的爱好派送各种音乐会或酒会的贵宾票等，这种“精细化”的人性的服务会使客户感觉到“尊贵、优越、独享、贴身、个性化”的品牌服务，从而潜移默化地提升品牌的忠诚度。

任务 2　客户保持

【学习要求】

（1）识记：客户满意、客户忠诚、客户保持的概念知识。

（2）领会：客户满意度、忠诚度评价及提高方法，客户保持方法及步骤。

一、客户满意度

1．客户满意的概念

客户满意指客户在对企业产品、服务的消费过程中，对自己消费经历的认知和情感反应的综合感知，它是由客户对企业产品或服务的期望实绩之差和客户消费后的正面情感、负面情感共同决定的，是一个相对量，是客户“可感知的满意度”。20 世纪 80 年代后被视为竞争优势最佳来源的全面质量管理运动，在进入 90 年代后日益重视客户关于质量评价的意见，优质标准从产品与服务的“零缺陷”、内部过程的“第一次做对”转向“全面客户满意”，客户满意理念越来越风靡企业界。

客户满意理念将产品或服务分为这样 3 个层次：核心产品、有形产品和附加产品。核心产品是指产品中能够满足消费者最基本需要的那部分内容，或者说能给消费者带来基本使用价值的那部分内容，正是由于这部分内容，消费者才购买这类产品。有形产品是核心产品的外在表现，它有 5 种特征：质量水准、功能特色、样式、包装以及品牌。有形产品是核心产品的载体，虽然有形产品不是消费者购买产品的主要动机来源，但是它的内容对消费者的购买行为会产生重要影响。附加产品是指与消费者购买和使用产品有关的所有其他内容，主要包括：产品的安装、运输、交货与信用条件、售前与售后服务等。由核心产品、有形产品和附加产品构成的整体产品决定着客户是否满意。核心产品决定着客户是否有购买某类产品的动机，在一般意义上决定着客户是否满意。有形产品是客户在该类产品中选择某种产品的依据，在产品竞争的意义上决定着客户是否满意。附加产品是企业要选择产品厂商的条件，在企业竞争的意义上决定着客户是否满意。

（1）客户满意的含义

客户满意是客户消费了企业提供的产品和服务之后所感到的满足状态，这种状态是个体的一种心理体验。它是以客户总体为出发点的，当个体满意与总体满意发生冲突时，个体满意服从于总体满意。它是建立在道德、法律和社会责任基础上的，有悖于道德和社会责任的满意行为不是客户满意的本质。

客户满意是相对的，没有绝对的满意，因此企业应不懈地追求，向满意趋近。客户满意有鲜明的个体差异，不存在统一的满意模式，同时它也是相对的，没有绝对的满意，因此企业应不懈地追求，向绝对满意趋近。

（2）满意的客户对企业的发展有着重大的意义

满意的客户对企业的发展有巨大意义，一个高度满意的客户往往会：更长久地忠诚于企业；购买企业更多的新产品和提高购买产品的等级；为企业和它的产品说好话；忽视竞争品牌和广告，对价格不敏感；向企业提出产品和服务建议；由于交易惯例，比企业用于开发新客户的成本低。

随着客户满意度的增加和时间的推移，企业的基本利润没有什么变化，但是企业用于客户推荐而导致销售额的增加是巨大的。同时由于宣传、销售等方面费用的降低，企业经营成本下降，从而也带来大量的利润增加。因此，高度满意才能带来客户忠诚，才能带来企业利润。企业应将客户高度满意作为自己的最高追求目标。

知识小拓展：曾经有项调查统计表明：如果客户不满意，他们会将其告诉 22 个人，除非独家经营，否则该客户不会重复购买；如果客户满意，他会将其告诉 8 个人，但该客户未必会重复购买，因为竞争者可能提供性能更好、更便宜的产品；如果客户高度满意，他会将其告诉 10 个人以上，该客户一定会重复购买，即使与竞争者相比产品没有什么优势。

2．客户满意度

客户满意度即客户满意的程度，是指客户对企业以及企业产品和服务的满意程度，通俗地说客户满意是客户所体验的高兴程度。客户满意度也是客户对企业的一种感受状态，并且在高满意度的状态下更容易激发交易行为的发生。一个常用的统计结果是：一个满意的客户，比一个不满意的客户有高于 6 倍继续购买那个企业的产品或服务的意愿。

客户满意度是由客户对其购买产品的预期与客户购买和使用后对产品的判断的吻合程度来决定的。客户满意度是衡量客户是否满意的具体指标，是通过客户“期望”的服务与“感知”的服务之间的差异而表现出来的。在评价客户满意度的过程中，由于形成“期望”与“感知”的各种因素都很难控制，因此建立并维持与客户的融洽关系是客户服务工作的关键内容。客户满意度的提升，将帮助企业持续提升客户价值，提升企业的竞争能力和盈利能力，使企业在竞争中立于不败之地。

从市场营销的角度来讲，客户满意或不满意心理形成的根源在于客户感知产品/服务质量。客户在购买产品/服务前，通常都会对产品/服务有所期待，这种期待可能是心中清晰的意念，也可能是潜意识中不自觉的期望，但这种“事前期待”是客观存在的。客户感知产品/服务质量会导致 3 种心理状态，即不满意、满意和愉悦。如果客户感知不及客户期望，客户会不满意；如果客户感知与客户期望相称，客户会满意；如果客户感知超过客户期望，客户会十分满意、高兴或者愉悦。如果感知到的服务大于期望的服务水平，客户就会产生满意的感觉，否则就会不满意。如一个客户平时通过客服热线查询话费，系统等待了 2 分钟后接通，客户可能还是觉得满意，因为他对该项业务的期望值并不高；但是当客户发现自己的手机遗失，急切地拨打客服热线要挂失停机时，同样是等待 2 分钟后接通，他就会非常不满，因为这个时候他的期望值是比较高的，希望马上解决问题。图 12-1 示出客户满意的三角定律，从图中可以看出客户感知和客户满意间的关系。

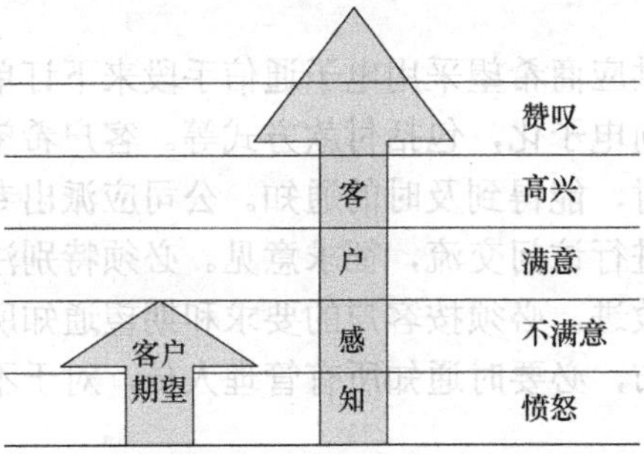

图 12-1　客户满意的三角定律：

客户满意=客户感知-客户期望

（1）影响客户满意度的因素

根据客户满意度的定义，客户满意度是客户建立在期望与现实基础上的对产品与服务的主观评价，一切影响期望与服务的因素都可能影响客户满意度。

① 企业因素

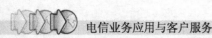

企业是产品与服务的提供者，其规模、效益、形象、品牌、公众舆论等内在或外部表现的东西都会影响消费者的判断。如果企业给消费者一个很不好的形象，很难想象消费者会选择其产品。

② 产品因素

产品因素包含以下 4 个层次的内容。一是产品与竞争者同类产品在功能、质量、价格方面的比较。产品与竞争者同类产品相比，如果有明显优势或个性化较强，则容易获得客户满意。二是产品的消费属性。客户对高价值、耐用消费品要求比较苛刻，因此这类产品难以取得客户满意；一旦满意，客户忠诚度就会很高。而客户对价格低廉、一次性使用的产品要求相对较低。三是产品包含服务的多少。如果产品包含的服务较多，销售人员做得不够，就难以取得客户满意；而不含服务的产品只要主要指标基本合适，客户就容易满意。但其产品如果与其他厂家差不多，服务也不好，客户很容易转向他处。四是产品的外观因素。外观因素包括包装、运输、品位、配件等，如果产品设计得细致，有利于客户使用并且体现其地位，就会带来客户满意。

③ 服务因素

企业的营销与服务体系是否一致、简洁，是否能为客户带来方便，售后服务时间的长短，服务人员的态度、响应时间，投诉与咨询的便捷性等都会影响客户的满意度。客户期望事情能进展顺利并且遵守承诺，若这种愿望未能得到满足，客户就会产生出不满和失落。很多公司都是在这个层次上失败的。因为他们不能信守承诺，更好地满足客户对服务的外在或内在期望。公司实施高标准的满足服务甚至超过了客户对服务供应的期望，就会取得令人羡慕的竞争优势，客户知道他们可以信赖这个公司。这是其中一个非常重要的因素。

在一些公司的运营中，以较好的核心产品或者服务为基础取得竞争上的优势是很困难的，甚至是不可能的。因此这样的公司可以提供与分销和信息有关的支持和辅助服务，并通过这些服务逐步将它们同竞争对手区别开来并为客户增加价值。它们可以使客户与它们之间的交易变得更加方便；它们能规定禁止员工与客户争论；它们能向客户提供有关产品的详细信息；它们可以提供 24 小时的服务，使其在需要这项服务的时候不会感到不方便。通过采取这些步骤，公司就可以开始为客户增加价值了，并且将它自己同竞争对手区别开来。

④ 沟通因素

客户期望能很方便地与供应商沟通。例如，国外供应商希望采用电子通信手段来下订单和进行时间安排。发展的趋势是所有的交易部将会走向电子化，包括付款方式等。客户希望在货品不能按期发运，或者已经发运后发现其中有误时，能得到及时的通知。公司应派出专业人员对客户及那些真正使用产品或物品的生产工人进行访问交流，征求意见。必须特别注意，在获得客户的要求之后，在随后的发运中就必须改进。必须按客户的要求和期望通知所有相关的部门，公司的客户满意度数据必须统计并公布，必要时通知所有管理人员，对于不好的倾向性的数据也必须这样做。

⑤ 情感因素

从客户调查中获得的很多证据说明，相当一部分的客户满意度与核心产品或者服务的质量并没有关系。实际上，客户甚至可能对自己与服务提供商及其员工的互动中的大多数方面感到满意，只是因为一位员工的某些话或者其他一些小事情没有做好而使公司失去了这个客户的业务，而员工们甚至并没有注意到那些事情。在与目标群体的访谈和调查服务质量的过程中，客户经常会描述服务提供商带给他们的感受如何，很少有公司对自己的员工给客户的感受如何给予特别的关注。很多服务经历使客户对公司产生了不好的感觉，而一些经历则可以让客户对公司产生好的感觉，当然这样的经历可能会很少。

⑥ 环境因素

这个客户满意的东西可能不会让另外一个客户满意，在这种环境下令客户满意的东西在另一种环境下可能不会让客户满意。客户的期望和容忍范围会随着环境的变化而变化。

对于员工来说，认识到环境中存在的这些区别，来提供高质量的服务和创造客户满意度是很重要的。客户面对每一种服务环境的时候，都带着对结果的期望。通常这些期望都是建立在他们自己从前的经历上或者是他们所信任的那些人的经历上的，公司通过自己在交流上的努力来掌握并分辨出面对的情况，并且对它做出反应，或者训练他们做到这一点。对员工来说，要花费时间和积累经验才能变得善于读懂客户，在许多情况下，员工可以提前做准备。

（2）影响客户满意度的因素分类

从客户满意度的直接影响因素来看，可以将影响满意的因素分为不满意因素、满意因素与非常满意因素3类。

① 不满意因素

不满意因素是指与客户的希望相反的消极条件或事件。它是客户购买该产品的最低要求，集中在产品或服务的主要方面，如产品质量、应该提供的基本服务、客户意见反馈渠道等。如果产品或服务存在不满意因素，则客户的满意度下降；反之，则客户的满意程度既不会提高，也不会下降。

② 满意因素

满意因素是指与客户满意期望相当或略好的因素或事件。例如，价格折扣、款式、性能、型号的多样选择性等。满意因素越多，客户的满意度也越高。但是，满意因素并不能弥补不满意因素。例如，客户在专卖店大幅度打折后购买了产品，但后来发现产品质量差，满意因素就会很快为不满意因素抵消。

③ 非常满意因素

非常满意因素是超出客户事先预料、对其产品积极影响的性能、服务或感受。例如，如果客户在办理住宿手续时，发现酒店知道他的姓名，安排了他喜爱的楼层与房间朝向，并且在房间里还发现有免费点心、水果，这些都是非常满意因素。企业可以通过减少或彻底消除客户的不满意因素，提供更多的满意因素和非常满意因素来达到提高客户满意度的目的。

3. 客户满意度衡量指标

客户满意度是衡量客户满意程度的量化指标，通过该指标可以直接了解企业或产品在客户心目中的满意度，主要衡量指标有以下几方面。

（1）美誉度

美誉度是客户对企业的褒扬程度。对企业持褒扬态度者，肯定对企业提供的产品或服务满意，即使本人不曾直接消费该企业提供的产品或服务，也一定直接或间接地接触过该企业产品或服务的消费者。因此他的意见可以作为满意者的代表。

（2）知名度

知名度是指客户指名消费某企业产品或服务的程度。如果客户对某种产品或服务非常满意时，他们就会在消费过程中放弃其他选择而非此不买。

（3）回头率

回头率是指客户消费了该企业的产品或服务之后再次消费，或如果可能愿意再次消费，或介绍他人消费的比例。

(4) 抱怨率

抱怨率是指客户在消费了企业提供的产品或服务之后产生抱怨的比例。客户的抱怨是不满意的具体表现。通过了解客户抱怨率，就可以知道客户的不满意状况。

(5) 销售力

销售力是指产品或服务的销售能力。一般而言，客户满意的产品或服务就有良好的销售力，而客户不满意的产品或服务就没有良好的销售力。

4. 客户满意度提升方法

(1) 从客户需求出发，提供满意的产品与服务

提供符合客户使用要求的电信业务，是获得客户满意的前提；因此，在向客户推荐业务之前，必须了解客户的真正需求是什么，针对客户的需求提出解决方案。

(2) 简化业务受理流程，提供方便性的业务受理途径

通过简化业务办理流程，提供客户上门受理，网上受理，单点受理等业务受理途径，有利于减少客户在业务受理过程中不必要的麻烦，提高客户满意度。

(3) 及时进行开通交付与故障处理

对于客户新增的业务或产品，要保证准时或者提早交付给客户使用，实现之前向客户的承诺。这个环节的实施相当重要，如果不能保证业务准时交付，之前所做出的让客户满意的努力将会付之东流。如果碰到资源不足等特殊情况的发生，也应及时准备应变措施。通信线路发生故障，给客户带来不便，甚至可能造成损失，因此一定要尽可能将其负面影响降至最低。时间的拖延可能为客户带来更多的损失，也容易导致客户的不满。因此故障一旦发生，及时处理是关键。

(4) 提高网络维护水平

提高网络维护水平包括提供 SLA 服务，缩短故障维护时间，提供网络运行报告等服务。通过优化网络结构，向客户提供 SLA 的服务水平协议承诺，保证电路的可用率；通过提供网络维护报告，故障分析报告和提供客户端网络测试等后续服务，提高售后服务水平，提高客户满意度和客户使用电信公司业务的信心。

知识小拓展：【SLA】SLA（Service Level Agreement，服务等级协议）：是关于服务供应商与客户间签订的服务合同，其中规定了服务类型、服务质量和客户付款等内容。

---

(5) 做好客户关怀

销售人员需要定期或者不定期地上门拜访客户，一方面是和客户建立日常联系，另一方面要及时将客户对于电信业务使用的意见进行搜集并及时提交后台解决。通过客户拜访，让客户觉得自己受到关注，从而建立客户满意。

客户关怀中，必要时邀请高层介入，可以令客户感觉到自己受到重视，得到尊重，从而有利于提高客户对于企业，对于营销人员乃至对于电信业务提供的满意度。

(6) 为客户提供增值服务

为客户提供增值服务，如客户培训、参观、活动等，是提高客户满意度的有力措施。例如，安排客户参加电信业务培训和机房参观，一方面可以加强客户对于电信业务应用范围的认识，另一方面也加强了客户对于电信业务提供和维护的信心，从而巩固客户满意。

(7) 客户经理自身素质的提高

客户经理应通过不断地学习实践提高自身的素质，加强实际工作中的主动性、及时性、责任心、协调能力和业务能力。

5．提高满意度的技巧

（1）加强对客户期望值管理

客户满意度是客户对其期望值与实际体验值的比较，提高客户满意度不仅要提升服务，还要对客户期望值的进行管理，对客户期望值的管理主要包括3方面技巧。

① 对客户期望值进行分析，了解客户期望值，使提供给客户的服务略高于客户的期望值，可以获得较好的客户满意。

② 设定客户期望值，在客户未形成认知定势时，可以引导客户设定适当的期望值。

③ 调整客户期望值，如果客户的期望值过高，需要通过比较或其他方法来调低其期望值。例如，如果客户对电路开通的时限期望过高，可以通过行业标准对客户的期望进行调低。

（2）处理客户不满

经调查发现，服务不能令客户满意，会造成 90%的客户流失，客户问题得不到解决会造成 89%的客户流失，而一个不满意客户往往平均会向 9 个人叙述不愉快的购物经历。可见，处理好客户不满意非常重要，妥当地、技巧地处理客户不满是营销人员工作当中必备的技能。

正视客户不满，是创新的源泉和服务水平提高的动力。一个已经流失的客户是不会再投诉或表达不满的，能够向我们提出异议的客户，才是真正需要我们去维持的客户。而通过他们的不满来寻找服务水平的差距，产品的不完善之处往往针对性更强，可以获得较好的效果。

对隐性不满多加注意。客户不满时，通常会有两种表现，一是显性不满，即客户直接将不满表达出来，告诉客户经理或相关联系人；二是隐性不满，即客户不说，但可能再也不消费或在今后有竞争对手出现时使用他们的产品和服务。因此客户经理需要随时洞察第二种不满，做到未雨绸缪。倾听、安抚客户不满。当客户表达出他们的不满时，我们有心要处理好的同时，还需要一些平息客户怒火的技巧。

① 学会倾听

以专注、诚恳的态度来听取客户对产品、服务的意见，听取他们的不满和牢骚；必要时拿笔记下要点，让客户感觉受到重视和尊重；简单复述听到的内容，确认自己把握了客户不满的问题实质；不要有防范心理，不要认为客户在吹毛求疵；对于无理取闹，不要与之争执。

② 平息客户怒火

在处理客户不满的过程中，应站在客户的角度来体会，在情绪上体谅客户，在道理上认同客户，并把这种认同感和客户交流。这让客户明白我们是理解他们的，也想为他们解决问题。另外在表达同情的时候也应为问题给客户带来的麻烦抱歉，从而使客户逐渐平静下来。

在现场打电话给相关负责人讨论如何解决问题，并向客户说明情况。这让客户体会到我们的高效，并感觉问题是可以很快妥善处理的，因此客户更容易把自己的角色从一个愤怒的抱怨者转变为积极配合的参与者。

③ 控制局面，防止事态扩大

辨别恶意不满。一些客户会因为自己的不良动机而故意夸大自己的不满，需要我们在倾听过程中准确判断客户“真正”的不满之处，做出妥善处理。

必要时请高层介入。在事态有可能升级时，应立即请示领导，必要时请高层介入，共同处理好客户抱怨。

④ 化不满为满意，给客户超出预期的惊喜

当问题已经按客户的要求处理完毕后，给客户超出其预计的价值作为补偿。例如，事后赠送小礼品，写一封语气诚恳的道歉信等。

二、客户忠诚度

客户忠诚是从客户满意概念中引出的，信任和忠诚都是长时间满意体验的积累，客户忠诚是指客户满意后产生对某种产品品牌或公司的信赖、维护和希望重复购买的一种心理倾向。增强客户满意的最终目的是推动满意的客户向忠诚的客户转化，提高客户忠诚度，以实现企业的长期赢利。然而，客户满意度一般仅限于对产品或服务的价格、质量方面的判断，而不是像客户忠诚度那样在上述判断的基础上对企业及其提供的产品与服务上升为爱慕或依恋的程度，以实现吸引更多客户和长期稳定客户的目的。所以从某种意义上来说，对客户忠诚的研究是客户满意理论不断深化的结果。

1. 客户忠诚的概念

管理学大师彼得·德鲁克曾说："衡量一个企业是否兴旺发达，只要回过头来看看其身后的客户队伍多长就一清二楚了。"市场竞争就是客户竞争，争取和保持客户是企业生存和发展的使命。谁拥有更多的忠诚客户，谁就能够在激烈的市场竞争中立于不败之地。然而，在企业的实际经营运作中，往往一方面大批新客户源源而来，另一方面许多现有的客户悄然而去。这就是营销界所称的"漏斗"现象。企业要防止客户流失，堵住"漏斗"，就要充分认知忠诚客户的价值，积极培育忠诚的客户群体。对服务企业而言，客户忠诚具有更大的意义。因为服务过程要求客户的参与，服务的消费过程同时也是服务的生产过程，客户与服务企业之间的关系，在很大程度上影响了客户感知的服务质量。建立并保持长期的客户忠诚，有利于提高客户感知服务质量，提高企业竞争力，保持长期的赢利。

知识小拓展：【彼得·德鲁克】Peter F · Drucker（1909—2005），生于维也纳，祖籍为荷兰，后移居美国。是当代最出色的管理学者，在管理界是受人尊敬的思想大

师，一生共著书39本，在《哈佛商业评论》发表文章30余篇，被誉为"现代管理学之父"。杰克·韦尔奇、比尔·盖茨等人都深受其思想的影响。德鲁克一生笔耕不辍，年逾九旬还创作了《德鲁克日志》，无怪乎《纽约时报》赞誉他为"当代最具启发性的思想家"。

（1）客户忠诚的定义

客户忠诚的定义为："客户坚持重复购买或惠顾自己喜欢的同一品牌的产品和服务的心理状态或态度，不管环境的影响和市场的作用"，或是"客户对某种品牌有一种长久的忠心"。客户忠诚实际上是客户行为的持续性。不同的客户所具有的客户忠诚的差别很大，不同的行业的客户忠诚也各不相同。

（2）客户忠诚包括以下两个方面的要素

① 态度取向：态度取向代表了客户对企业的积极态度，也反映了客户将产品和服务推荐给其他客户的意愿。企业的营销行为或品牌个性与消费者的生活方式或价值观相吻合，消费者对企业或品牌产生情感，甚至引以为豪，并将它作为自己的精神寄托，进而表现出持续购买的欲望。

② 行为重复：行为重复是指消费者在实际购买行为上能持续购买某企业产品和服务的可能性，可以用客户购买企业服务的比例、购买的顺序、购买的可能性等指标来衡量。这种

持续的购买行为可能出自对企业服务的好感，也可能出自购买冲动或企业的促销活动，或转移成本过高或企业的市场垄断地位使客户买不到其他产品或不方便购买其他产品等与感情无关的因素。

只有态度取向程度高而且行为重复程度也高才是真正的忠诚；只有行为重复而无态度取向则是虚假的忠诚；只有态度取向而无行为重复则是潜在的忠诚；既无积极的态度取向也无重复购买行为则是不忠诚。所以真正意义上的客户忠诚是客户对产品怀有的积极态度与重复购买行为的完善结合，客户将企业作为唯一的或是首选的购买对象。

（3）客户忠诚的分类

根据上面对客户忠诚要素的分析，我们可以将客户忠诚划分为以下类型。

① 垄断忠诚：指客户除了该企业别无其他选择，常指企业是垄断经营。客户的特征是低依恋、高重复购买；内心不忠，但行为忠诚。20 世纪 90 年代中期以前，我国的电信企业仅有“中国邮电”一家，是天生的自然垄断企业，没有任何竞争对手。客户只要使用通信业务就只能选择“中国邮电”。

② 惰性忠诚：指客户由于惰性而不愿意去寻找其他企业，他们对公司也许并不满意，只是习惯、重复性购买某种产品或服务，这类客户容易被竞争对手抢走。信息有限也会形成这种类型的客户，一旦引入市场竞争或获得新的商业信息，在这类客户的生活环境中出现了更便利的可替代的产品或服务，他们大多选择与其他商家交易。客户特征是低依恋、高重复购买；内心不忠，但行为忠诚。

③ 激励忠诚：指当企业有奖励活动的时候，客户会来购买；当活动结束，就会转向其他有奖励或有更多奖励的公司。激励忠诚客户是近年来最常见的一种类型，欧美国家几乎每位消费者都拥有好几张航空公司、加油站和零售商店的积分卡。他们已经将这种积分看成了购买企业产品和服务应得的附加产品，由于积分卡太过于常见，他们已经很难从中得到“非常满意”的感觉。客户特征是：低依恋、高重复购买；内心不忠，但行为忠诚。

④ 价格忠诚：指客户仅忠诚于提供最低价格的企业。这些客户很难发展为真正的忠诚客户。这类客户始终在寻找更加有利的忠诚计划。在现阶段，由于经济转换成本较高，他们仍保持着对于企业的忠诚度，但调查表明，这类客户并非对企业的服务表示满意。客户特征是：对价格敏感，低依恋、低重复购买；内心不忠，行为不忠。属于高度流动性、极其挑剔的客户，主要存在于完全竞争性市场。

⑤ 信赖忠诚：这是一种典型的情感或品牌忠诚，客户对企业高依恋、高重复购买。对于那些使其从中受益的产品和服务情有独钟，不仅乐此不疲地宣传它们的好处，而且还热心地向他人推荐。这类客户实现了内心里面和行为外面的一致忠诚，是商家最为宝贵的核心客户，但是一般比较稀少。

⑥ 潜在忠诚：是指客户虽然拥有但是还没有表现出来的忠诚。客户特征是高依恋、低重复购买；内心忠诚，行为不忠。通常的情况是：客户可能是很希望继续购买企业的产品，或再次享受企业的服务，但是公司的一些特殊规定或是一些额外的客观因素限制了客户的这种需求，不得以才表现出行为不忠，或是由于客户自身支付能力有限，虽然喜欢，但是无力购买。这类客户是商家宝贵的潜在客户，商家需要关注、即时发掘。我们可以把很多大学学生定义为潜在忠诚客户。他们对一些通信产品有很高的满意度和需求，但是由于现有经济能力受限不能立即购买，一旦步入社会，他们可能将是消费群体的主力军。这部分消费群体已经得到了许多电信企业的重视，如语音消费领域，一些电信企业对学生提出了承诺一定的在

网时间便赠送手机终端的策略，目的也是为了占领这部分潜在的巨大消费市场。

(4) 客户忠诚的意义

① 提升销量

忠诚客户部是良性消费者，他们向企业重复购买产品或服务，而不会刻意去追求价格上的折扣，并且他们会带动和影响自己周围人士发生同样的购买行为，从而保证了企业销量的不断上升，使企业拥有一个稳定的利润来源。

② 强化竞争

忠诚客户持续地向企业而非其竞争对手购买产品或服务，则企业在市场上的地位会变得更加稳固。如果客户发现所购产品或服务存在某些缺陷，或在使用中发生故障，能做到以谅解的心情主动向企业反馈信息，求得解决，而非以投诉或向媒体披露等手段扩大事端，那么企业将会取得更大的收益。

③ 减少费用

首先，忠诚度高的客户会多次购买，企业不必再花太多金钱去吸引他们；其次，关系熟了，还会减少合约的谈判等经营管理费用；再次，这些忠诚的客户还会向他们的朋友宣传，使企业赢得更多正面的口碑。

④ 利于推新

忠诚的客户在购买产品或服务时，选择呈多样性，因为只要是企业的产品或服务他们都乐意购买，他们会较其他客户更关注企业所提供的新产品成新服务。一个忠诚的客户会很乐意尝试企业的新业务并向周围的人介绍，有利于企业拓展新业务。

2. 客户满意度与忠诚度的关系

客户忠诚度是指客户再次购买同一企业的产品和服务的行为。

客户与公司进行业务往来的时间长短，只是忠诚度的一种指标。忠诚度的基础在于持续的客户满意，它是一种情感上的联系，而不只是一种行为。

忠诚的客户来源于满意的客户，但满意的客户并不一定是忠诚的客户。有些生意，客户的满意度提高了，但销售并未取得明显增加。客户的忠诚度有赖于满意度的提高，更取决于客户的信任度。从这层意义上说，建立并加强客户的信任度更为重要。许多我们生意的推荐者并非是我们的客户，但他们肯定是对我们的生意有一定了解，并充分信任我们的人。

为了增强忠诚度，企业必须提高每个客户的满意度水平，并长期保持住这种水平，因此就需要增加提供给客户的价值。增加价值可以使客户感到自己的所得超过了他们的期望，但这并不意味着要降低价格，或者在同样多的货款下提供更多的有形产品。

通过增加客户在与公司的每一次互动（即使这种互动的结果并不总是销量）中获得的价值，公司提高满意度水平的可能性更大，带来的客户保持率更高。如果客户是因为对获得的价值和享受的服务感觉良好而留下的，他们将更可能成为忠诚的客户。这种忠诚度可以带来重复的购买、推荐和价值的增加。

当一个公司节省了花在吸引客户身上的花费，也就意味着，它可以在改进产品和服务方面投入较多的资金，而这更可以在忠诚客户身上获得良好的回报。实行以客户忠诚为基础的管理是提高公司利润的一个有效途径，原因有以下几点。

① 对于许多行业来说，公司的最大成本之一就是吸引新客户的成本。

② 公司吸引一个新客户的成本往往比留住一个老客户的成本高 4～6 倍。

③ 客户的保留程度与公司和利润之间具有很高的相关性。统计数据表明，客户对企业

表示满意与他们对企业保持忠诚之间没有必然的联系，企业仅仅得到客户的满意还远远不够，更重要的是让他们得到想要的价值。

④ 客户流失率每减少2%就相当于降低10%的成本。

⑤ 与长期利润相关的唯一因素往往是客户忠诚，而不是销售量、市场份额或是低成本供应商。

⑥ 对大多数公司来说，如果能够维持 5%的客户忠诚增长率，其利润在五年内几乎能翻一番。

3. 客户品牌忠诚的测量

客户对某品牌的忠诚度，可以用下列标准进行测量。

（1）重复购买次数

在一段时期内，客户对某一品牌的服务或产品的重复购买次数越多，说明对这一品牌的忠诚度越高；反之，则越低。由于服务或产品的用途、性能、结构等因素也会影响客户的再购买次数，因此在确定这一指标的合理界限时，要根据不同服务或产品的性质区别对待，不能一概而论。

（2）购买挑选时间

客户购买商品都要经过挑选这一过程。但是由于信赖程度的差异，对不同服务或产品客户挑选的时间是不同的。根据购买挑选时间的长短，可以确定客户对品牌忠诚度的大小 。通常，客户挑选的时间越短，说明他对该品牌的忠诚度越高；反之，则说明他对该品牌的忠诚度越低。在利用客户购买挑选时间测定品牌忠诚度时，也要考虑服务产品的属性。个别属性的服务或产品，客户几乎对品牌不太介意，而化妆品、酒、烟、计算机、汽车等服务产品的品牌，在客户做出购买决策时则起着举足轻重的作用。

（3）对价格的敏感程度

客户对价格都是非常重视的，但这并不意味着客户对服务或产品价格变动的敏感程度相同。事实表明，对于喜爱和信赖的服务或产品，客户对其价格变动的承受能力强，即敏感度低；而对于不喜爱和不信赖的服务或产品，客户对其价格变动的承受能力弱，即敏感度高。

（4）对竞争产品的态度

根据客户对竞争品牌的态度，可以从反面角度来判断其对某一品牌忠诚度的高低。如果客户对竞争品牌有兴趣并抱有好感，那么就表明他对本品牌忠诚度较低；而如果客户对竞争品牌不感兴趣，或没有好感，就可以推断他对本品牌的忠诚度较高。一般，对某种产品或服务忠诚度高的客户会不自觉地排斥其他品牌的产品成服务。

（5）对产品质量的承受能力

任何服务或产品都有可能出现由各种原因造成的质量问题。如果客户对该品牌服务或产品的忠诚度较高，当服务或产品出现质量问题时，他们会采取宽容、谅解和协商解决的态度，不会由此而失去对它的偏好；而如果客户的品牌忠诚度较低，服务产品出现质量问题时，他们会深深感到自己的正当权益被侵犯了，可能产生很大的反感，甚至通过法律方式进行索赔。

4. 培养忠诚客户

客户忠诚于某一企业不是因为其促销或营销项目，而是因为他们得到的价值。而影响价值的因素有很多，如产品质量、销售支持和便利性等。不同的企业所具有的客户忠诚差别很大，不同行业的客户忠诚也各不相同。那些能为客户提供高水平服务的公司往往拥有较高的客户忠诚。培养忠诚客户可从下面几个方面进行。

（1）诚心感谢

向客户表示感谢最有效的方式是用诚意去鼓励，而不是用金钱。当你使用自己的产品向客户表示感谢时，即使你没有免费给出自己的产品，而是按成本价或是打折，这依然是一种用诚意而不是现金表示感谢的方式。如果做得好，表示感谢花费不了多少成本。

移动通信客户可能会收到中国移动公司发来的短消息“尊敬的客户，恭喜您成为我公司××年度消费积分回报的对象，我公司已在您的手机账号中充入话费 150 元，请致电 10086 查询。”中国移动用现金来补贴话费，对抗联通的竞争，其实并不是一种有效的节约成本的方式，这种方式就不如提供优惠通话时段，刺激用户的通话使用量更有效。“用心不用钱”同样可以通过帮助客户在原材料方面获得更好的价格来表示对他的感谢。如果要运用影响力或者某种途径来帮助自己的客户，不管你的客户是消费者还是其他公司，都应该寻求一种用心表示感谢的方式。

（2）好的交易给好的客户

许多公司把最好、最优惠的交易条件提供给新客户。这其实是一个倒退，公司应当为最好的客户提供最好的条件。新客户的素质是个未知数，你不知道最后他们会让你得到多少利润；而对目前的客户，你能清楚地了解他们，找出谁是你最有价值的客户，千万不要失去他们，而是要奖励他们以保住他们的忠诚。

（3）用新产品感谢

对潜在客户常常会有免费试用，这是增加销售的一个好方式。而更好的增加销售的方式是多给忠诚的客户一张免费入场券，以鼓励他们把其他人带进来。会员制的俱乐部这样做会有非常好的成效。企业也可以用产品来奖励忠诚的客户，以鼓励他们与公司做更多的生意。

（4）适时感谢

要适时感谢，如果你在还没有经过足够的时间建立关系之前就表示感谢，那就和折扣差不多；同样如果你的感谢表示得太晚，也就失去了意义。

（5）预告感谢

一些购物商场开展的会员累计消费奖励计划绝妙的设计就是在一开始告诉客户：有个很大感谢在等着他。客户购物越多，得到的感谢就会越多。在其他一些项目中，感谢是一个惊喜，令人高兴。如果公司已经计划要表示感谢，就应该提前让自己的客户知道。这样他们才会为此而努力。没必要像在生日晚会上给人一个惊喜那样对待客户，他们如果并不感到惊喜的话，吃惊的就该是你了。告诉他们前面有一个礼物等着他们，并不会破坏他们的感觉。

（6）感谢侧重于竞争客户的忠诚

表示感谢是让客户忠诚于你的一种方式。当然，你必须和那些也希望得到这些忠诚客户的人竞争。其中一种竞争的方式就是给出很大的折扣来吸引客户，而这个战略其他人也会如法炮制，然后你的一些客户有可能会离开而成为别人的客户。结果可能是，市场份额没有发生改变，仅是一个昂贵的客户重组过程，以及总体忠诚度的降低。

一个竞争客户更好的方式就是创造一个更具有吸引力的忠诚客户计划。这样，因为竞争客户的结果就会是得到更多的忠诚。

（7）允许你的竞争者也拥有忠诚的客户

正如你从忠诚的客户身上获得利益一样，你也不应去破坏别人的这种机会。因为这不会是个明智的做法，还是考虑其他方式为上策。试想，如果你的竞争者没有什么忠诚的客户，他们就不会考虑提价。实际上，为了使损失更少，他们更有可能以降价来吸引你的忠诚客户。如果你的竞争者发展了他们自己的忠诚客户，这对你也很有利，正如我们所说的，住在同一个玻璃屋子里的对手不会朝你扔石头。

（8）对供应商表示感谢

在价值链中，每一个针对客户的战略，都有一个相应的系统针对供应商。正如你应该奖励忠诚的客户一样，关系是双方的，你的供应商同样希望你能够忠诚于他们，所以你也应该奖励忠诚的供应商。理解应该对供应商表示感谢的公司常会把其应用于对待供应商的员工，它们常把公司的产品免费或者以很大的折扣给予忠诚的供应商（或者他们的雇员）。你也可以运用你自己的影响力或渠道来帮助供应商在原材料方面得到一个好的价格。

5. 电信企业客户忠诚的削弱因素

（1）竞争平等

当不同的公司的产品和服务无差异时，就是竞争平等状态。如果客户感觉到所有品牌都相同，感知风险就非常低，而由于对产品的忠诚度降低而造成品牌转换的倾向性就比平时更高。

（2）求变行为

对一成不变的产品和服务感到厌烦而寻求差异化的人们会采取求变行为。人们可能只是想要一种新的体验，因为重复性光顾同一家企业的收益下降，或者他们能够从获得全新体验的过程中兴奋起来。电信企业可以通过满足客户需求，开发新的增值业务或其他基本业务的扩展等方式从求变行为中获益。

（3）低参与

个人客户对某种产品或服务的低水平的人际关系或感知重要性被称为低参与。低参与消费者通常致力于制定“足够好”而且并非最理想决策的“令人满足的”行为。如果某人对一类产品的兴趣不高，他/她就不会对该品牌或者生产这种产品的公司产生忠诚。低参与型的客户可能仅满足于基本的语音通信而对于电信企业不断推出的增值业务反应并不大。而且，低参与的客户很可能是价格敏感的，这也是另一个削弱对品牌和组织的忠诚度的因素。相反地，对产品十分关心的客户可能对价格并不敏感。如果企业能够提供低成本产品的话，这种交易倾向或者说对促销激励的接受程度，也可以为企业所利用。

另外，如果某个品牌和公司的“话语份额”很低，也就是说某个品牌、商店或者公司的相对促销成本很低的话，客户忠诚度可能随之降低。客户可能并不了解如何与组织进行互动，也可能无法得到客户社团或者目标市场的基本情况。

三、客户保持

1. 客户保持的概念

客户保持是指企业维持已建立的客户关系，使客户不断重复购买产品或服务的过程。客户保持需要企业与客户相互了解、相互适应、相互沟通、相互满意、相互忠诚，在建立客户关系的基础上，与客户进行良好的沟通，让客户满意，最终实现客户忠诚。对企业而言，客户保持比吸引新客户更能够带来企业的低成本。据统计，吸引一个新客户所需要花费的成本是维护一个老客户所需成本的5～10倍。

通过客户保持，企业可以实现以下目标：

（1）从现有客户中获取更多营业份额

将更多的客户转化为忠诚客户，因为忠诚的客户愿意更多地购买企业的产品或服务，忠诚客户的消费，其支出是随意消费支出的两到四倍。而且，随着忠诚客户时间增长、经济收入的提高或客户单位本身业务的增长，其产品或服务需求量随之增长。

（2）减少销售成本

企业吸引新客户需要大量的费用，如各种广告投入、促销费用以及了解客户的时间成本等，但维持与现有客户长期关系的成本是逐年递减的。在建立关系的早期，客户可能会对企业提供的产品或服务有较多问题，需要企业进行一定的投入。随着双方关系的进展，客户对企业的产品或服务越来越熟悉，企业也十分清楚客户的特殊需求，所需的关系维护费用就变得十分有限了。

（3）口碑宣传

对于企业提供的某些较为复杂的产品或服务，新客户在做决策时会感觉有较大的风险，这时他们往往会咨询企业的现有客户。而具有较高满意度和忠诚度的老客户的建议往往具有决定作用，他们的有力推荐往往比各种形式的广告更为奏效。这样，企业既节省了吸引新客户的销售成本，又增加了销售收入，也增加了利润。

（4）员工忠诚度的提高

这是客户关系营销的间接效果。如果一个企业拥有相当数量的稳定客户群，也会使企业与员工形成长期和谐的关系。在为那些满意和忠诚的客户提供服务的过程中，员工体会到自身价值的实现，而员工满意度的提高必然会导致企业服务质量的提高，使客户满意度进一步提升，形成一个良性循环。

在竞争激烈的电信市场中，电信运营商开展客户维系活动，提升用户保有率，降低全网用户离网率，提升客户满意度及忠诚度，增加企业竞争能力。

① 应对激烈的市场竞争，识别将要流失的客户，推荐更合适的产品，对客户进行个性化关怀，最终吸引客户，留住客户。

② 收集欲离网客户的信息，为市场策划提供更为合理、个性化的营销方案，满足不同层次客户的要求。

③ 使客户能重新获得被重视感，提供人性化服务，从而提高客户感知度。

④ 留住老客户比开发新客户更为经济有效，通过客户保持工作能稳定客户群，减少客户流失量。

2．影响客户保持的因素

（1）客户购买行为受到文化、社会环境、个人特性和心理等方面的影响。这部分因素是企业无法控制的，但是对于了解客户的个体特征有着重要的意义。由于来自同一类社会阶层或具有同一种心理、个性的客户往往具有相似的消费行为，企业可以通过这些因素对客户进行分类、对不同类别的客户实施不同的营销策略。另一方面，企业可以将不同客户的销售结果与客户特性作对比，了解它们之间的关联。

（2）客户满意与客户保持有着非线性的正相关关系。企业可以从建立顺畅的沟通渠道、及时准确地为客户提供服务、提高产品的核心价值和附加价值等方面来提高客户的满意度。

（3）客户在考虑是否转向其他供应商时必须要考虑转移的成本。转移成本的大小直接影响客户维护。转移成本的大小要受到市场竞争环境和客户建立新的客户关系的成本的影响。

（4）客户关系具有明显的生命周期的特征，在不同的生命周期中，客户保持具有不同的任务，一般来说，在考察期客户的转移成本较低，客户容易流失。而随着交易时间的延长，客户从稳定的交易关系中能够获得越来越多的便利，节省了转移成本，客户越来越趋于稳定，客户容易保持原有的交易关系。这使企业需要一如既往地提供令客户满意的服务或产品。

3．客户保持的方法

（1）注重质量

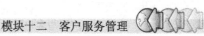

长期稳定的产品质量是保持客户的根本。高质量的产品本身就是优秀的推销员和维护客户的强力凝固剂。这里的质量不仅是产品符合标准的程度，还应该是企业不断根据客户的意见和建议，开发出真正满足客户喜好的产品。因为随着社会的发展和市场竞争的加剧，客户的需求正向个性化方向发展，与众不同已成为一部分客户的时尚。

（2）优质服务

在激烈的市场竞争中，服务与产品质量、价格、交货期等共同构成企业的竞争优势。由于科技发展，同类产品在质量和价格方面的差距越来越小，而在服务方面的差距却越来越大，客户对服务的要求也越来越高。虽然再好的服务也不能使劣质产品成为优等品，但优质产品会因劣质的服务而失去客户。

大多数客户的不满并不是因为产品质量本身，而是由于服务问题。客户能够用双眼观察到的质量往往比产品或服务的质量重要得多。他们往往把若干因素掺杂在一起：产品或服务的可信度、一致性，运货的速度与及时性，书面材料的准确度，电话咨询时对方是否彬彬有礼，员工的精神面貌等，这些因素都很重要，其中一些甚至非常关键。有人提出，在竞争焦点上，服务因素已经逐步取代产品质量和价格，世界经济已进入服务经济时代。

（3）品牌形象

面对日益繁荣的商品市场，客户的需求层次有了很大的提高，他们开始倾向于商品品牌的选择，偏好差异性增强，习惯于指名购买。客户品牌忠诚的建立，取决于企业的产品在客户心目中的形象，只有让客户对企业有深刻的印象和强烈的好感，他们才会成为企业品牌的忠诚者。

（4）价格优惠

价格优惠不仅仅体现在低价格上，更重要的是能向客户提供他们所认同的价值，如增加客户的知识含量，改善品质，增加功能，提供灵活的付款方式和资金的融通方式等。如客户是中间商，生产企业通过为其承担经营风险而确保其利润也不失为一种具有吸引力的留住客户的方法。

（5）感情投资

一旦与客户建立了业务关系，就要积极寻找商品之外的关系，用这种关系来强化商品交易关系。如记住个人客户的生日、结婚纪念日，企业客户的厂庆纪念日等重要的日子，采取适当的方式表示祝贺。对于重要的客户，其负责人要亲自接待和走访，并邀请他们参加本企业的重要活动，使其感受到企业所取得的成就离不开他们的全力支持。对于一般的客户可以通过建立俱乐部、联谊会等固定沟通渠道，保持并加深双方的关系。

对于以上客户保持的各种方法，企业既要认识到这5个方面都很重要，忽视任何一个方面都会造成不利的后果，同时又应该权衡这5个方面不同的侧重点。客户保持的第一层次是注重质量，品牌形象和优质服务是第二层次，在此基础上构建起价格优惠和感情投资是第三层次。

4．客户保持的步骤

客户服务人员使用客户保留技巧，打消客户取消或拆除某项电信产品的想法，使用公司的产品或服务。具体工作可分为以下4个步骤：

（1）了解用户取消/离网原因

当用户要求取消或拆除某项电信产品时，客服人员应主动咨询用户离网或取消业务的原因，归纳用户的离网原因，同时挖掘用户的潜在动机。

（2）针对性实施挽留

客服人员应根据用户离网的真正原因，灵活运用各类客户保持脚本，有效地实施挽留，在挽留过程中应结合该产品的优势或是此产品可带给用户的好处或利益，对用户实施挽留。

（3）推荐适合的产品

客服人员应从用户实际的需求出发，推荐适合用户使用的相关产品或是同类可替代的产品。

（4）客户关怀

不论最终是否成功挽留，都应该真诚地感谢用户。

5. 客户保持管理内容

尽管越来越多的企业管理层意识到维护企业客户的重要性，但是究竟应该从哪些方面着手来实施这一理念呢？

（1）建立、管理并充分利用客户数据库

企业必须重视客户数据库的建立、管理工作，注意利用数据库来开展客户关系管理，应用数据库来分析现有客户情况，并找出客户数据与购买模式之间的联系，以及为客户提供符合他们特定需要的定制产品和相应服务，并通过各种现代通信手段与客户保持自然密切的联系，从而建立持久的合作伙伴关系。

（2）通过客户关怀提高客户的满意度与忠诚度

客户关怀应该包含在客户从购买前、购买中到购买后的客户体验的全部过程中。购买前的客户关怀活动主要是在提供有关信息的过程中沟通和交流，这些活动能为以后企业与客户建立关系打下基础。购买期间的客户关怀与企业提供的产品或服务紧密地联系在一起，包括订单的处理及各个相关的细节都要与客户的期望相吻合，满足客户的需求。购买后的客户关怀活动，主要集中于高效地跟进和圆满地完成产品的维护和修理的相关步骤。售后的跟进和提供有效的关怀，其目的是促使客户重复购买行为，并向其周围的人多做对产品有利的宣传，形成口碑效应。

（3）利用客户投诉或抱怨，分析客户流失原因

为了留住客户，必须分析客户流失的原因，尤其是分析客户的投诉和抱怨。客户对某种产品或服务不满意时，可以说出来也可以一走了之。如果客户拂袖而去，企业连消除他们不满的机会都没有。

投诉的客户仍给了企业弥补的机会，他们极有可能再次光临。因此，企业应该充分利用客户投诉和抱怨这一宝贵资源，不仅要及时解决客户的不满，而且应该鼓励客户提出不满意的地方，以改进企业产品的质量和重新修订服务计划。

任务3　客户关系管理

【学习要求】

（1）识记：客户关系管理、客户关系管理系统的特点。

（2）领会：客户信息采集方法，客户关系管理、客户关系管理系统的作用。

一、客户关系管理

1. 客户关系管理的概念

客户关系管理（Customer Relationship Management，CRM）起源于20世纪80年代初期的收集整理客户与企业联系的所有信息的接触管理（Contact Management）理论，到90年代初演化为包括电话服务中心与资源资料分析的客户关怀（Customer Care）理论。经过二十多年的发展，它不仅成为了一种具有可操作性的管理方法和管理技能，而且成为了一种企业战略管理理念。

客户关系管理（CRM）是指通过向企业的专业人员提供全面、个性化的客户资料，强化他们的服务跟踪、信息分析的能力，从而赋予企业更完善的客户交流及沟通能力，理解并影响客户行为，最终实现提高客户获得、客户保留、客户忠诚和客户创利的目的，它至少包括以下3个层面的内容。

C（客户）：客户服务渠道管理，即进行市场营销的综合性、互动性的服务渠道管理。

R（关系）：关系营造，建立在优质、高效、便捷服务基础上的真正的客户关系。

M（管理）：对企业的一体化管理，即前台操作与后台操作的一体化。

客户关系管理是使企业能够全方位理解并认识客户，与客户建立最好的交流关系，并能够帮助企业从客户身上获取最大价值的管理方法和技术手段的结合。CRM是继因特网之后又一个成为全世界企业共同关注的热门话题。特别是在企业竞争力与赢利能力受到极大挑战的今天，“客户关系”成了企业生存面临的最基本的管理问题。

2. 客户关系管理的主要内容

在企业的日常工作中，一般的客户关系管理有5个方面的内容：客户的识别与管理，客户服务人员管理，客户市场行为管理，客户伙伴关系管理，信息与系统管理。

（1）客户的识别与管理

① 客户信息资料的收集。客户信息资料的收集为下列工作打下基础：分辨谁是一般客户、合适客户和关键客户；与合适客户和关键客户建立深入关系；根据客户信息制订客户服务方案，满足客户个性化需求，提高客户价值。

② 客户信息分析。客户信息分析不能仅仅停留在对客户信息的数据分析上，更重要的是对客户的态度、能力、信用、社会关系进行评价。

③ 信息交流与反馈管理。信息交流是指客户管理过程就是与客户交流信息的过程。投诉是客户反馈的主要途径，正确处理客户的意见和投诉是十分重要的。

④ 服务管理。服务管理的主要内容包括：服务项目的快速录入；服务项目的调度和重新分配，搜索和跟踪与某一业务相关的事件；生成事件报告；服务协议和合同；订单管理和跟踪；问题及其解决方法的数据库。

⑤ 时间管理。时间管理的主要内容有：日历；设计约会、活动计划，进行事件安排；备忘录；进行团队事件安排；查看团队中其他人的安排，以免发生冲突；把事件的安排通知相关的人；任务表；预告或提示；记事本；电子邮件；传真；配送安排等。

（2）客户服务人员管理

在“纵向一体化”管理模式下，客户服务人员管理只涉及本体系的销售服务部门，人员管理相对简单。而在“供应链一体化”模式下，可能同时有销售商的服务人员、生产商的服务人员以及业务外包合作机构的服务人员在为客户服务，他们只有被纳入到客户关系管理系统之中，在信息协同共享的情况下才能规范地为客户服务。客户服务人员管理包括以下内容。

- 客户服务人员的招聘。
- 客户服务人员培训。
- 客户服务人员岗位。关键是要有明确的岗位职责、权力大小、行为准则及履职程序的详细操作规范。
- 客户服务人员绩效。对服务人员的绩效考核应包括服务人数或次数、客户评价、工作落实评价、行为规范评价和销售额完成评价。
- 客户服务人员信息管理。客服人员信息管理的主要内容包括：服务人员的信息记录，存储和检索；与客户的联系，如时间、类型、简单的描述、任务等。

（3）客户市场行为管理

客户关系管理中的市场行为管理主要包括 3 个方面：直接市场行为、供应链一体化的市场行为及市场行为本身内容的复杂化。具体包括以下方面的管理。

① 营销管理

营销管理的目标是通过对市场营销活动有效规划执行、监测和分析，使活动开始前有详细计划，活动过程中有规范操作和控制，活动后有分析和评估，从而使销售和服务有序进行。其主要内容包括：营销策划与进程控制；营销人员培训；营销活动的协调与支持；营销信息的收集、整理及分享；营销过程中偶发事件及应急处理；安排重大营销活动；媒体关系及公共关系等。

② 销售管理

销售管理的主要内容包括：营销策划与进程落实；营销人员管理（包括考核、奖惩）；收集与管理销售信息；产品特性、功能、种类管理；采购、仓储与配送管理；做出各销售业务的阶段报告并给出业务所处阶段、所需时间、成功的可能性、历史销售状况评价等信息；对地域渠道资料（省市、邮编、地区、行业、相关客户、联系人等）进行维护；终端管理；客户联谊活动；销售渠道资料管理；物流管理；销售费用管理等。

③ 响应管理

响应管理的主要内容包括：呼入呼出电话管理；互联网回呼；呼叫中心运行管理；客户投诉管理；客户求助管理；客户交流；报表统计分析；管理分析工具；通过传真、电话、电子邮件、打印机等自动进行资料发送；呼入呼出调度管理。

④ 电子商务

电子商务的主要功能包括：个性化界面、服务；网站内容管理；店面；订单和业务处理；销售空间拓展；客户自助服务；网站运行情况的分析和报告。

⑤ 竞争对手管理

传统的竞争对手管理的目的是收集竞争对手的信息，使自己在与竞争对手的竞争中处于有利地位，或者直接利用竞争对手的信息使竞争对手陷入困境。而客户关系管理中的竞争对手管理应该是通过吸取竞争对手的先进经验和操作方法，结合企业自身实际，创造出适合客户需要的独特服务方法，提高客户价值；同时通过掌握竞争对手的发展趋势，使企业在战略决策中有个参照系，以规避市场风险；再者，通过分析与竞争对手直接相关的信息，根据企业发展的需要，寻求合作的机会，将竞争对手客户化作为一种战略联盟的形式。

（4）客户伙伴关系管理

伙伴关系管理包括 3 个层面，即销售商伙伴关系管理、生产制造商伙伴关系管理和业务外包管理。其主要内容包括：对企业数据库信息设置存取权限，合作伙伴通过标准的 Web 浏览器以密码登录的方式对客户信息、企业数据库、与渠道活动相关的文档进行存取和更新；合作伙伴可以方便地存取与销售渠道有关的销售机会信息；合作伙伴通过浏览器使用销售管理工具和销售机会管理工具，并使用预定义和自定义的报告；产品和价格配置等。

（5）客户信息与系统管理

信息畅通与共享是供应链一体化良性运行的保证，同样也是客户关系管理的保障。信息与系统管理包括如下主要内容。

① 公开信息管理

在客户关系管理中，信息是共享的，但并不意味着所有的信息都是公开的。公开信息管理的主要内容包括：电话本；做出电话列表，并把它们与客户、联系人和业务建立关联；把电话号码分配到销售员手中；记录电话细节，并安排回电；电话营销内容草稿；电话录音，同时给出书写记录，顾客可做记录；电话统计和报告；自动拨号等。

② 平台管理

平台管理的主要内容包括：系统维护与升级；信息收集与整理；文档管理；对竞争对手的 Web 站点进行监测，如果发现变化，则向使用者、顾客报告；根据使用者、顾客定义的关键词对 Web 站点的变化进行监视等。

③ 商业功能

商业功能的主要功能包括：预定义查询和报告；顾客定制查询和报告时可看到查询和报告的 SQL 代码；以报告或图表形式查看潜在顾客和业务可能带来的收入；通过预定义的图表工具进行潜在顾客和业务的传递途径分析；将数据转移到第三方的预测和计划工具系统运行状态显示器；能力预警等。

④ 信息集成管理

客户关系管理系统所收集的信息最初并不具有系统性，甚至不能被企业有效应用，信息集成管理的目的就是对这些零散的信息进行筛选、整理、汇编、编辑，然后按照规范程序进行分散和发送，使之与企业的其他信息较合，达到共享。

3．客户关系管理的作用

客户关系管理一方面通过对业务流程的全面管理来优化资源配置、降低成本；另一方面通过提供优质的服务来吸引和保持更多的客户、增加市场份额。客户关系管理的作用如下：

（1）客户管理统一化

在企业内部，客户管理通常是分散的，没有一个部门可以掌握客户关系的全貌，如销售部门掌握着客户档案信息和销售信息，财务部门掌握资金信息和信用信息，生产部门和物流管理部门则只知道根据订单或需货单生产和自己送，各部门之间信息不通、关系不协调，从表面上看好像都十分重视客户管理，但实际上给客户带来了诸多不便。客户关系管理的首要作用是打破部门信息封锁的壁垒，整合原本属于各部门分散管理的客户信息，将它们通过现代信息技术和客户关系管理系统统一于一个信息中心，这个信息中心能够为一线员工的客户服务提供业务指导、技术支撑和信息保证；为各部门提供共享的全面信息资料，协调各部门的行为，避免部门间人为制造的工作扯皮推诿的现象；为企业合作伙伴提供信息支持，保证供应、生产、销售、服务的良性运行。

（2）提高客户管理能力

客户关系管理的对象是客户，其主体是企业与客户，稳定的客户关系是客户关系管理的出发点，这是客户关系管理的第一个目标。

与客户建立稳定的关系的前提是确认谁是企业的合适客户，谁是关键客户，谁是一般客户和应淘汰的客户；合适客户的个性特征和需求偏好是什么，包括实现消费的合适价格、合适时间、合适地点、合适方式等；预测客户需求动向、合作伙伴与竞争对手等，这些都是影响客户关系的因素。通过客户关系管理，企业能够根据客户的行为变化等信息在第一时间把握环境状况和客户变化情况，应时而变，使企业处于客户关系管理的主动地位，稳定客户关系。

（3）有利于实现企业目标

从组合营销理论看来，客户对企业的意义在于通过吸引更多的客户来扩大市场份额，获得最大化利润。因此企业不惜成本地进行市场开拓，一方面用尽方法来吸引新客户，另一方面又不采取有力措施来留住老客户，从而使自己总是处于忙碌之中。客户关系管理的最终目标也是利润的最大化，但是企业并不应该那么急功近利。

企业之所以要实施客户关系管理，其指导思想是通过了解客户的需求并对其进行系统化的分析和追踪研究，在此基础上进行“一对一”的个性化服务，提高客户的满意度和客户价值，为企业带来更多的利润，并最终提高企业的核心竞争力。

从直接的目标层面来看，企业希望通过实施客户关系管理来给予客户更多的关怀，提高客户的满意度，维持老客户，并且在发展新客户的过程中充分发挥老客户的口碑作用，使合适客户群体日益扩大，从而降低营销成本，提高效率，获得利润最大化。

从深层的原动力来看，客户关系管理所起的作用绝不是多发展几个新客户和多留住几个老客户。它的独特之处在于，通过实现前端的供应商伙伴关系管理和后端的客户服务，使企业与其上游供应商和下游客户之间能够形成多方的良性互动，在发展和维持客户的同时，与业务伙伴和供应商建立良好的关系，最大限度地挖掘和协调利用企业资源，包括信息资源、客户资源、生产资源和人力资源，拓展企业的生存和发展空间，提升企业的核心克争力。

（4）提高企业竞争力

客户关系管理有利于企业营销合理化的实现和客户与企业互动关系的良性运行，使企业可以有效整合资源，规避市场风险，提高竞争力。主要表现在以下几个方面。

① 通过与合适客户的稳定关系，确定企业的市场定位，实现企业的市场目标，从而实现企业的利润目标，提高企业收益性竞争力。

② 通过与合作伙伴建立稳定的关系，降低运行成本，分散单个企业的竞争压力，整体规避市场风险，提高企业抗风险能力。

③ 物流服务在提供给客户之前就能够满足个性化需要，即按照客户需要进行个性化设计和定制，按照客户需要实现敏捷配送，通过客户价值的实现来提高企业竞争力。

（5）提供协同互动的平台

从技术的角度来讲，客户关系管理在电子化商务平台基础上建立起了一种面向客户的融合企业管理理念、市场营销、客户服务和技术支持的自动化解决方案，因此客户关系管理能够带来如下直接效果。

① 客户可以不受地域和时间限制，随时访问企业，通过企业呼叫中心自动进入客户关系管理信息库，获取相关信息或得到服务指导。

② 企业能够对各种销售活动进行跟踪，对客户的需求动向和偏好进行分析。企业可以从不同的角度获得成本、利润、生产率、风险率等信息，并根据客户需求变化对产品、职能、网点、物流配送等进行适时调整。

③ 及时了解供应商的业务安排、工作进程、流程速度、信用风险、环境变化等信息，以规避供应链风险，保障客户利益不受影响。

（6）提高销售的效益

销售人员提高了工作效率。一般说，在实施 CRM 系统的前 3 年内，每个销售代表的年销售总额至少增长 10%，市场销售费用和管理费用至少减少 5%。这是因为企业和市场人员可以更有针对性地对目标客户使用他们的资源，选择沟通渠道。

据统计，在应用 CRM 系统的过程中，每笔生意价值至少增加 1%的边际利润。由于销售人员可以与那些经过仔细选择的客户群更密切地合作，这些客户群像注重折扣一样注重价值销售，所以销售人员趋向于给顾客更多的折扣，因而客户满意率至少增加了 5%。

二、电信客户关系管理的特点

电信运营企业作为经营电信业务的服务商有其独特的市场特性和客户特性。首先，电信企业的客户具有多元性，从党政机关、经济组织和社会团体，直到居民个人都是其客户；其次，电信客户需求具有多元性，从团体到个人，从城市到农村，从“金领”“白领”到低收入家庭对电信服务有各种层次的需求；最后，电信服务产品之间的替代性较强，市场竞争性较强，客户使用电信服务的随机性也较强。

这些特点决定了电信运营企业的 CRM 有自己的特点和需求。对于电信运营企业而言，80%的利润来自占客户总量 20%的企业客户；客户加入时间越长，对电信运营企业的价值越高；老客户介绍新客户是最有效、最经济的销售方式；了解客户对电信业务的需求才能推出满足客户需求的打包服务，提高客户的忠诚度并留住客户；目标客户的类别划分越明确，促销效果越好，转换率越高。

针对电信运营企业的特点和竞争需求，要求电信 CRM 分析的主要内容有：一是需要收集客户的基本信息，包括客户的年龄、收入、地区、性别、婚姻状况、种族、职业、职称和文化水平等；二是分析占比例最大和最小的客户群；三是评定客户信用度、排名贡献度和时段分析；四是分析客户风险系数分布及对经营风险的影响程度；五是分析客户的流失情况。

三、客户关系管理系统

1. 客户关系管理系统构建基础

（1）客户数据库

客户数据库是客户关系管理系统的信息心脏，是客户信息集成和企业借以决策并快速反应的依据。

（2）供应链伙伴关系的建立

供应链伙伴关系是供应链一体化的载体，是客户关系管理系统运行的支柱。没有供应链伙伴关系，企业就会恢复到原先的模样。

（3）技术的集成

集成和连接的概念不同。集成不是简单地把两个或多个单元连接在一起，而是将原来没有联系或联系不紧密的单元组成有紧密联系的新系统。

① 信息集成。企业应从信息资源管理（IRM）出发，进行全企业的数据总体规划与应用分析，统一规划设计建立数据库系统，使不同部门、不同专业、不同层次的人员在信息资源方面达到高度共享；通过公用系统和兼容系统的连接，可实现合作伙伴的信息共享。

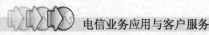

② 系统运行环境的集成。系统运行环境的集成主要是将不同的硬件设备、操作系统、网络操作系统、数据库管理系统、开发工具以及其他系统支撑软件集成为一个系统，形成一个统一的、高效协调运行的应用平台，以实现系统软、硬件资源的共享。

③ 应用功能的集成。应用功能的集成就是将决策支持系统（DSS）、计算机管理信息系统（MIS）、计算机辅助工程（CAE）、计算机辅助设计（CAD）、客户关系管理系统（CRM）和企业资源规划系统（ERP）等应用系统融为一体，从而将产品设计、制造、库存、分配、采购、物流、财务、人力资源等连接起来，建成计算机集成工程设计系统。

④ 技术的集成。开发建设面向行业所用的计算机集成应用系统是多种高技术的综合运用，如网络通信技术、数据库技术、多媒体技术、可视化技术、并行工程与计算机支持的协同工作、人工智能与优化技术以及工程设计理论与技术、管理科学等。

⑤ 人和组织的集成。首先，要开发建设集成应用系统，高层领导必须亲自介入，加强统一领导；其次，随着集成所用系统规划、分析、设计实施逐步完成，必须促使管理的改革，使之真正达到管理机构和生产组织的现代化和科学化；最后，对集成应用系统的每一个管理者和使用者，都要有系统集成的明确观念。

（4）业务流程重组

现行企业的组织结构大都是基于职能部门的专业化官僚模式，业务流程受专业化职能部门的控制，由专业部门对企业资源进行配置。客户关系管理系统是建立在业务流程简洁化、职能分工明确化、生产运作协同化、客户需求快速反应化的基础上的，系统最终转化为“供应链一体化”。

2. 客户关系管理平台的建立

CRM 相关技术的发展可以用“日新月异”来形容，尤其是分析型 CRM 的相关技术的发展，使得很多 CRM 理想中的功能实现成为可能，这些技术有客户数据库、数据挖掘等。

（1）客户数据库技术

深入了解客户需求，实时地将客户的意见反馈到产品、服务设计中心，为客户提供更加个性化、深入化的服务，是企业成功的关键。客户资料的融合、客户资料分析和客户互动的个性化，都离不开数据库，CRM 的兴起推动了数据库软件的增长，主要体现在以下几方面。

首先，数据库将客户行为数据和其他相关客户数据集中起来，为市场分析提供依据。其次，数据库将对客户行为的分析以联机分析处理信息、报表等形式传递给市场专家，市场专家利用这些分析结果，制定准确、有效的市场策略。同时，利用数据挖掘技术可发现交叉销售、增量销售、客户保持和寻找潜在客户的方法，并将这些分析结果转化为市场机会。通过数据库的分析，企业可以产生不同类型的市场机会，针对这些不同类型的市场机会，企业分别确定“客户关怀”业务流程，依照“客户关怀”业务流程，销售或服务部门通过与客户的交流，达到关怀客户和提高利润的目的。最后，数据库将客户的市场机会的户的反应行为集中到数据库中，作为评价市场策略的依据。

同时，数据库作为一个中央存储系统，可以帮助企业员工回答来自客户的业务问题。在 CRM 中，数据库将大量复杂的客户行为数据集中起来，建立一个融合的、结构化的数据模型。在此基础对数据进行标准化、抽象化、规范化分类和分析，可为企业管理层提供及时的决策信息，为企业各部门提供有效的反馈数据。

（2）数据挖掘

数据挖掘就是从大量的数据中，抽取出潜在的、有价值的知识、模型或规则的过程。数据挖掘也可以称为数据库中的知识发现，即从数据中提取出可信、新颖、有效并能被人理解的模式的高级处理过程。

数据挖掘技术在 CRM 中能够起的作用表现在以下几个方面。

● 新客户获取。可以通过数据挖掘来进行客户特征多维分析，挖掘客户的个性需求，客户属性描述要包括地址、年龄、性别、收入、职业、教育程度等多个层面，可以进行多维的组合型分析并快速给出符合条件的客户名单和数量。

● 个性化营销。通过数据挖掘，可以结合客户信息对某一客户群的消费行为进行分析。企业可针对不同的消费行为及其变化，制定个性化营销策略，并从中筛选出"黄金客户"。

● 客户忠诚度分析。忠诚度分析包括客户持久性、牢固性及稳定性分析。

● 销售分析与销售预期。这包括按产品、促销效果、销售渠道、销售方式等进行的分析。同时，要分析不同客户对企业效益的不同影响，分析客户行为对企业收益的影响，使企业与客户的关系及企业利益得到最优化。

● 参数调整。参数调整的作用主要是为了提高分析结果的灵活度，扩大其适用范围。例如，价格的变化对收入会有什么样的影响？客户的消费点临近什么值时开始成为"正利润"客户？企业需要通过对收集到的各种信息进行整理和分析，利用科学的方法做出各种决策。

3．呼叫中心

呼叫中心（Call Center）源于 20 世纪 30 年代的民航业，其最初目的是为了能更方便地向乘客提供咨询服务以及有效处理乘客投诉。早期的呼叫中心就是现在我们常说的热线电话，客户只要拨通指定的电话就可以与客户代表直接交谈。随着近年来通信和计算机技术的发展和融合，呼叫中心已被赋予了新的内容。

（1）呼叫中心发展的 4 个阶段

第一阶段——人工坐席，全部通过人工接听电话。手工在计算机上输入信息，回答用户的提问。

第二阶段——人工坐席，自动语音应答。在人工接听电话的基础上增加基于自动语音应答技术的全自动语音应答服务。

第三阶段——人工坐席+自动语音+ CTI。这一阶段的 Call Center 是目前的主流，是为适应客户越来越强的个性化需求而出现的。其主要特点是：计算机电话集成（CTI）技术使得计算机网和通信网融为一体。企业利用 CTI 技术可让客户得到客户中心最合适的业务代表的服务，同时还可以更加完善地管理客户服务/呼叫中心。此阶段的 Call Center 往往成为企业在竞争中留住老客户，争取新客户，从而在竞争中保持优势的重要战略手段。

第四阶段——人工坐席+自动语音应答+CTI+Internet。在这一阶段，呼叫中心在两个关键技术上有了很大进步：其一是在接入方式上集成了 Internet 渠道，这种集成并不是简单地把信息公布在网上，而是使用户通过单击公司主页上的按钮即可方便地与呼叫中心的客户代表进行电话交谈；另一关键技术是在管理上融入了 CRM 思想，呼叫中心不再仅仅是一个客户服务部门，而是立足于全局，把生产、销售、配送、服务等部门形成一个互动的整体。CRM 与 ERP、电子商务的融合为新经济环境下的企业创造了新的发展模式。

（2）呼叫中心的重要地位

如今，网络技术、多媒体通信技术的快速发展大大缩短了客户与供应商之间的距离，扩大了客户对供应商的选择余地，客户的忠诚度大大下降。这些变化给企业带来了非常大的压力，企业必须改变原来那种"酒香不怕巷子深"的传统观念，将以产品为中心的管理模式发展为以客户为中心的管理模式。

CRM 就是以提高客户忠诚度，保持和发展良好、长久的客户关系为目标的。CRM 的作用在于：通过把传统方式的交流、网络交流、实时语音交流汇集成智能的工作管理，使企业之间有效联接，从而协助进行业务鉴定，确定在正确的时间、地点，以正确的渠道和合适的成本，为客户提供正确的商品与服务。

企业通过 CRM，应当建立一种“以客户服务中心为前台”的新型服务模式，统一客户服务的平台。客户只需要和客户服务中心打交道，所有的问题都可以通过客户服务中心来解决，而且用户只需要打一次电话即可解决所有问题。同时，客户服务中心作为一个信息岛，统一与企业内部各部门、各资源进行沟通，以方便解决用户的所有问题。

4. 客户关系管理系统的主要功能

（1）销售

在采用 CRM 解决方案时，销售力量自动化 （Sales Force Automation，SFA）在国外已经有了十几年的发展，并将在近几年在国内获得长足发展。SFA 是早期的针对客户应用软件，但从 20 世纪 90 年代初开始，其范围已经大大扩展，以整体的视野，集成性的方法来管理客户关系。

就像 SFA 的字面意思所表明的，SFA 主要是提高专业营销人员的大部分活动的自动化程度。它包含一系列的功能，提高销售过程的自动化程度，并向营销人员提供工具，提高其工作效率。它的功能一般包括日历和日程安排、客户管理、佣金管理、商业机会和传递渠道管理、销售预测、建议的产生和管理、定价、区域划分、费用报告等。

有的 CRM 产品具有销售配置模块，允许系统用户（不论是客户还是销售代表）根据产品部件确定最终产品，而用户不知道这些部件是怎么连接在一起，甚至不需要知道这些部件能否连接在一起。由于用户不需技术背景即可配置复杂的产品。因此，这种销售配置工具特别适合在网上应用，如 Dell 公司，允许其客户通过网络配置和定购个人电脑。自助的网络销售能力，使得客户可通过互联网选择、购买产品和服务，使得企业可直接与客户进行低成本的、以网络为基础的电子商务。

（2）营销

营销自动化模块是 CRM 的最新成果，作为对 SFA 的补充，它为营销提供了独特的功能，如营销活动（包括以网络为基础的营销活动和传统的营销活动）计划的编制和执行、计划结果的分析；清单的产生和管理；预算和预测；营销资料管理；“营销百科全书”关于产品、定价、竞争信息等的知识库；对有需求客户的跟踪、分销和管理。营销自动化模块与 SFA 模块的不同在于它们提供的功能不同和这些功能的目标也不同；营销自动化模块不局限于提高营销人员活动的自动化程度，其目标是为营销及其相关活动的设计、执行和评估提供详细的框架。在很多情况下，营销自动化和 SFA 模块是互相补充的。例如，成功的营销活动可能获得很好的、有需求的客户，为了使得营销活动真正有效，应该及时地将销售机会提供给执行的人，如销售专业人员。在客户生命周期中，这两个应用具有不同的功能，但它们常常是互为补充的。

（3）客户服务与支持

在很多情况下，客户的保持和提高客户利润贡献度依赖于提供优质的服务，客户只需轻点鼠标或打一个电话就可以转向企业的竞争者。因此，客户服务和支持对很多公司是极为重要的。在 CRM 中，客户服务与支持主要是通过呼叫中心和互联网实现。在满足客户的个性化要求方面，它们的速度、准确性和效率都令人十分满意。CRM 系统中的强有力的客户数据使得通过多种渠道（如互联网、呼叫中心）的纵横向销售变得有可能，当把客户服务与支持功能同销售、营销功能比较好地结合起来时，就能为企业提供很多好机会，向已有的客户销售更多的产品。客户服务与支持的典型应用包括：客户关怀；纠纷、次货、订单跟踪；现场服务；问题及其解决方法的数据库；维修行为安排和调度；服务协议和合同；服务请求管理。

（4）计算机、电话、网络的集成

企业有许多同客户沟通的方法，如面对面的接触、电话、呼叫中心、电子邮件、互联网、通过合作伙伴进行的间接联系等。CRM 应用有必要为上述多渠道的客户沟通提供一致的数据和客户信息。我们知道，客户经常根据自己的偏好和沟通渠道的方便与否，掌握沟通渠道的最终选择权。例如，有的客户不喜欢那些不请自来的电子邮件，但企业偶尔打来电话却不介意，因此，对这样的客户，企业应避免向其主动发送电子邮件，而应多利用电话这种方式。统一的渠道能给企业带来效率和利益，这些收益主要从内部技术框架和外部关系管理方面表现出来。就内部来讲，建立在集中的数据模型基础上，统一的渠道方法能改进前台系统，增强多渠道的客户互动。集成和维持上述多系统间界面的费用和困难经常使得项目的开展阻力重重，而且如果缺少一定水平的自动化，在多系统间传递数据也是很困难的。就外部来讲，企业可从多渠道的客户互动中获益。如客户在同企业交涉时，不希望向不同的企业部门或人提供相同的重复的信息，而统一的渠道方法则从各渠道间收集数据，这样客户的问题或抱怨能更快地、更有效地被解决，提高客户满意度。

过关训练

一、填空题

1．增加客户价值的核心方法就是________，通过________来提高客户价值。

2．优质客户服务标准包括________、________和________3 个要素。

3．________是衡量客户是否满意的具体指标，是通过________的服务与________的服务之间的差异而表现出来的。

4．客户价值是指________与________之间的差额部分。

5．电信企业客户忠诚的削弱因素主要有________、________和________。

6．增强客户满意的最终目的是________。

7．一般的客户关系管理有 5 个方面的内容：________，________，________，客户伙伴关系管理和信息与系统管理。

二、简答题

1．简述增加客户价值的方法。

2．谈谈对如何提高客户服务质量的认识。

3．衡量客户满意度的指标有哪些？

4．简要说明提升客户满意度的方法。

5．简述客户忠诚的意义。

6．简述客户保持的作用。

7．说明客户保持的一般工作步骤。

8．什么是客户关系管理？

9．数据挖掘在客户关系管理中有什么作用？

参考文献

[1] 牟清. 全业务竞争形势下中国电信业规制研究[M]. 上海：上海财经大学出版社有限公司，2014.

[2] 张传福等. 移动互联网技术及业务[M]. 北京：电子工业出版社，2012.

[3] 董斌等. 面向移动互联网的业务网络[M]. 北京：人民邮电出版社，2012.

[4] 董晓庄，李洪. 移动增值业务网络及其运营[M]. 北京：人民邮电出版社，2011.

[5]（美）泰德谢尔顿，王正林，王权译. 移动云：企业与员工、消费者、业务伙伴的关系由此发生重大转变[M]. 北京：中国青年出版社，2014.

[6] 雒江涛，舒忠玲，梁燕. 移动数据业务透视[M]. 人民邮电出版社，2014.

[7] 胥学跃. 现代电信业务[M]. 北京：北京邮电大学出版社有限公司，2008.

[8] 张珂，吕延杰，吴起. 电信增值业务[M]. 北京：北京邮电大学出版社有限公司，2008.

[9] 刘劲松. 3G 系统组成与业务[M]. 北京：机械工业出版社，2011.

[10] 黄东魏. 3G 终端及业务技术[M]. 北京：机械工业出版社，2009.

[11]（美）Steve Curtin. 卓越服务：使客户服务从平庸到卓越的七个简单方法[M]. 北京：企业管理出版社，2014.

[12] 美国绩效研究协会有限公司. 如何提供令顾客惊叹的客户服务[M]. 北京：电子工业出版社，2012.

[13] 李先国，曹献存. 客户服务管理[M]. 北京：清华大学出版社，2011.

[14] 赵溪. 客户服务导论与呼叫中心实务[M]. 北京：清华大学出版社，2013.